민주주의는
어떻게
이루어지는가

민주주의는 어떻게 이루어지는가

피지배자의 정치학:
대의제의 민주적 개혁

민주주의란 무엇인가

대의제의 민주적 개혁

HOW CAN DEMOCRACY BE ACHIEVED

김현철 지음

대통령제의 종언(終焉)

대통령제와 비교한 의원내각제의 이해

민주주의를 어떻게 이룰 것인가

PARK&JEONG

[서문]
피지배자의 정치학 :
어떻게 해야 민주주의를 이룰 수 있을까

대한민국 진보 정치학계에 막대한 영향을 미치는 최장집 교수의 저작 『민주화 이후의 민주주의』(2010)는 이런 결론으로 그 끝을 맺고 있습니다.

그러므로 현재의 엘리트 중심적 정당 체제, 정당 간 차이가 별다른 의미를 갖지 않는 보수 정당 구조는 사회의 새로운 참여자들을 받아들임으로써 다원화되는 것이 필요하다(193). … 민주주의가 제 기능을 하기 위해서는 사회적으로 통합되어 있지 않고 정치적으로 대표되지 않고 있는 서민층이나 노동이 정치과정으로 들어오는 것이 필요하다(252).

정말 맞는 말이지만 공허하기 짝이 없습니다. 왜냐하면 이 같은 내용은 결론이 아니라 서문에 있어야 하기 때문입니다. '정치의 다원화'와 '대중의 정치 참여'가 필요하다고 끝낼 게 아니라, 이 두 가지를 어떻게 하면 이루어 낼 수 있는가 하는 의문을 제기하고, 구체적인 방법론을 제시했어야 합니다. 심지어 이런 문단도 뒤이어 있습니다.

현실에서 정치가 아무리 문제라 하더라도, 우리 사회가 나아가야 할 비전을 설정하고 이를 실천하는 권력을 창출하고, 구체적인 정책과 프로그램들을 형성하고, 이를 둘러싼 갈등과 차이를 조정해 가는 것은 모두 정치가 해야 할 일이다. … 정치의 경계를 넓혀서 현실 정치가 당면한 문제를 해결해 갈 때 민주주의는 성장하고 발전할 수 있다. … 개헌이든 제도 변화든 그것은 정치의 독립변수이기보다 종속변수로서 더 많이 이해되고 접근될 수 있다(275).

도대체 비전을 설정하고 구체적인 정책과 프로그램들을 형성하고 갈등과 차이를 조정해 나가면서 정치의 경계를 넓히는 것은 어떻게 할 수 있을까요? 구체적인 방법론 없이 그럴싸한 말만 되뇌고 있습니다. 위와 같은 목적들을 좀 더 쉽게 이룰 수 있는 제도와 방법론을 고민해야 함에도, 최장집은 그런 제도 변화를 단지 정치의 종속변수라고 격하시키고 있습니다. 그가 말하는 정치란 과연 무엇일까요?

완벽한 선거제도는 없다(콩도르세, 애로). 양당체제와 다당체제 중 하나의 관점이 이론적 우위성을 갖는다고 볼 수 없다(김웅진). 대통령제, 내각제와 이원정부제 등 각종 통치 형태에 대한 정치적 효과의 우위나 좋고 나쁨을 객관적으로 구분한다는 것은 불가능할 뿐만 아니라 바람직한 일도 아니다(강원택). 개헌이든 제도 변화든 그것은 정치의 독립변수이기보다 종속변수로서 더 많이 이해되고 접근될 수 있다(최장집). 주류의 정치학은 '정치라는 것'을 난해하고도 고결한 천상天上의 것처럼 부풀리고서, 제도에 있어서는 완벽한 것이란 존재하지 않는다는 이론적 모호성을 견지하고 있습니다. 정말 그럴까요?

그러나 이 같은 이론적 모호성은 그들이 정치를 '통치의 기술'로 인식하고서, 선거제도, 정당 체제, 통치구조, 헌법과 정치 등의 주제를 통치자의 시각으로 바라보는 것에서 연유합니다. 만약 '지배당하는 자의 눈'으로 바라본다면, 명확하고 간명한 결론을 얻을 수 있습니다.

어떻게 하면 무능한 지도자, 부패한 통치 엘리트를 쉽고 빠르게 교체할 수 있는가? 통치자의 반복되는 무능과 부패를 최대한 방지하려면 어떻게 제도를 설계해야 하는가? 피지배자가 통치 엘리트를 견인할 수 있는 방법은 무엇인가?

바로 이러한 문제의식에 천착하여 선거제도, 정당 체제, 통치구조, 헌법과 정치를 관찰한다면, 우리는 그 해답을 찾을 수 있습니다. 이것이 '피지배자의 정치학'이자, '민주주의 방법론'입니다.

이른바 '87년 민주화 항쟁' 이후에 미국식 대통령제가 정착되었고, 그 뒤 박근혜, 윤석열 탄핵사태를 통해 두 차례의 시민혁명을 거치면서, 우리 국민은 부당한 정부를 폐지하고 새로운 정부를 설립해 왔습니다. 우리는 엄청난 비용을 치르고 대단하게 유의한 사회적 실험을 경험한 것입니다. 그런데 너무나 중요한 문제가 우리에게 닥쳐 있습니다. 그것은 이 같은 사태가 끝이 아니며, 10년 뒤에 또 재현될 수 있다는 사실입니다.

이제 다음의 질문을 던집니다.

(1) 어떻게 하면 무능한 지도자, 부패한 통치 엘리트를 쉽고 빠르게 교체할 수 있는가?

(2) 통치자의 반복되는 무능과 부패를 최대한 방지하려면 어떻게 제도를 설계해야 하는가?

(3) 피지배자가 통치 엘리트를 견인할 수 있는 방법은 무엇인가?

2025년 7월 15일
저자 김현철 변호사

[정동영 통일부 장관의 추천 글]

민주주의는 결코
그냥 이루어지지 않습니다!

윤석열 대통령의 12·3 비상계엄과 내란 행위에 맞서, 불법적인 정부를 척결하고 새로운 정부를 수립한 우리 국민에게 경의를 표합니다. 그 과정에서 우리 국민이 의회에 굳건한 지지를 보내 주신 것에 대해 더불어민주당을 대신해서 감사를 드리며, 동시에 무거운 책임감을 느꼈다는 점을 고백합니다.

권력을 쥔 자들은 마치 천년왕국의 왕좌에 앉은 것처럼 언제나 오만하기 짝이 없습니다. 실제로 권력이 처음 성립한 초기에는 그 위력이 너무나 커서, 절대 무너지지 않을 것처럼 보이는 게 사실입니다. 그러나 남용된 권력에 대한 국민의 저항은 파도와 같아서 처음에는 권력이라는 바위 앞에 힘없이 흩어지는 물방울처럼 보이지만, 언젠가는 도도히 그 바위를 삼켜버리게 됩니다. 이러한 역사의 숙명宿命에 경건하지 않을 수 없습니다.

그런데 이 책의 저자는 이 같은 저항권의 발동이 더 이상 반복되어서는 안 된다고 경고하고 있습니다. 국민의 저항으로 정부를 교체하는 것은 지금의 체제가 불안정하다는 징표라는 것입니다. 그래서 헌법 내에 정부의 안정적 교체를 제도화해야 한다는 주장입니다.

저는 이 책의 앞부분에 소개된 "대의제는 민주주의가 아니다"라는 주제에 깜짝 놀랐습니다. 대의민주주의 또는 간접민주주의라는 용어는 학계에서 일반적으로 확립된 것인데, 그에 대해 의문을 제기하는 것에 놀라지 않을 수 없었습니다. 게다가 대한민국이 '민주' 공화국이 아니라, '그냥' 공화국이라는 표현도 충격적이었습니다. 이런 이유로 '제도로서의 민주주의', 즉 이른바 '직접민주주의 제도'를 도입해야 한다는 것이 저자의 주장입니다. 스위스연방헌법에 규정되어 실현되고 있는 국민발안(시민발의)과 입법무효 국민투표 제도를 가리키고 있습니다.

한편 저자는 미국식 대통령제에 '2기 집권의 공식'과 '중간선거의 패턴'이 있다는 사실을 지적하고 있습니다. 이것은 지금까지 미국 정치학 저서에서도 발견하지 못했던 놀라운 통찰입니다. 이러한 통계적 패턴을 기초로 해서 2035년에 보수당 대통령의 당선을 예측하고, 그에 대한 탄핵사태의 재현까지 예견하고 있습니다. 사실 예언이라기보다는 우리 대통령제의 문제를 경고하는 것입니다. 이 책 제5장에서 다루고 있는 '4년 중임 대통령제는 우리의 대안이 될 수 없다', '총선, 대선을 함께 치르는 대통령제는 최악의 개헌이다', '대통령제를 폐지하지 않는 한 윤석열 사태는 10년 후에 재현된다'

등의 논설은 향후 개헌 국면에서 의미 있는 주제로 논의되어야 할 것입니다.

민주주의는 결코 그냥 이루어지지 않습니다. 저자의 주장처럼 선거제도, 정당제도, 통치구조, 그리고 헌법과 정치의 긴장 관계를 정교하게 설계하고, 이를 실현함으로써 만들어질 것입니다. 아무쪼록 김현철 변호사의 주장이 우리 민주주의의 발전과 새로운 헌법의 창조에 기폭제가 되기를 진심으로 바랍니다.

2025년 8월 4일
정동영 통일부 장관

[곽노현 전 서울시 교육청 교육감의 추천 글]

<제왕의 자리>에 '국민'을 앉힌 민주헌정 설계도

저는 이 책의 저자 김현철 변호사를 몰랐던 상태에서, 몇 해 전 그가 쓴 다른 책을 우연히 읽게 되었습니다. 『지배당한 민주주의』(2018)와 『민주주의에 관한 공화주의적 왜곡』(2021)이 그것입니다.

처음에는 제목에 이끌렸지만, 책을 펴는 순간 그의 문체와 내용에 감탄하며 한달음에 읽었습니다. 이번 책, 『민주주의는 어떻게 이루어지는가』에서 저자는 지난 통찰을 집대성하여 권력구조 개헌 논의에 이론적, 실천적으로 만루 홈런을 날렸습니다. 그의 언어는 명징하고 군더더기가 없으며, 해묵은 논쟁마저 깔끔하게 정리했습니다. 그는 우리에게 익숙한 사태들을 새로운 관점과 개념 틀로 새롭게 해석하고 있습니다. 특히, 민주주의와 공화주의의 본질에 대한 정리, 대통령제의 제왕적 성격에 관한 설명, 촛불혁명과 광장 민주주의에 대한 성격 규정, 12·3 비상계엄에 대한 평가 등에서 개진되는 정치적, 법적 통찰이 아주 인상적이었습니다.

무엇보다 '피지배자의 정치학'이라는 부제가 마음에 닿았습니다. 흔히 통치자와 엘리트의 관점에서 정치학을 접근하지만, 저자는 피지배자이자 일반시민의 관점에서 정치에 접근한다고 선언했습니다. 저자는 잘못된 통치자의 등장을 예방하고 신속히 교체하는 헌정 시스템을 만드는 데 집중하고 있습니다. 윤석열 치하 3년 동안 국민은 잘못된 선택의 업보로 간단없이 지속된 권력남용과 직무 유기, 부정의와 비효율을 온몸으로 겪었습니다. 저자는 선택의 오류로 인한 고통이 몇 년씩 지속돼서는 안 된다는 확고한 문제의식 아래, 국민발안권과 국민거부권을 양대 축으로 삼는 '제도로서의 민주주의'를 처방전으로 제시하였습니다. 저자는 시민들이 허구한 날 광장으로 나와 권력자에게 청원하는 것이 아니라, 제도화된 결정권을 통해 일상적으로 정치에 참여하는 것이 '진짜 민주주의'라고 역설하고 있습니다.

대의제 개혁을 위해 저자는 소선거구제-다수대표제를 비례대표제로 전면 전환하여 다당제를 유도하고, 이에 부합하는 정부 형태로 서유럽식 의원내각제 모델을 지지하고 있습니다. 그는 대통령제가 '1인 행정부'라는 군주적 특징 때문에 국정농단, 권력투쟁, 국력 낭비와 같은 구조적 위험을 안고 있으며, 사실상 '세습되지 않는 군주제'에 다름 아니라고 신랄하게 비판하고 있습니다.

저는 저자의 거의 모든 분석과 제안에 동의하지만, 한 가지 점에서는 유보적입니다. 국민의 압도적인 대통령제 선호를 '하드 팩트'로 인정하고, 지금 당장 내각제로 전환하기보다 세 가지 제어장치(권한 축소, 다당제 의회, 국민 직접 통제)를 통해 제왕적 대통령제를 길들이는 것이 현실적 대안이라 생각합니다. 이 작은 이견을 제외하면, 변호사가 본업인 저자가 이처럼 탁월한 저서를 통해 학계의 분발을 촉구하고 나선 것에 대해 시민의 한 사람으로서 고맙고, 전문가의 한 사람으로서 반갑습니다.

2025년 8월 2일
곽노현 전 서울시 교육청 교육감

[김태년 더불어민주당 국회의원의 추천 글]

'저항으로 만든 민주주의'를 넘어 '제도로 지켜내는 민주주의'를!

이 책은 묻습니다. 왜 국민이 거리로 나서야 하는가? 왜 저항이 반복되는가? 그 답은 명확합니다. 지금의 권력구조가 국민의 뜻을 제대로 반영하지 못하고 있기 때문입니다. 그러므로 이 책은 하나의 선언이며, 경고입니다.

2024년 12월 3일, 윤석열의 불법 비상계엄과 내란 시도는 민주공화국의 근간을 무너뜨린 충격적인 사건이었습니다. 단순한 정치적 탈선이 아니라 현행 대통령제의 구조적 한계와 민주주의 제도의 취약성을 고스란히 드러낸 계기였습니다. 이제 개헌은 더 이상 늦출 수 없는 시대적 과제이며, 민주주의 회복을 위한 필연적 선택입니다. 그리고 지속 가능한 공동체를 만들기 위한 불가피한 과제입니다. 방향은 명확합니다. '저항으로 만든 민주주의'를 넘어 '제도로 지켜내는 민주주의'가 절실합니다.

대통령에게 집중된 권력을 나누고, 국회와 국민에게 권한을 돌려주고, 민주공화국을 재설계하는 '헌법 혁신'이어야 합니다. 남용된 권력에 매번 국민을 희생시키는 게 아니라 제도적 권한을 나누어 정치를 바꾸는 구조, 그것이 우리가 나아가야 할 길이라고 저자도 말하고 있습니다. 이 책은 국민발안, 국민투표, 입법 통제 등 직접민주주의 제도화를 강력하게 주장하고 있습니다. 이미 우리는 그 길에 서 있습니다. 권력구조 개편을 통한 국민주권의 확장은 이미 시작되었습니다. 새로운 헌법의 서문을 써 내려가야 할 중대한 전환의 시기, 저 역시 한 사람의 정치인으로서 막중한 책임감을 절감하며 이 책을 읽었습니다.

우리는 이제 선택해야 합니다. 반복할 것인가, 아니면 혁신할 것인가? 김현철 변호사의 이 책이 해답이 되어주기를 기대합니다. '민주주의는 어떻게 이루어지는가'라는 이 질문이 권력구조 개혁의 불씨가 되고 직접민주주의의 제도화를 여는 마중물이 될 거라고 믿습니다.

2025년 7월 24일
김태년 더불어민주당 국회의원

[이화영 전 경기도 부지사의 추천 글]
이렇게 쉬운 민주주의를 왜 몰랐을까

우리 국민은 윤석열 검찰독재 정권에 의해 민주주의가 속절없이 무너지는 것을 지켜보았습니다. 드디어 2024년 12월 3일 윤석열은 '친위쿠데타'를 감행하였고, 깨어 있는 시민들이 마침내 윤석열의 내란을 진압했습니다. 광장에서 '빛의 혁명'을 이루어 낸 시민들은 이재명의 국민주권 정부가 '광장의 목소리'를 제대로 반영하고 '더 나은 민주주의'를 실현할 것을 요구하고 있습니다.

그러나 시민들은 그 요구가 제대로 실현되기 어려울지도 모른다는 우려를 한편에 품고 있습니다. 왜냐하면 2017년 '촛불혁명'을 통해 들어선 '민주 정부'가 정치엘리트들의 '과두제 정부'로서의 한계를 보였던 것을 이미 경험했기 때문입니다. 저 역시도 그러한 책임을 피하기 어렵습니다.

2017년 광장을 가득 메운 절대다수의 '피지배 민중'의 목소리가 정치와 정책에 제대로 반영되지 못했고, 결국 2022년 대통령선거에서 투표의 형식을 통해 속절없이 극우 독재자의 지배를 허용하고 말았습니다.

이 책의 저자 김현철 변호사는 이미 『지배당한 민주주의』(2018)와 『민주주의에 관한 공화주의적 왜곡』(2021)이라는 두 권의 책을 통해 극우 정권이 등장할 것을 정확하게 예측했습니다. 게다가 이 책에서는 10년 뒤인 2035년에 '제2의 윤석열'이 등장할 수 있다는 사실을 경고하고 있습니다. 그래서 저자는 절절한 심정으로 질문합니다. "다수의 피지배 민중의 의사가 제대로 반영되는 직접민주주의의 실현은 도저히 불가능한가?" "언제까지 시민들이 광장에서 주먹을 불끈 쥐고 독재자의 퇴진을 요구해야 하는가?"라고 묻고 있습니다.

이 책은 위 질문에 대한 답을 내놓고 있습니다. 얼핏 이상적으로 보이지만, 그러나 지극히 현실적인 제도적 대안을 제시하고 있습니다. 특히 '제도로서의 민주주의'가 우리 헌법에 없다는 사실을 지적하고, "헌법은 정치의 종속변수가 아니라 '정치 그 자체'이며, 새로운 정치는 새로운 헌법의 틀 내에서 잉태될 수 있다"(119)고 호소하고 있습니다.

곧 개헌 논의가 본격화될 것입니다. 이 책은 광장의 목소리를 진정으로 실현하는 직접민주주의를 어떻게 이루어 낼 수 있는가를 절실하게 증언하고 있습니다. 도저히 불가능하다고 여겨지던 민주주의가 놀랍도록 현실적인 분석을 통해 우리 앞에 가능한 모습으로 보였습니다.

저자가 제시하는 제도적 대안을 눈여겨 보고, 헌법에 적극 반영할 것을 제안합니다. 저자가 강조하는 대통령제의 폐지와 의원내각제로의 권력구조까지 바꾸는 것이 아직 어렵다면, 적어도 스위스에서 실시하고 있는 '시민발의'와 '입법무효 국민투표' 제도와 같은 직접민주주의 제도는 지금 즉시 실현할 수 있을 것입니다. 더 나은 민주주의와 새로운 헌법에 관심이 있는 정치인, 시민운동가, 학자들이 꼭 읽어보고, 저자의 절절한 주장이 헌법에 반영되도록 노력해 주기 바랍니다. 저자가 강조했던 문장 하나를 인용하면서 추천의 글을 대신합니다.

"'제도로서의 민주주의'는 오직 직접민주주의밖에 없으며, 직접민주주의는 '사람'이 아니라 '사안'에 대해 투표하는 것이다."(67)

2025년 7월 23일
이화영 전 경기도 부지사

차례

[서문] 피지배자의 정치학 : 어떻게 해야 민주주의를 이룰 수 있을까   4

[정동영 통일부 장관의 추천 글] 민주주의는 결코 그냥 이루어지지 않습니다!   8

[곽노현 전 서울시 교육청 교육감의 추천 글]
〈제왕의 자리〉에 '국민'을 앉힌 민주헌정 설계도   11

[김태년 더불어민주당 국회의원의 추천 글]
'저항으로 만든 민주주의'를 넘어 '제도로 지켜내는 민주주의'를!   14

[이화영 전 경기도 부지사의 추천 글] 이렇게 쉬운 민주주의를 왜 몰랐을까   16

제1장

민주주의란 무엇인가

'민주주의'라는 용어의 과잉과 모호함   27

국민주권주의의 환상 : 국민은 지배자인가, 피지배자인가   33

공화주의와 민주주의의 구별 : 대의제는 민주주의가 아니다   39

'민주적인 것'과 '민주주의'의 구별   45

'공화주의의 세 가지 권리'와 '민주주의'의 구별   51

혁명 이후에 대중은 왜 권력 밖으로 밀려나는가   54

직접민주주의 : 스위스의 시민들은 시위를 하지 않는다   60

인민은 자기통치를 원하는가   70

영웅 숭배는 어떻게 민주주의를 가로막는가   72

대중은 왜 지도자에게 복종하고 그를 숭배하는가   77

광장의 대립 : '여의도의 광장'과 '광화문의 광장'은 어떻게 다른가   82

제2장
대의제의 민주적 개혁

독재는 왜 옳지 않는가	89
'독재의 반대'는 무엇인가	92
과두寡頭 독재로서의 양당체제	95
나쁜 선거제도와 좋은 선거제도 : 단순다수대표제와 비례대표제	106
결선투표제에는 어떤 문제가 있을까	112
대통령제, 이원정부제, 의원내각제 : 통치구조의 우열은 구분할 수 없는 것인가	117
'세습되지 않는 군주君主'로서의 대통령	124
'이원정부제'는 과연 '분권형 대통령제'인가	127
의원내각제의 이해	131

제3장

대통령제의 종언終焉

미국식 대통령제의 '2기 집권 패턴'	**137**
대한민국 총선의 '중간 선거'적 특징	**144**
'제왕적 대통령'은 무엇으로부터 기인하는가	**150**
국정농단은 대통령제의 본질적 특징이다	**155**
독일에서는 박정훈 대령 사건이 발발할 수 없다	**158**
'제왕적 대통령'과 '무기력한 대통령'의 모순	**161**
보수당과 민주당의 적극 지지자는 각각 몇 퍼센트 정도일까	**164**
대통령제는 '적대적 양당 체제'를 심화시킨다	**169**
양당체제가 해결하지 못하는 주택문제, 어떻게 해야 할까	**173**
'국민의힘'은 결코 소멸하지 않는다	**188**
대한민국의 극우파는 왜 성조기를 들고 있을까	**192**
극우파에 어떻게 대처해야 하는가	**199**

제4장

대통령제와 비교한 의원내각제의 이해

정치란 무엇인가, 정치를 어떻게 바꿀 것인가	205
노무현의 '대연정大聯政 파동', 그 환상과 오류	211
정치적 양극화를 어떻게 해결해야 하는가	218
권력을 어떻게 분산시킬 것인가	221
'대통령은 내가 뽑으니까 믿을 수 있지만, 수상은 의회가 뽑으니 믿을 수 없다'는 생각의 오류	224
이스라엘의 수상 직선제의 실패	228
의원내각제를 '통일주체국민회의'와 동일시 해서는 안된다	232
'의원내각제는 불안정한 정국을 초래한다'는 평가는 어떻게 생겨난 것일까	234
일본식 내각제와 서유럽의 내각제는 어떻게 다른가	241
대통령제에서 제3당은 어떤 전략을 가져야 하는가	246

제5장

민주주의를 어떻게 이룰 것인가

4년 중임 대통령제는 우리의 대안이 될 수 없다 253

총선-대선을 함께 치르는 대통령제는 최악(最惡)의 개헌이다 258

대통령제를 폐지하지 않으면 윤석열 사태는 10년 후에 재현된다 266

저항권을 직접민주주의로 발전시켜야 한다 271

조희대 코트의 5·1 사법쿠데타와 법원 개혁 273

검찰개혁의 방향 : 보완수사권과 보완수사요구권 논쟁 283

표현의 자유와 제한, 그리고 언론의 민주화를 어떻게 이룰 것인가 288

12·3 비상계엄과 시민의 승리 295

계엄권의 삭제 301

민주주의 리터러시 305

인류문명의 방향 309

제6장
통치구조의 진화

어떤 공화정이 독재로 타락하는가	**321**
독재의 조건	**326**
진화의 규칙 The Rule of Evolution	**331**
통치구조의 진화進化	**335**
[참고문헌]	**341**

제1장
민주주의란 무엇인가

'민주주의'라는 용어의 과잉과 모호함

일반적으로 민주주의民主主義, Democracy란 국가의 주권이 국민에게 있고, 국민이 권력을 가지고 그 권력을 스스로 행사하는 제도이자 정치사상이라고 설명되고 있습니다. 민주주의의 영어 표현인 Democracy는 그리스어인 Demos(다수)와 Cratos(지배)의 합성어 Democratia에서 유래하는데, '다수의 지배'로 직역될 수 있습니다.

현재 '민주주의'를 표방하지 않은 국가가 없고, 정당의 이름과 강령에 민주주의를 내세우지 않은 정치세력이 없습니다. 심지어 북한의 국호인 '조선민주주의인민공화국'도 민주주의를 포함하고 있습니다. 게다가 정치뿐 아니라 모든 영역에서 '민주주의'라는 용어가 사용되고 있습니다.

비판이론의 선두로 알려진 미국 정치철학자 웬디 브라운Wendy Brown은 그녀의 팜플렛 『오늘날 우리는 모두 민주주의자이다』에서, "오늘날 민주주의는 역사상 전례 없는 인기를 누리고 있지만, 개념적으로는 더할 나위 없이 모호하고 실질적으로 빈약하기까지 하다"(85)고 지적했습니다. 그 이유는 우리가 사용하는 민주주의라는 용어가 절대선絶大善 또는 공공선公共善, 즉 '가장 좋은 것'을 뜻하고 있기 때문입니다. 단지 '가장 좋은 것'이라는 뜻만 가지게 되면서 결국에는 아무런 의미도 담지 못하고 있어서, 민주주의의 내용이 빈약하게 되어버렸다고 말하는 것입니다.

프랑스의 철학자 장 뤽 낭시Jean Luc Nancy는 팜플렛 『유한하고 무한한 민주주의』에서 '민주주의라는 용어의 과잉과 모호함'을 다음과 같이 적었습니다.

오늘날 민주주의는 '무의미의 전형적인 사례'가 됐다. 고결한 정치의 전부이자 공공선을 보장하는 유일한 방식을 대표하게 된 탓에 민주주의라는 이 단어는 그 자체의 모든 문제적 성격, 간단히 말해서 질문을 던지거나 문제를 제기할 수 있는 모든 가능성을 스스로 흡수하고 해소해 버렸다. … 한마디로 '민주주의'는 정치, 윤리, 법/권리, 문명 모든 것을 뜻하지만, 또 아무것도 뜻하지 않는다(107).

요컨대 민주주의라는 용어에 담으려는 의미가 넘쳐난 바람에, 민주주의는 그냥 '올바른 정치' 또는 '바람직한 정치'를 의미하게 되어버렸습니다. 즉 민주주의라는 용어가 단지 '가장 좋은 것'을 의미하게 된 순간, 그 내용은 빈약하게 되어버렸고(웬디 브라운), 아무것도 뜻하지 않는 '무의미의 전형'이 되어 버렸습니다(장 뤽 낭시).
어떻게 해야 민주주의라는 용어에 실질적인 내용을 담을 수 있을까요? 그렇게 하려면, 민주주의라는 용어를 '체제로서의 민주주의'와 '제도로서의 민주주의'로 구별해야 합니다. 현재 통용되는 민주주의 개념이 '체제로서의 민주주의'입니다. 즉 '체제로서의 민주주의'란 절대선絶大善 또는 공공선公共善, 즉 '가장 좋은 것'을 의미하는 민주주의로, 우리가 이상적으로 추구하는 체제를 뜻합니다. 예를 들어 박정희가 정당의 경쟁 질서를 파괴했을 때 우리는 '민주주의의 상실'이라고 말했고, 전두환이 언론의 자유를 침해했을 때 '민주주의의 위기'라고 표현하였습니다. 이러한 상황에서 표현된 민주주의가 '체제로서의 민주주의', 즉 '이상적 정치체제로서의 민주주의'입니다.

'이상적 체제로서의 민주주의'는 언론의 자유, 기본권의 보장, 정당의 경쟁적 질서, 공정한 선거관리, 합리적인 토론 문화, 약자에 대한 배려와 관용, 혐오와 차별의 배제 등 너무나 많은 필수 요소를 담고 있습니다. 그런 연유로 이러한 구성요소가 침해되었을 때, 이들 모두를 '민주주의의 위기'라고 불렀던 것입니다. 따라서 '체제로서의 민주주의'는 너무나 많은 요소를 가지고 있는 탓에, 각양각색의 위기에 대처할 때 필요한 제도와 도구를 직접적으로 대입하기 어렵게 됩니다. 그렇기에 막상 민주주의의 내용이 빈약해졌다고 웬디 브라운이 말했던 것이며, '무의미의 전형'이 되어버렸다고 장 뤽 낭시가 지적했던 것입니다.

프랑스 철학에서 신플라톤주의와 합리주의의 수호자로 평가받는 알랭 바디우Alain Badiou가 그의 팜플렛 『민주주의라는 상징』에서 다음과 같이 민주주의에 관한 정의를 내렸습니다.

> 민주주의란 인민들이 스스로에 대해 권력을 갖는 것으로 간주된 실존이다. 민주주의란 국가를 고사시키는 열린 과정, 인민에 내재적 정치이다(41).

'인민들 스스로 권력을 갖는 것', '인민에 내재적 정치'라는 문구는 그 자체로 정말 좋은 문장으로 느껴집니다. 그렇다면 시민들이 스스로 권력을 가졌다고 인식하고, 대의제 기관에서 벗어나 시민들의 삶에 내재한 정치로서의 민주주의는 어떻게 이룰 수 있을까요? 안타깝게도 바디우의 민주주의 정의에는 민주주의를 어떻게 이룰 수 있을 것인지에 관한 방법론이 없습니다. 요컨대 지금 우리에게 중요한 것은 "어떻게 하면 이상적 체제로서의 민주주의에 다가갈 것인가?"라는 방법론입니다. 이제 우리는 '체제로서의 민주주의'와 '제도로서의 민주주의'라는 개념을 구분해서 논해야 합니다.

여기서 먼저 대의제와 민주주의를 구분해야만 합니다. 자크 랑시에르Jacques Rancière는 『민주주의는 왜 증오의 대상인가』(2011)라는 저작에서 "정확히 말해 민주적 통치는 존재하지 않는다고 할 수 있다. 다수에 대한 정부의 권력 행사는 항상 소수에 의해 이루어지고 있다"(116)라고 지적함으로써, 대의제와 민주주의를 구별하는 데에 성공했습니다. 다만 '민주주의를 어떻게 이룰 것인가'라는 문제에서 그는 여전히 모호하고 사변적인 상태에 머물러 있습니다.

예를 들어 『정치적인 것의 가장자리에서』(2012)라는 저작에서 그는 민주주의에 관하여 다음과 같이 적었습니다.

> 민주주의는 통치 형태도 사회적 삶의 방식도 아니며, 정치적 주체들이 존재하기 위해 거치는 주체화 양식이다. … (그것은) 정치에 대한 사유를 권력에 대한 사유에서 분리해 내는 것을 전제한다. … (민주주의는) 정치체제가 전혀 아니라 … 정치의 설립 자체이다(17, 241).

정말 화려한 문장입니다. 그런데 "정치적 주체들이 존재하기 위해 거치는 주체화 양식"이라는 말은 도대체 무슨 뜻일까요? "정치에 대한 사유를 권력에 대한 사유에서 분리해 내는 것"은 무슨 말인가요? 도대체 "정치의 설립"은 어떻게 하는 것일까요? 자크 랑시에르의 위 문장을 읽고 나서, 저는 그에게 "그래서? 정치의 설립은 어떻게 하는 것인데?"라고 되묻고 싶었습니다. 그만큼 민주주의에 관한 그의 설명은 추상적이고 현학적이며, 그래서 더욱 빈곤해 보입니다. 결국 그는 우리 인류가 궁극적으로 나아가야 할 정치의 모습을 민주주의라는 단어로 표현한 것에 불과합니다. 여기서 우리는 더 나아가 "그러한 정치의 설립, 즉 민주주의를 어떻게 이룰 것인가?"라는 질문을 던져야 합니다. 하지만 안타깝게도 그러한 문제 제기와 답변을 그에게서 찾기 어려웠습니다.

앞서 말했던 것처럼, 체제로서의 민주주의, 즉 이상적 체제로서의 민주주의는 민주주의의 각 요소를 정비해 나가는 이정표에 해당합니다. 이제는 이상적 체제로서의 민주주의를 실현하기 위해 어떤 '제도$_{program}$와 어떤 도구$_{tool}$'를 써야 하는지를 밝혀야 할 때입니다. 현재 대한민국헌법에 '제도로서의 민주주의'가 규정되어 있지 않기에, 이 것을 더욱 강조할 수밖에 없습니다. 다음 장에서 국민주권주의, 대의민주주의, 간접민주주의, 직접민주주의, 숙의민주주의, 참여민주주의, 민주적 정부, 반민주적 세력 등등 민주주의에 관한 수많은 표현을 명확하게 구별하고, 그 뒤에 '제도로서의 민주주의'를 밝히겠습니다.

국민주권주의의 환상 : 국민은 지배자인가, 피지배자인가

민주주의라는 개념은 주권이 국민에게 있다는 이념인 국민주권주의國民主權主義를 토대로 하고 있습니다. 프랑스혁명 이후에 확립된 국민주권주의는 인민people이 지배자임과 동시에 피지배자가 되었다는 사실을 그 전제로 삼고 있습니다. 독일의 법실증주의자로 불리는 칼 슈미트Carl Schmit가 제시한 '자기동일성自己同一性의 원리'도 국민주권주의와 비슷한 개념입니다. '자기동일성自己同一性의 원리'란 지배자와 피지배자가 서로 같아졌다는 뜻입니다. 즉 정치적 지배자가 혈통에 의한 세습으로 결정되는 것이 아니라, 인민 속에서 선출된다는 사실을 표현한 것입니다.

제가 2018년에 처음 썼던 책의 제목은 '지배당한 민주주의'였고, 그 부제는 '피지배자에게 전하는 민주주의 지침'이었습니다. 학창 시절에 민주화운동을 함께 했던 제 후배 중에 서울대를 졸업한 뒤 프랑스에서 철학을 전공하고 지금 연세대에 교수로 재직하는 친구가 있어서, 제가 원고 초안을 보냈었습니다. 그 초안을 본 후배는 대뜸 "형, 지배-피지배는 너무 올드old하지 않아요?"라고 하더니, "도대체

요즘 세상에 누가 '피지배자'라는 말에 identify(동일시)를 할까요?"
라고 제게 쏘아붙였습니다. 당시에 저는 굳이 논쟁하고 싶지 않아서
"그렇구나"라고 대답하고, 대화를 멈췄습니다. 덕분에 혹시라도 그런
생각을 하는 사람들을 염두에 두고, 다음의 몇 가지 질문들을 그 책
에 추가했습니다.

5년에 한 번 대통령을 뽑고, 4년에 한 번 국회의원을 뽑는 것 외에 과연 우리
는 무얼 할 수 있는가? 이명박이 4대강 사업을 하고, 국회의원이 뇌물을 받고
개인적인 이권을 추구한 것에 대해 과연 우리는 그들을 통제할 수 있었는가?
국회나 행정부가 말도 안 되는 법률 혹은 행정명령을 내릴 때, 그것에 대항하
여 우리가 할 수 있는 일은 거리에서 피켓을 들고 몇 마디 구호를 외치는 것
말고 무엇이 있었을까? 시위하는 사람들을 보고 지나가는 다른 시민들이 사
실은 같은 처지이면서도 왜 싸늘하게 외면하는 것일까?

시위 현장을 지나치는 시민 중에 설령 비슷한 생각을 가졌을 이
들이 있을 법도 한데, 그들은 말없이 지나갑니다. 아마도 그들은
"그런다고 바뀔 것 같아?"라고 생각했을 것입니다. 경제학자 죠지
프 슘페터 Joseph Alois Schumpeter 는 그의 저작 『자본주의, 사회주의, 민주
주의』(1942)에서 이렇게 적었습니다.

민주주의는 인민이 '통치'라는 단어가 갖는 어떤 분명한 의미에서, 실제로 통
치한다는 것을 의미하지도 않고 또 의미할 수도 없다. 민주주의는 인민이 자
신들을 통치할 사람들을 받아들이거나 거부할 기회를 가진다는 것을 의미할

뿐이다(504).

'민주주의란 자신을 통치할 사람을 받아들이거나 거부할 기회를 가진다는 의미일 뿐'이라는 슘페터의 말은 "권력을 행사하는 '인민'은 권력의 행사를 받는 사람들과 동일한 인민이 아니다"(73)라는 존 스튜어트 밀John Stuart Mill의 『자유론』(1859)에서의 언급과 같습니다. 엄격히 말해서 현대 정치체제에서 '민주주의'란 국민이 실제로 통치한다는 뜻이 결코 될 수 없으며, 단지 국민이 자신을 통치할 엘리트를 선출할 수 있는 기회를 가진다는 사실을 의미할 뿐입니다.

2017년 8월 20일자 뉴스1 〈정권 2번 바뀌었지만…4만 3,800시간째 광화문 광장〉이라는 기사는 장애등급제와 부양의무제 폐지에 관한 장애인공동집행위원회 시민운동가의 호소를 실었습니다.

서울 지하철 5호선 광화문역 역사에는 4만3800시간째 한 자리를 지키는 사람들이 있다. 2012년 8월, 예비 대선 후보들로부터 '장애등급제·부양의무제 폐지' 공약을 이끌어내기 위해 시작한 농성은 오는 21일 5주년을 맞는다. 그 사이 대통령이 2번 바뀌었지만 이들은 여전히 바뀐 것이 없다고 말한다. 이들의 농성은 1826일째에도 1827일째에도 계속될 예정이다.

만약 시민들에게 일정한 조건 아래 법안을 직접 발의할 수 있는 기회가 주어지고, 의회뿐 아니라 시민들의 투표로써 법안을 통과시킬 수 있는 절차가 있었다면, 시민운동가가 위와 같이 대통령 후보들에게 빌지만 않았을 것입니다. 만약 시민들이 법률을 발의할 수 있었다면, 스스로 이 문제를 공론화하고 왜 이러한 제도가 문제가 있는지, 왜 폐지되어야 하는지, 어떤 제도로 대체되어야 하는가에 대해 다른 시민들을 설득했을 것입니다. 장애인공동집행위원회가 다른 시민들을 설득하지 않고, 오로지 대통령 후보들에게만 매달린 이유는 무엇이었을까요? 그것은 지금 우리의 정치체제에서 대통령이나 국회의원 외에 시민들에게는 아무런 힘이 없기 때문입니다.

누가 지배자이고 누가 피지배자인지를 구별하는 기준은 아주 단순합니다. 어떤 정치적 문제가 있을 때 자신의 의지로 그 문제를 해결할 수 있는 자가 지배자이고, 그렇지 못하고 누군가에게 부탁하고 호소해야 하는 자가 피지배자입니다. [지배-피지배 관념]은 결코 올드$_{old}$하지 않습니다. 자신의 의지로 법률과 제도를 입안하지 못하는 이들은 자신의 지위를 인식하는가 그렇지 않은가와 상관없이 피지배자입니다.

대한민국헌법이 우리 국민에게 보장한 정치적 기본권에는 제24조 선거권, 제25조 공무담임권, 제26조 청원권, 제72조 중요정책 국민투표권, 제130조 헌법개정안 국민투표권이 있습니다. 먼저 제25조 공무담임권이란 왕정국가나 귀족국가와 다르게 누구나 아무런 제한 없이 정치를 할 수 있다는 권리로, 국민주권주의와 자기동일성 원리를 헌법적으로 표현한 것입니다. 그러나 실제로 정치를 하려면 당대의 지배그룹으로부터 승인을 받아야만 가능하므로, 공무담임권은 피지배자에게 보편적으로 용인된 권리가 아닙니다. 또한 '대중의 정치참여'란 종전의 피지배자 일부가 통치엘리트에 편입되는 것이 아니라, 대중이 피지배자 지위를 유지하면서 정치에 참여하는 것이어야 합니다. 따라서 피선거권 또는 공무담임권으로 '대중의 정치참여'의 문제가 해결되었다고 결론지을 수 없습니다.

다음으로 제26조 청원권은 실질적인 권리가 아닙니다. 이른바 권리란 상대방에게 자신의 이익을 관철하는 강제력强制力을 뜻합니다. 그런데 청원권에 대응하여 국가는 단지 심사할 의무만을 가지기 때문에(제26조 제2항), 국가가 심사만 하고 거절하더라도, 청원의 내용을 강제할 힘이 없습니다. 그래서 청원권은 결코 권리가 될 수 없습니다.

한편 제72조의 중요정책 국민투표는 대통령이, 제130조 헌법개정안 국민투표는 국회가 부의할 수 있고, 국민은 그에 대해 단지 찬반만을 표시할 수 있을 뿐입니다. 이러한 국민투표권을 권리라고 볼 수 없는데, 그 이유는 국민투표의 내용을 발의할 수 있는 권한이 국민에게 없기 때문입니다. 통치엘리트가 투표에 부친 것을 단지 형식적으로 추인하는 수동적 역할이 전부입니다. 소수의 국회의원이 헌법개정안을 논의하고 밀실에서 타협한 최종안을 국민투표에 부친 뒤에, 국민이 그에 대해 찬반 투표를 했던 것이 지금까지 역대 개헌의 실상이었습니다.

이제 우리에게 보장된 유일한 정치적 기본권이 대한민국헌법 제24조 선거권뿐이라는 사실을 인정하지 않을 수 없습니다. 그리고 죠지프 슘페터의 지적처럼 '우리의 민주주의는 우리를 통치할 사람을 받아들이거나 거부할 기회를 가지는 것'에 불과하다는 사실도 부인할 수 없습니다. 이제 우리는 도대체 민주주의란 무엇인지, 그리고 그 민주주의는 어떻게 이루어지는지 고민해야만 합니다.

공화주의와 민주주의의 구별 :
대의제는 민주주의가 아니다

어떤 고등학교 졸업생들이 동문회를 개최하기로 하고, 모임의 저녁 메뉴를 정하기 위해 대표를 뽑기로 했습니다. 1번 후보가 "삼겹살이 최고 아닙니까?"라고 주장하자, 2번 후보가 "소고기 한 번 먹읍시다"라고 반박했습니다. 그러자 3번 후보가 "소고기는 비싸서 비용을 많이 부담해야 하고, 돼지고기는 지겨우니, 닭고기 먹읍시다"라고 주장했습니다. 그러자 많은 동문이 3번 주장을 지지했고, 3번 후보가 대표로 뽑혔습니다. 그런데 대표로 선출된 3번 후보가 막상 동문회 회장이 되자마자, 오리고기를 주문했습니다.

닭고기를 먹겠다는 것이 다수 회원의 의사였지만, 대표자는 '자신의 양심에 따라' 오리고기를 주문할 수 있습니다. 이것을 '무기속위임'이라고 부릅니다. 무기속위임에 대립하는 개념이 '기속위임 또는 명령적 위임'입니다. 대한민국헌법은 무기속위임을 규정하고 있는데, "국회의원은 국가이익을 우선하여 양심에 따라 직무를 행한다"는 제46조 제2항이 그것입니다. 독일연방기본법은 대한민국헌법보다 더 명시적으로 "의원은 전 국민의 대표이며, 위임과 명령에 구속됨이 없이 오직 그의 양심에만 따른다"고 규정하고 있습니다(제38조 제2항).

여기서 '무기속위임'이 옳지 않다고 주장하려는 게 아닙니다. 정치란 그 자체로 전문적 영역이어서, 정치적 대표자의 전문가로서의 식견과 판단이 존중되어야 한다는 점에서, '무기속위임'이 원칙적으로 옳습니다. 다만 다수의 의사가 '닭고기'인데, 선출된 대표가 다수의 의사에 반하여 '오리고기'를 주문한 시스템, 즉 무기속 위임에 기반한 대의제 시스템을 '민주주의'라고 부를 수 없다는 사실을 지적하는 것입니다. 즉 사람을 뽑는 대의제는 공화주의의 제도적 표현이며, 공화주의와 민주주의는 구별된다는 사실을 강조하는 것입니다.

고전적 의미에서 공화주의共和主義란 군주에 의한 전제적 지배를 폐지하고 통치자를 선출하는 체제를 말합니다. 정치적 대표자를 선출하는 것, 즉 대의제는 공화주의와 같은 말이며, 대한민국헌법 제1조 제1항의 공화국도 '선출제 정부'를 의미합니다. 프랑스의 정치철학자 자크 랑시에르Jacques Rancière는 『민주주의는 왜 증오의 대상인가』(2011)라는 저작에서, 대의제가 어떻게 민주주의 제도로 왜곡되었는지 그 과정을 다음과 같이 설명했습니다.

민주주의를 선거에 기초한 대의적인 통치 체제로 보게 된 것은 역사적으로 최근의 일이다. 원래 대의제는 민주주의와는 정반대의 것이라고 말할 수 있다. 미국 독립과 프랑스 대혁명 시대에 살았던 사람들은 모두 이 사실을 알고 있었다. 미국 독립의 아버지들과 그들의 추종자였던 프랑스 지식인들은 이러한 대의제도 하에서 민(民)의 이름으로 엘리트들이 권력을 행사하는 수단을 발견했다(119).

대의제란 정치엘리트들이 시민의 이름으로 권력을 행사하는 수단으로, "공공영역을 담당할 권한을 가진 소수가 전체를 대표하는 것이어서, 이의의 여지 없이 과두제의 형태를 갖게 된다"(118)는 것이 자크 랑시에르의 지적입니다. 결국 대의제 정부란 선출된 엘리트들이 가지고 있는 '위민의식爲民意識의 강약'의 차이에 상관없이, 본질적으로 '엘리트 과두제寡頭制'입니다.

> 정확히 말해 민주적 통치는 존재하지 않는다고 할 수 있다. 다수에 대한 정부의 권력 행사는 항상 소수에 의해 이루어지고 있다(자크 랑시에르,『민주주의는 왜 증오의 대상인가』, 116).

좀 더 선량하고 좀 더 시민들을 위하는 엘리트의 정부라고 하더라도, 그 정부가 과두제라는 사실까지 부정할 수는 없습니다. 다시 '닭고기와 오리고기 이야기'로 돌아가겠습니다. 예를 들어서 갑자기 닭고기 유행병이 돌아서 닭고기를 먹는 것이 걱정되어, 동문회장이 닭고기 주문을 취소하는 긴급 처분을 내릴 수 있습니다. 만약 이런 이유라면 그 취소는 지극히 정당한 처분이며, 이러한 한도에서 무기속위임은 옳은 원칙입니다. 그러나 동문회장이 식당 주인으로부터 리베이트를 받기로 약속하고 오리고기를 주문한 것이라면, 이 경우의 무기속위임은 옳지 않습니다. 이러한 부당한 무기속위임 사례가 바로 '대의제의 위기 사례'이며, 이를 치유할 수 있는 공화주의적 절차는 '정권교체'입니다. 그런데 만약 교체된 정권도 마찬가지의 문제를 보인다면, 더 이상 이 문제를 해결할 수 있는 공화주의적 제도는 없습니다. 이러한 '대의제의 위기'를 비평가들이 '민주주의의 위기'라고 혼동하여 부르고 있습니다.

스티븐 레비츠키Steven Levitsky는 『어떻게 민주주의는 무너지는가』(2018)에서 도널드 트럼프Donald Trump가 대통령으로 당선된 사실을 '민주주의의 위기'라고 표현하였습니다. 여기서 레비츠키는 선출된 대표가 시민들의 자유를 억압하고, 규범을 파괴하며, 서로를 극단적으로 적대하는 행위 등을 '민주주의의 위기 현상'으로 제시했습니다. 만약 이러한 현상들을 '민주주의의 위기'라고 진단하게 되면, 그 해결책이 모호해집니다. 왜냐하면 민주당의 카멀라 해리스가 대통령으로 당선되었다고 해서 레비츠키가 이름붙인 '민주주의의 위기'가 치유되는 게 아니기 때문입니다. 다시 말해서 이러한 현상을 '민주주의의 위기'라고 부르는 순간, 우리는 그 해결 방법을 찾을 수 없게 됩니다.

그런데 레비츠키가 민주주의의 위기로 제시한 현상들은 엄격히 따지면 '대의제의 위기', 즉 '공화주의의 실패 사례'입니다. 즉 시민들이 대의기관을 선출한 이후에 대의기관을 통제할 수 있는 제도가 없기 때문에, 시민들에 의해 선출된 대의기관이 끊임없이 민의에 반하고 시민들의 자유를 억압하는 현상입니다. 그런데 이러한 대의제의 위기 현상은 이례적인 것이 아니라 어쩌면 당연한 귀결입니다. 왜냐

레비츠키는 『어떻게 민주주의는 무너지는가』(2018)에서 도널드 트럼프가 대통령으로 당선된 사실을 '민주주의의 위기'라고 표현했다. 레비츠키는 선출된 대표가 시민들의 자유를 억압하고, 규범을 파괴하며, 서로를 극단적으로 적대하는 행위 등을 '민주주의의 위기'의 현상으로 제시했다. (이미지 : Barbara, Pixabay)

하면 대의제는 본질적으로 엘리트 체제이고, 이념적으로 영웅주의에 기반하고 있기 때문입니다.

'대의제의 위기 현상'이 바로 '부당한 무기속위임 사례'인바, 이러한 선출된 대표의 부패 또는 무능을 수정하고 바로 잡을 수 있는 유일한 수단이 바로 '제도로서의 민주주의'입니다. 이 글 처음 '동문회 사례'에서 메뉴를 정하기 위해 후보에게 투표한다는 부분을 읽으면서, "투표로 메뉴를 정하면 되지, 왜 사람을 뽑지?"라는 의문을 가졌다면, 당신은 이미 '제도로서의 민주주의'를 이해하고 있습니다. 사람을 뽑는 것, 즉 대의제는 '공화주의'이고, 정책을 선택하는 것이 '민주주의'입니다. 지금까지 주류 정치학은 사람을 뽑는 행위를 '민주주의'라고 호도해 왔습니다.

 그렇다면 '제도로서의 민주주의'는 무엇일까요? 통치엘리트의 법률을 무효화시키는 '입법무효 국민투표', 새로운 법률을 발의하는 '시민발의 국민투표'가 바로 그것입니다. 동문회장이 '오리고기'를 주문했다고 하더라도, 그러한 주문을 취소할 수 있는 제도가 '입법무효 국민투표'이며, 대의기관에 의하지 않고 회원들 스스로 '닭고기'를 주문할 수 있는 제도가 '시민발의 국민투표'입니다. '스위스 직접민주주의의 교과서'로 불리는 브르노 카우프만Bruno Kaufmann의 『직접민주주의로의 초대』는 앞에서 설명한 '입법무효 국민투표'를 자동차의 브레이크, '시민발의 국민투표'를 엑셀레이터라고 비유하였습니다. 바로 이 '두 개의 장치'로 통치엘리트의 부패와 무능을 견제하는 것이 바로 '제도로서의 민주주의'입니다.

 다만 현대 복지국가 행정이 거대하고, 정치가 그 자체로 전문적이기 때문에 대의제를 중심에 두어야 합니다. 그리고 대의제가 저지르는 오류를 수정하는 보조적 장치로 '제도로서의 민주주의'를 배치해야 합니다. 그런데 안타깝게도 우리 헌법에는 위와 같은 '제도로서의 민주주의'가 없습니다. 현재 우리나라는 '민주' 공화국이 아니라 '그냥' 공화국에 불과합니다. '제도로서의 민주주의'에 대해서는 뒤에서 더 자세하게 다루겠습니다.

'민주적인 것'과 '민주주의'의 구별

페트라 코스타Petra Costa 감독이 제작한 〈The Edge of Democracy〉란 제목의 2019년 브라질 다큐멘터리 영화가 있습니다. 우리나라에는 〈위기의 민주주의 : 룰라에서 탄핵까지〉라는 제목으로 번역되었습니다.

보수당을 추종하는 브라질 검찰이 뇌물 사건을 조작하여 브라질 노동당 출신의 전 대통령 룰라 다 실바Lula da Silva를 체포하려 했고, 룰라의 후계자 지우마 호세프Dilma Vana Rousseff 대통령이 룰라의 체포를 막기 위해 룰라를 각료로 입각시키려고 하였습니다. 그러자 보수당이 장악한 의회가 호세프 대통령을 회계 부정을 이유로 탄핵했던 2018년 당시의 긴박한 사건을 다룬 다큐멘터리 영화입니다. 당시 뇌물 사건을 조작한 세르지우 모루Sergio Fernando Moro 연방검사는 2018년 룰라를 구속하고, 재판까지 수행하여 룰라에게 9년 6월의 징역형을 선고하였습니다. 브라질 형사소송절차는 수사 검사가 재판까지 겸하는 제도를 취하고 있는데, 이를 '규문주의'라고 부릅니다. 유럽에서는 프랑스혁명과 함께 혁파되었는데, 브라질에는 아직도 중세의 잔재

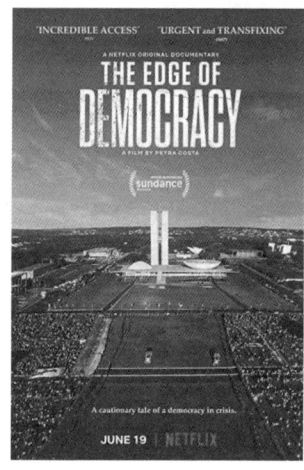

페트라 코스타 감독이 2019년에 제작한 브라질 다큐멘터리 영화 〈The Edge of Democracy〉 포스터. 한국엔 〈위기의 민주주의 : 룰라에서 탄핵까지〉라는 제목으로 번역됐다.

가 남아있었습니다. 한편 재벌들과 보수당이 조작한 회계 부정 사건으로 호세프 대통령에 대한 탄핵이 결의되었습니다. 결국 차기 대선을 준비했던 룰라는 피선거권을 박탈당하였고, 군인 출신이었던 보수적 성향의 사회자유당 후보 자이르 보우소나루Jair Messias Bolsonaro가 2018년 브라질 대통령으로 당선되었습니다. 이재명 민주당 대표의 대통령 선거 출마를 막기 위해, 대한민국 검찰이 대장동 사건, 대북송금 사건 등을 조작한 우리의 사례와 너무나 똑같았습니다.

이러한 일련의 사태를 '연성쿠데타'라고 부르는데, 연성쿠데타란 무력이 아닌 형식적으로 합법적인 절차에 따라 이루어진 쿠데타를 가리킵니다. 세르지우 모루 검사는 보우소나루 정부의 법무부 장관으로 임명되었고, 그 뒤 보우소나루 정부의 실정失政으로 브라질의 경제와 정치는 심각하게 후퇴하였습니다. 그리고 나서 2021년 브라질 연방대법원이 룰라에 대한 유죄판결을 무효로 확정하고, 룰라는 2023년 제39대 대통령으로 당선되어 브라질의 첫 3선 대통령이 되었습니다.

다시 다큐멘터리 '위기의 민주주의'로 돌아가겠습니다. 영화 중반부에 룰라가 체포되고 호세프가 탄핵 의결로 대통령 관저에서 쫓겨나기 직전에 브라질 서민들이 룰라와 호세프의 '파밀리에' 정책을 칭송하는 장면이 나옵니다. 파밀리에 정책은 우리로 치면 '영세민 복지 정책'과 비슷한 것으로, 감독이 인터뷰한 어느 시민은 자신이 교육을 제대로 받지 못했는데 이 정책을 통해 자신의 자녀는 대학에 진학했고, 자기 또한 직장을 가질 수 있었다고 말했습니다. 그 뒤에 카메라는 대통령 관저의 청소부들을 향했는데, 아마도 감독은 그 청소부가 룰라와 호세프를 칭찬하기를 기대했던 듯합니다. 그런데 그 청소부 아주머니는 뜻밖의 말을 했습니다.

"사실 민주주의란 없잖아요? 전 없는 것 같아요. 우리의 투표권은 없는 것 같아요."(The Edge of Democracy, 1:23:51)

코스타 감독이 청소부에게 그 말이 무슨 뜻인지 물었을 법도 한데, 아무런 질문도 없이 화면은 바뀌어 버립니다. 아마도 감독은 그 청소부의 말을 이해하지 못했던 모양입니다. 어쩌면 다큐멘터리 '위기의 민주주의'를 봤던 시청자 중에서 그 청소부 아주머니의 말을 기억하는 사람은 없을 것 같습니다.

룰라와 호세프 정부가 서민들을 위한 정부였고, 그 뒤 보수적 성향의 보우소나루 정부가 그렇지 않았다는 평가에 동의합니다. 그렇다면 앞에 정부가 '민주주의 정부'이고, 뒤의 것이 '반민주적 정부'일까요? 우리도 김대중, 노무현 정부를 '민주주의 정부'라고 부르고, 박정희-전두환-이명박-박근혜-윤석열 정부를 '반민주적 정부'라고 부릅니다. 그렇다면 서민들을 위하고 서민들에게 봉사했던 엘리트의 정부 혹은 그들의 이념이 민주주의일까요? 만약 그렇다면 백성들을 사랑하고 헌신했다고 평가받는 조선시대 세종世宗과 정조正祖의 정부도 '민주적 정부' 또는 '민주주의 정부'일까요?

다시 브라질 대통령 관저의 청소부에게로 돌아가겠습니다. 아마도 그녀는 룰라와 호세프 노동당 정부가 '서민들을 위한 정치'를 폈다는 사실을 부정했던 것은 아니었습니다. 그렇다면 그녀가 말한 '민주주의'는 무엇이었을까요? 민주주의로 번역되는 'Democracy'는 '다수'라는 뜻의 'Demos'와 '지배' 혹은 '통치'라는 의미의 'Kratia'가 결합한 말입니다. 애초에 민주주의는 다수가 스스로 결정한다는 뜻입니다. 브라질 대통령 관저의 청소부는 룰라와 호세프가 '서민들을 위한 정치'를 펼쳤지만, 그렇다고 해서 '내가 무언가를 결정한 적은 없었다'고 말하고 싶었던 게 아닐까요? "사실 민주주의란 없잖아요?"라는 청소부의 말은 '자신이 무언가를 결정해 본 적이 없었다'는 뜻이 아닐까요?

우리는 흔히 '민주적'이라는 말과 '민주주의'를 혼동하고 있습니다. '민주적'이라는 형용사는 '민중을 위한', 즉 위민爲民, 'for the people'이라는 뜻으로 통용되고 있습니다. 만약 '민주적인'이라는 형용사가 '서민을 위한'이라는 뜻이라면, '민주적'이라는 단어는 오용誤用되고 있는 것입니다. 왜냐하면 엘리트주의 중에도 '서민을 위한' 엘리트주의가 있을 수 있고, 그렇다고 해서 그것을 민주주의라고 부를 수는 없기 때문입니다. '민주주의'란 민중이 스스로 결정하는 제도 또는 체제이기에 그러합니다. 즉 김대중 정부와 노무현 정부가 박정희-전두환 정부에 대비하여 '좀 더 서민을 위한' 정부였지만, 그렇다고 하더라도 그 정부 역시 본질적으로 '엘리트 과두제'(자크 랑시에르)입니다.

다만 김대중-노무현 정부가 박정희-전두환 정부보다 시민들에게 더 이로웠다는 사실마저 부정하는 것은 아닙니다. 또한 엘리트에 의한 공화주의 정부를 폐지하자는 주장을 하려는 것도 아닙니다. 정치 역시 전문영역이기 때문에 전문가를 필요로 하며, 그러한 의미에서 '엘리트에 의한 대의제 정부'는 불가피합니다. 다만 대의제 정부가 부패와 무능을 드러낼 때, 시민들의 민주주의가 그 오류를 시정할 수 있어야 합니다. 그것을 가능하게 하는 제도가 이른바 '직접민주주의'입니다. '입법무효 국민투표'와 '시민발의 국민투표'가 그것입니다. 의회와 행정부가 입안한 법률에 문제가 있다면 국민투표로써 무효화시킬 수 있어야 하며, 통치엘리트가 입법을 하지 않는다면 시민들이 직접 법률을 발의할 수 있어야 합니다. 바로 그러한 의미에서 '민주주의'는 제도로서 각인되어야 합니다. 왜냐하면 현재 대한민국헌법에 이 같은 제도가 없기 때문이며, 바로 여기에서 '서민을 위한'이라는 뜻으로 통용되는 '민주적'이라는 용어와 '민주주의'를 구별할 이유가 있습니다.

이 같은 분석에 의한다면, 페트라 코스타 감독의 다큐멘터리 '위기의 민주주의'는 '위기의 대의제'The Edge of Representative system라고 그 제목을 바꿔야 합니다. 지금까지 스위스를 제외하고 민주주의가 실현된 적이 없기에, 민주주의가 위기였던 적은 없으며, 지금의 위기는 '대의제의 위기'입니다. 대의제 정부가 민의를 반영하지 못하는 위기, 시민을 위한다는 구호로 선출된 대의제 정부가 시민의 자유를 억압하는 현실은 '민주주의의 위기'가 아니라 '대의제의 위기'이자 '공화주의의 실패'입니다. 그리고 '대의제의 위기'를 해결하는 방법은 오로지 '직접민주주의'에 의해서만 가능합니다.

흔히 대의제를 '간접민주주의'라고 부르고 있습니다. 그러나 '간접민주주의' 또는 '대의민주주의'라는 용어는 허구적 개념으로, 대의제는 공화주의republicanism의 제도적 표현입니다. 반복하면, 사람을 뽑는 것, 즉 대의제는 '공화주의'이고, 정책을 선택하는 것이 '민주주의'입니다. 그렇기에 오로지 '직접민주주의'만이 민주주의이며, '간접민주주의'란 존재하지 않습니다.

이 책에서는 '이상적 체제로서의 민주주의를 향해 가는' 또는 '이상적 체제로서의 민주주의를 실현하는'이라는 뜻으로 '민주적인'이라는 형용사를 사용하고자 합니다.

'공화주의의 세 가지 권리'와 '민주주의'의 구별

'보수주의의 바이블'로 불리는 『프랑스혁명에 관한 성찰』(1790)에서 에드먼드 버크Edmund Burke는 "리처드 프라이스Richard Price가 프랑스혁명을 옹호하는 과정에서 영국 명예혁명의 원리를 왜곡했다"고 비난하면서 글을 시작합니다. 프라이스가 정리한 영국 명예혁명의 원리는 "1. 우리의 통치자를 선택할 권리, 2. 부당행위를 이유로 통치자를 추방할 권리, 3. 우리의 힘으로 정부를 세울 권리"였습니다(57). 엄격히 살피면 두 번째, 세 번째의 권리 모두 '통치자를 선택할 권리'라는 첫 번째 권리를 부연한 것입니다. 이러한 프라이스의 사상은 "불법한 정부를 폐지하고 신정부를 수립하는 것이 인민의 권리"라는 1776년 미국 독립선언과도 그 맥락이 동일합니다. 그리고 이러한 권리를 일반적으로 '저항권'이라고도 부릅니다.

여기서 강조하고자 하는 점은 위와 같은 권리가 '공화주의'를 설명한 것임에도, 우리는 위 권리를 '민주주의'라고 부르고 있다는 사실입니다. 예를 들어 전두환의 독재와 그 연장을 저지했던 '87년 6월 항쟁'을 우리는 '민주화 항쟁'이라고 부르고, 박근혜 대통령과 윤석열 대통령을 탄핵했던 시민들의 저항을 '촛불 혁명', '민주주의 혁명'이라고 부르고 있습니다. 이 같은 일련의 역사적 사건은 '부당행위를 이유로 종전의 통치자를 추방하고, 시민의 힘으로 새로운 정부를 세우는 과정'이었습니다. 그러한 점에서 위 사건들의 사회학적 성격은 '공화주의 혁명'입니다.

공화주의와 민주주의에 관한 이러한 착각은 아주 오래전에 시작되었습니다. 마토바 아키히로的場昭弘 등이 정리한 『맑스사전』에서 오야부 류스케大藪龍介는 칼 마르크스Karl Marx에게 있어서의 공화주의를 민주주의와 같은 것이라고 설명했습니다.

헤겔 좌파에 속해 있을 무렵의 맑스에게서 "자유인, 그것은 공화주의자이어야 한다"(〈'독불연보'로부터의 편지〉, 1:374)와 같은 언설이 보인다. 공화주의는 역사적으로 군주주의를 부정하며 등장한 개념이었다. 당시의 맑스에게 있어 공화주의란 독일에서는 여전히 유력한 군주주의를 극복하고 전진하고자 하는 입장의 표명이자 민주주의와도 같은 뜻이었다고 말할 수 있을 것이다.

아마도 마르크스에게 있어서 공화주의는 종전의 군주주의에 대항한 '좀 더 민주적인' 행동강령이었던 것입니다. 그러나 군주제를 폐지하고 공화주의 체제가 확립된 이후에, 다시 그 공화주의 체제가 전제적 형태로 시민들을 억압하는 지금, 공화주의를 민주주의로 오용誤用하는 것은 옳지 않습니다.

공화주의와 민주주의를 엄격하게 구분해야 하는 첫 번째 이유는 공화주의를 민주주의라고 부름으로써 '제도로서의 민주주의'가 우리 헌법에 없다는 사실이 잊히고 있다는 사실을 밝히기 위해서입니다. 이에 대해서는 제1장 뒷부분에서 설명하겠습니다. 다음으로 공화주의와 민주주의를 구분하는 두 번째 이유는 군주제를 폐지하고 성립한 공화주의 체제가 과거의 군주제처럼 다시금 시민들을 억압하는 전제적 형태로 변모했기 때문입니다. 이러한 이유로 공화주의 체제를 민주주의적으로 개혁할 필요가 대두되었습니다. 이에 대해서는 '제2장 대의제의 민주적 개혁'에서 다루겠습니다.

혁명 이후에 대중은
왜 권력 밖으로 밀려나는가

'파레토 최적이론'으로 유명한 경제학자 빌프레도 파레토Vilfredo Pareto가 『이탈리아 사회학 논총』에 기고한 논문 〈Un applicazione di teorie sociologiche〉(이론사회학의 적용, '엘리트 순환론'으로 번역)에서, 다음과 같은 이론을 밝혔습니다. 인류의 역사란 권력을 장악한 지배 엘리트와 새롭게 권력을 도모하려는 신생 엘리트 사이에서 지배권이 교체되는 과정이라는 것이 그 요지입니다.

인간의 역사는 특정 엘리트가 연속적으로 교체되는 역사이다. 한 엘리트가 부상하면 다른 엘리트는 쇠퇴한다. … 새로운 엘리트는 자신이 모든 피억압계층을 통솔하는 책임을 떠맡고, 자기 자신만의 선을 추구하는 것이 아니라 다수의 선을 추구한다고 천명한다. 또 새로운 엘리트는 일부 제한적인 계층의 권리를 위해서가 아니라 전체 시민의 권리를 위해 싸운다고 천명한다(38). … 이러한 점은 로마제국에서 평민과 귀족이 치른 투쟁의 역사에서 고스란히 나타났으며, 부르주아계급이 봉건 귀족을 누르고 승리한 역사에서도 똑같은 현상이 나타났다(39). … 오늘날 민중이 지배계급의 선두에 서게 된다고 믿는 경우가 있는데 이것은 일종의 환상이다. 지배계급의 선두에 서 있는 사람은 민중에 기대어 있는 미래의 새로운 엘리트이다(119). … 여느 때처럼 새로운 엘리트는 가난하고 가련한 자에게 기대었다. 여느 때처럼 이들은 자신들에게 한 약속을 믿는다. 여느 때처럼 그들은 속고 있으며, 예전보다 훨씬 더 무거운 멍에를 어깨에 지게 된다(137). … 1789년 혁명도 자코뱅 독재를 낳았고 제국주의 전제정치로 마감되었다. 이러한 현상은 항상 일어나는 일이며, 그런 사건의 통상적인 경로가 지금이라고 바뀔 하등의 이유가 없다. … '부유한 자도 가난한 자도 없는 세상, 폭군도 노예도 없는 세상, 잘난 인물도 못난 인물도 없는 세상, 왕이나 지도자가 없는 세상, 모든 것이 공평한 세상'이 올 거라고 약속한 날로부터 수많은 세월이 흘렀다. 불쌍하고 가련한 사람들은 아직도 이러한 약속이 실현되기를 기다리고 있다(138).

파레토의 지적처럼 1789년 프랑스 혁명을 성공시킨 실제 동력은 '상퀼로트'Sans culotte라고 불리는 파리 소시민 중심의 과격 공화파였습니다. 그런데 혁명 권력은 지롱드, 자코뱅과 같은 부르주아들에게 주어졌고, 결국 자코뱅 독재로 귀결되었습니다. 1917년 러시아 혁명의 동력이 소비에트의 프롤레타리아와 농민이었음에도 혁명 권력은 볼셰비키에게 넘어갔고, 결국 스탈린의 전체주의 독재로 종결되었습니다. 이처럼 대중은 혁명의 동력으로 소모될 뿐, 혁명의 열매는 새로운 엘리트가 차지했고, 그 엘리트는 다시 구舊 엘리트가 되어 그 뒤의 새로운 엘리트로 교체되었습니다.

1789년 프랑스 혁명과 1917년 러시아 혁명이 지나고 현대에 이르러 지구상의 모든 국가는 이제 스스로 민주주의 국가를 자임하고 있고, 모든 정당이 자신의 명칭에 민주주의를 걸고 있습니다. 그러함에도 모든 정치학 교과서 그리고 모든 정당, 정치인들이 여전히 '대중의 정치 참여'를 주장하고 있습니다. 민주주의란 말은 그 자체로 '대중의 정치 참여'를 뜻하는데, 민주주의가 실현되었음에도 왜 '대중의 정치 참여'를 주장하고 있을까요? 파레토의 선견先見처럼, 왜 권력은 항상 엘리트 사이에서 교체되고, 대중은 항상 권력 밖에 머물러 있을까요?

무력에 의해 구체제를 무너뜨렸던 혁명의 시대에는 새로운 권력이 형성되기 위해서 반드시 대중의 동력이 필요했습니다. 한편 혁명의 시대가 지난 현대에 이르러서도 여전히 대중의 동력이 필요한데, 그 이유는 대중이 행사하는 보통선거권에 의해 새로운 권력이 성립하기 때문입니다. 그러나 공화주의적 권리로서의 보통선거권은 권력을 세우는 권리에 불과하며, 그 뒤 설립된 권력이 행사되는 과정에는 개입할 수 없습니다. 그렇기에 권력이 성립된 이후에 대중은 당연히 권력 밖으로 밀려날 수밖에 없습니다. 자크 랑시에르의 지적처럼 "다수에 대한 정부의 권력 행사는 항상 소수에 의해 이루어지고" 있습니다(민주주의는 왜 증오의 대상인가, 116). 새로운 선거에서 당선된 대통령은 '국민의 승리'라고 부르짖지만, 실제로 그 승리의 열매는 대통령과 그 측근에게 주어집니다.

정치학자 최장집 교수는 그의 『민주화 이후의 민주주의』에서 민주주의를 강화하고 발전시키는 방법으로 대중의 '정치 참여'를 강조하고 있습니다.

대중의 참여가 없는 엘리트 카르텔로서의 정치는 '상층 편향성'을 특징으로 한다. … 민주주의가 제 기능을 하기 위해서는 사회적으로 통합되어 있지 않고 정치적으로 대표되지 않고 있는 서민층이나 노동이 정치과정으로 들어오는 것이 필요하다(252). … 이 과정에서 민주주의를 희구하고 투쟁했던 사람들이 민주주의에 대해 실망하고, 이를 비판하는 '소극적 시민'으로 머물 것이 아니라, 스스로 민주주의를 만드는 과업에 적극적으로 참여하는 '적극적 시민'의 역할을 할 수 있어야 할 것이다(287).

도대체 그가 말한 대중의 정치 참여는 선거기간의 투표 외에 또 무엇이 있을까요? 위 글에 있는 "정치적으로 대표되지 않은 서민층이나 노동이 정치과정으로 들어오는 것이 필요하다"는 문장에서 '정치과정으로 들어온다'는 말은 무슨 뜻일까요? 그는 다른 저작인 『어떤 민주주의인가』에서 이른바 '87년 민주화' 이후의 '정치 참여'를 이렇게 적었습니다.

민주화에도 불구하고 정치적으로 소외되었던 노동을 비롯한 사회적 약자의 정치 참여는 여전히 제약되어 있고, 중산층 및 지식인 전문가 집단의 정치 참여는 폭발적으로 확대됨으로써 보수적 민주주의로 발전하는 결과를 가져왔다(75).

결국 최장집이 말하는 정치 참여 혹은 '정치과정으로 들어온다'

는 말은 서민층 또는 노동자계급의 상위 엘리트 몇몇이 집권 엘리트로 편입되는 것이었습니다. 만약 그것이 아니라 진정으로 대중의 정치 참여를 주장했다고 항변한다면, 그는 아무 내용이 없는 빈말들을 허공에 내뱉은 것에 불과합니다. 대중이 정치에 참여할 수 있도록 해야 한다는 주장은 민주주의를 실현하자는 말과 같이 공허하기 짝이 없습니다. 그의 민주주의론에는 '정치엘리트가 무엇을 할 것인가?'가 있을 뿐, '시민들이 무엇을 할 수 있을까?'라는 방법론이 없습니다. 설마 정치인들에게 문자 폭탄을 보내고, 인터넷에 댓글을 달고, 피켓을 들고 시위하는 것을 정치 참여라고 주장하는 것이라면, 더 이상 논쟁의 가치가 없습니다.

노무현의 참여정부 또는 이재명의 국민주권정부도 같습니다. 여기서 '참여'를 평범한 서민도 정부에 참여하는 것처럼 주장한다면 이것은 허구적 프로파간다이며, 실제로는 변방에 있던 비주류 엘리트가 권력을 점유한 것입니다. 이들이 종전 보수당 정부와 비교하여 좀 더 서민들의 이익에 충실할 것이라는 점은 부정하지 않습니다. 그러나 좀 더 서민을 위하는 상위 엘리트가 권력을 장악하는 것보다 대중이 정치에 참여할 수 있는 방법을 찾는 것이 더 중요합니다.

권력이 언제나 엘리트 사이에서 교체되고, 대중이 항상 권력 밖으로 밀려나는 것은 너무도 당연합니다. 왜냐하면 대중이 피지배자의 지위를 유지한 채로 권력 행사에 참여할 수 있는 제도가 없기 때문입니다. 그래서 '제도로서의 민주주의'가 강조되어야 하는 것입니다. 대의제, 즉 공화주의 체제는 그 자체로 소수자의 권력이므로, '제도로서의 민주주의'가 보충되어야만 대중이 권력을 공유할 수 있게 됩니다. 그렇게 해야 대중이 집권 엘리트의 무능과 부패를 견제하고 오류를 정정할 수 있을 것입니다.

직접민주주의 :
스위스의 시민들은 시위를 하지 않는다

'아스팔트 위의 정치', 즉 '광장의 정치'는 결코 '민주주의의 요람'이 될 수 없으며, 오히려 '대의제의 불완전한 변형'입니다. 광장에는 '마이크를 든 소수의 대표'와 '수동적으로 듣고 있는 다수의 대중'이 있습니다. 대중은 박수를 보냄으로써 자신이 동조한다는 의미를 부여하고, 그것을 통해서 연단 위의 영웅에게 대중을 대표할 수 있는 권한을 위임합니다. 또한 광장은 '무기력한 대중의 또 다른 자화상'입니다. 왜냐하면 아스팔트로 나오지 않으면 안 될 만큼 답답해서 나온 것이고, 그것 말고 달리 행사할 수 있는 권한이 없기에 나온 것입니다.

2018년 프랑스 정부의 유류세 인상에 반발해 벌어졌던 '노란 조끼 시위'에서, 놀라운 장면이 등장했습니다. 1980년대 대한민국의 백골단처럼 청조끼와 청바지 차림의 프랑스 사복경찰이 시위대를 향해 돌진하는 모습이었습니다. 그에 반해 스위스의 시민들은 시위를 하지 않습니다. 그렇다면 프랑스 정부의 정책에 문제가 있고, 스위스 정부의 정책에는 문제가 없는 걸까요? 아니면 프랑스 시민들에게는 저항 의지가 있고, 스위스 시민들에게는 저항 의지가 없는 것일까요?

그렇지 않습니다. 스위스의 시민들은 의회의 법률이 부당하다고 생각할 때, 화염병과 돌을 던지면서 시위할 필요가 없습니다. 왜냐하면 일정 수의 시민들의 동의를 얻으면, 그러한 법률안에 대해 토론에 부칠 기회를 얻을 수 있고, 국민투표에 의해 종전의 법률을 무효화시키거나 새로운 법률을 입법할 수 있기 때문입니다(스위스연방헌법 제140조, 제141조).

스위스연방헌법 제140조(의무적 국민투표)

① 다음 사항은 국민투표와 주투표에 회부한다.

1. 연방헌법의 개정
2. 집단방위 체제 또는 초국가적 공동체에의 가입
3. 헌법에 근거하지 않고 1년을 초과하는 효력을 가지며 그 긴급성이 선언된 연방법률은 연방의회가 채택한 날로부터 1년 이내에 국민투표에 회부되어야 함

② 다음 사항은 국민투표에 회부한다.

1. 연방헌법의 전부개정을 위한 국민발안
2. 연방헌법의 일부 개정을 위해 일반적 제안 형식으로 고안된 국민발안으로서 연방의회에 의하여 부결된 국민발안
3. 연방의회 양원이 모두 동의하지 아니한 경우 연방헌법의 전부개정 여부

스위스연방헌법 제141조(임의적 국민투표)

① 유권자 5만명 이상 또는 8개 주 이상이 법률안 공포일로부터 100일 내에 요구하는 경우에는 다음 사항을 국민투표에 회부한다.

1. 연방법률
2. 1년을 초과하는 효력을 가지고 그 긴급성이 선언된 연방법률
3. 헌법 또는 법률로 임의적 국민투표에 부칠 것이 규정된 연방규칙
4. 다음 사항에 관한 국제조약
   가. 항구적이거나 기간이 정하여지지 아니한 조약
   나. 국제기구에의 가입을 규정하는 조약
   다. 법률 규정을 정하는 주요조항을 포함하고 있거나 그 시행에 연방법률 채택이 필요한 조약

스위스연방헌법 제140조는 반드시 국민투표에 회부해야 할 사항들을 정한 규정입니다. 즉 이들 사항이 국민투표로 승인되지 못하면 그 효력이 부인되는 것입니다. 연방헌법의 개정, 집단방위 체제 또는 초국가적 공동체 가입, 헌법의 근거 없이 1년을 초과하는 효력을 가지며 긴급성이 인정된 연방법률에 대해서는 국민투표와 주투표에 동시에 회부합니다(제140조 제1항).

또한 국민이 발의한 연방헌법의 전부개정 등도 의무적 국민투표 사항입니다(제140조 제2항). 한편 연방 법률 및 그에 준하는 법령이 공포일로부터 100일이 지나지 아니하는 때 유권자 5만 명 이상 또는 8개 주 이상이 요구하는 경우에 국민투표에 회부할 수 있는데, 의무적이지 않다는 뜻으로 이것을 임의적 국민투표라고 부릅니다(제141조). 제140조 제1항과 제141조의 국민투표가 이른바 '입법무효 국민투표 제도'입니다(국민거부권). 즉 통치엘리트의 권력에 제동을 거는 국민의 권한으로 스위스 직접민주주의의 교과서로 불리는 『직접민주주의로의 초대』

에서 브르노 카우프만은 이것을 '대의제에 대한 직접민주주의의 브레이크'라고 불렀습니다.

나아가 정부나 의회의 발의 없이도 자신들만의 힘으로 헌법을 개정하고 법률을 발의할 수 있으며, 아래의 스위스연방헌법 제138조, 제139조, 제139b조가 그 절차를 규정하고 있습니다. 이러한 국민발의(국민제안) 제도를 브르노 카우프만은 '대의제에 대한 직접민주주의의 엑셀레이터'라고 표현했습니다.

제138조(연방헌법의 전부개정을 위한 국민제안)
① 유권자 10만명은 발의안을 공식적으로 공표한 날로부터 18개월의 기한 내에 연방헌법의 전부개정을 제안할 수 있다.
② 해당 제안은 국민투표에 부쳐야 한다.

제139조(연방헌법 일부개정을 위한 국민제안)
① 유권자 10만명은 발의안을 공식적으로 공표한 날로부터 18개월의 기한 내에 연방헌법의 일부개정을 요구할 수 있다.
② 연방헌법의 일부 개정을 위한 국민제안은 보편적인 표현으로 구성된 제안의 형식을 갖추거나 초안 형식으로 작성될 수 있다.
③ 국민제안이 형식 통일의 원칙, 내용 통일의 원칙, 또는 국제법상 강제규범에 위배되는 경우, 연방 의회는 전면적으로 또는 부분적으로 해당 제안의 무효를 선언한다.
④ 연방 의회가 보편적인 표현으로 작성된 국민제안을 승인하는 경우, 연방 의회는 발의안과 같은 관점으로 일부 개정안을 작성하며, 이를 국민투표

나 주 투표에 회부한다. 연방 의회에서 발의안이 부결되는 경우, 연방 의회는 이를 후속조치 여부를 결정하는 국민투표에 회부한다. 국민투표에서 승인을 받은 경우, 연방 의회는 발의안에서 요구하는 법안을 작성한다.
⑤ 초안 형식으로 작성된 모든 발의안은 국민투표 및 주투표에 회부된다. 연방 의회는 발의안의 승인 또는 부결을 권고한다. 연방 의회는 대안으로 발의안에 맞설 수 있다.

제139b조(국민발안 및 그 대안에 대한 표결시 적용되는 절차)
① 투표권이 있는 국민은 발의안과 그 대안에 대한 의견을 동시에 표명한다.
② 국민은 국민발안 및 대안을 한꺼번에 승인할 수 있다. 국민은 보조질문에 대한 답변으로 두 개의 안이 모두 채택되는 경우 어느 안을 우선하는지 표명할 수 있다.
③ 채택된 사항이 헌법개정에 관한 사항이고, 보조질문에 대한 답변으로 두 개 안 중에서 하나가 유권자의 과반수를 득표하고, 다른 안이 주에서 과반수를 득표하는 경우에는, 두 제안 중 보조질문에 대한 답변에서 유권자와 주 중 더 높은 득표율을 기록한 제안이 발효된다.

즉 스위스연방헌법이 스위스 시민들에게 자신의 의지를 현실화시킬 수 있는 권리를 보장하고 있기에, 스위스 시민들이 시위할 필요가 없는 것입니다. 이것이 바로 민주주의입니다. 시민들이 직접 정책을 결정할 수 있는 제도가 민주주의이며, 대의제는 민주주의가 아닙니다. 역사적으로 군주제에 대항하여 시민들이 자신을 통치할 사람을 뽑는 것이 공화주의였으며, 대의제는 공화주의의 제도적 표현이었습니다. 인민의 대표자는 '자신의 양심에 따라' 마음대로 행동할 수 있으며, 이는 철저하게 합헌적 행위로서 그 헌법적 근거는 '무기속 위임'입니다(대한민국헌법 제7조 제1항, 제45조, 제46조 제2항).

무기속 위임이라는 헌법상 원칙은 대의제가 민주주의가 아님을 증명하며, 비슷한 의미로 자크 랑시에르는 대의제의 본질이 엘리트주의라는 점에서 '반민주적'이라고 표현한 적이 있습니다. 그런 의미에서 '간접민주주의' 또는 '대의민주주의'라는 단어는 지금까지 대중들을 속인 왜곡된 정치학 용어입니다. 오직 직접민주주의만이 민주주의입니다. 따라서 대한민국은 민주공화국이 아니고, '그냥' 공화국입니다. 왜냐하면 대한민국헌법에는 '제도로서의 민주주의'가 없기에 그러합니다.

대한민국의 시민들은 부당한 법률에 대항해서 피켓을 들거나 돌을 던지며 시위할 수밖에 없고, 입법이 필요한 경우에는 해당 상임위 국회의원을 찾아가 울면서 하소연하는 방법밖에 없습니다. 대한민국헌법에는 오직 국회의원만이 헌법을 개정할 수 있으며, 중요정책에 대한 국민투표도 대통령만이 부의할 수 있습니다. 대한민국 국민에게는 자신을 통치할 사람을 뽑는 권리, 즉 공화주의적 권리만이 유일하게 헌법적으로 보장되어 있습니다.

그러나 정치의 대상이 고도의 전문적 영역이기 때문에 무기속위임 원칙 자체는 준수되어야 하며, 따라서 대의제를 폐기해서는 안 됩니다. 다만 대의제를 기본으로 하되, 대의제가 남용될 때를 대비하여 '제도로서의 민주주의'를 보완해야 합니다. 첫 번째로 의회가 입법한 법률안에 대해 일정 수 시민의 동의를 얻어 그 효력 여부를 결정할 수 있는 국민투표를 도입해야 합니다(입법무효 국민투표 제도). 두 번째로 국회의원의 입법 부작위에 제동을 걸기 위해 법률안 또는 헌법 개정안을 일정 수 시민의 동의를 얻어 제안할 수 있어야 합니다(입법발의 국민투표 제도). 그 절차에 반드시 충분한 정보공개와 토론의 기회가 부여되어야 합니다. 이렇게 되면 반대하는 법률이나 필요한 법률이 있다는 이유로 피켓을 들고 돌을 던지면서 시위할 필요가 없어집니다.

저항권은 전제적 권력에 대항했던 역사적 권리로 남아야 합니다. 위와 같이 입법무효 국민투표와 입법발의 국민투표를 헌법에 제도화하면, 시민들은 더 이상 광장에 나올 이유가 없습니다. 시민들은 온라인의 아고라$_{agora}$에서 토론하고, 블록체인에 기반한 전자투표로 자신의 권리를 행사하면 됩니다. 그리고 그 토론의 대상은 더 이상 'OOO 퇴진'이 아니라, 우리의 삶에 필요한 정책이 될 것입니다.

2008년 10월 스위스에서 열린 〈제1회 세계 직접민주주의 대회〉에서 칠레 산티아고 대학 정치학과 데이비드 알트만 교수는 직접민주주의의 범위를 시민발의와 시민발의에 의한 국민투표만으로 좁게 규정하고, 위로부터 기획된 국민투표, 주민참여예산제나 주민소환제는 직접민주주의로 볼 수 없다고 주장하였습니다(『직접민주주의로의 초대』 17). 국민투표는 두 가지 형태로 구분되는데, 정책에 관한 투표인 레퍼랜덤$_{Referendum}$과 위로부터 기획된 국민투표인 플레비시트$_{Plebiscite}$가 그

것입니다. 정책투표인 레퍼랜덤이 직접민주주의 제도임은 당연하며, 플레비시트는 통치자가 일방적으로 국민투표에 회부하여 자신에 대한 신임을 묻는 것으로 국민이 그 내용에 관여할 수 없다는 점에서 직접민주주의에 포함시킬 수 없는 것입니다. 우리 헌정사의 국민투표와 현행 헌법에 규정된 국민투표 모두 플레비시트에 해당합니다.

또한 주민참여예산제는 모든 시민이 참여하는 것이 아니라 시민단체 대표 등 선출된 시민들만이 참여하는 것이어서, '변형된 대의제'에 해당합니다. 문재인 정부 때에 있었던 신고리 공론화위원회를 숙의민주주의 제도라고 한껏 치켜세웠던 적이 있었습니다. 그러나 신고리 공론화위원회 또한 '변형된 대의제'에 불과합니다. 만약 위와 같은 위원회의 결의가 의회의 입법과 달라지면, 어떤 효력을 우선할 것인지 문제가 생깁니다. 의회의 결의를 무효로 돌릴 수 있는 유일한 헌법적 결의 형태는 국민투표가 되어야 체계정당성과 가치정당성을 얻을 수 있습니다. 그렇지 않으면 행정부 수장이 의회의 결의를 무효로 만들기 위해 '신고리 공론화위원회'와 같은 변형된 대의제의 결의를 악용할 여지가 생기게 됩니다.

한편 주민소환제라는 제도는 당연히 필요하지만, 직접민주주의의 대상이 아닙니다. 사람을 뽑는 대의제가 공화주의의 제도적 표현인 것처럼, 선출된 국회의원의 지위를 박탈시키는 주민소환제 역시 공화주의의 한 내용이라고 보아야 합니다. 따라서 '제도로서의 민주주의'는 오직 직접민주주의밖에 없으며, 직접민주주의는 '사람'이 아니라 '사안'에 대해 투표하는 것입니다.

직접민주주의가 갈등을 통합하는 수단이 되려면, 발의와 토론을 위한 충분한 시간이 보장되어야 하고, 모든 수준의 의사소통 수단이 사용될 수 있어야 하며, 풍부한 토론이 전제되어야 합니다. 그렇게 공정성이 확보되어야만 패배한 쪽에서 그 결정을 받아들일 수 있습니다. 그러한 뜻에서 시민발의(국민제안)와 국민투표 절차를 정할 때 다음과 같은 요소들이 반드시 고려되고 보장되어야 합니다.

① 서명효력 발생 기준 : 시민발의와 국민투표 요구 인원수
② 허용기간 : 서명받기, 정부 측 반응, 의회 토론, 국민투표 캠페인 등의 허용기간
③ 서명을 모으는 방법
④ 정부와 의회의 개입 여부 및 방법
⑤ 다수결 요건과 최저투표율 정족수
⑥ 시민들을 위한 정보제공과 공개토론
⑦ 제기될 수 없는 안건
⑧ 법적 효과 : 유효한 시민발의의 법적 결과
⑨ 하나의 전체로서의 과정 : 전체 절차가 정부 도는 의회에 의해 교란되지 않을 만큼 체계를 갖추었는지 여부
(브루노 카우프만 외 2, 『직접민주주의로의 초대』 146~147)

최근 스위스에서 논의되고 실시되었던 주요 국민투표 법률안, 헌

법 발의안 및 개정안은 다음과 같습니다.

- 2013. 03. 최고경영자 보수 투명화 법안(일명 Minders Act) (통과)
- 2013. 09. 군 징집제도 폐지안 (부결)
- 2013. 11. 회사내 최고경영자-최하위근로자간 보수격차 제한 법안 (일명 1:12 법안) (부결)
- 2014. 02. 대량이민제한 헌법안 (통과)
- 2014. 05. 법정 최저임금 도입 헌법안(시급 22스위스프랑) (부결)
- 2016. 06. 조건 없는 기본소득 헌법안 (부결)
- 2020. 02. 성소수자 차별금지법 (통과)
- 2020. 09. 온건한 이민 헌법개정안(EU와의 자유로운 인력이동 협정에 반대) (부결)
- 2020. 11. 기업책임 헌법개정안(인권 및 환경 기준 준수 의무화) (부결)
- 2021. 03. 부르카 전면 금지 헌법 개정안 (통과)
- 2021. 11. 코로나19법 (백신 증명서 유지) (통과)
- 2022. 02. 담배광고금지 헌법 개정안 (통과)

시민들에게 이러한 절차가 부여되어 있고 권한이 보장되어 있기에, 스위스의 시민들이 시위를 하지 않는 것입니다. 사람을 뽑는 것을 민주주의라고 부르는 왜곡된 정치에서 한 단계 도약하여, 시민들이 정책을 제안하고 고민하고 결정할 수 있는 제도로 나아가야 합니다. 바로 이것이 '민주주의'입니다. 다만 이러한 시민들의 직접적인 정책제안과 결정은 대의제를 견제하고 보완하는 수단임은 물론입니다.

인민은 자기통치를 원하는가

 "인민people은 자기통치自己統治, Self-Rule를 원하는가?"라는 질문은 유럽 철학계의 오랜 주제이자 여전한 '핫 이슈'입니다. 그런데 이 질문은 그 자체로 대답을 담고 있는데, 그 대답이란 "자기통치를 원하지 않는 것 같다" 또는 "원하지 않는다고 평가할 만한 사례가 상당수 있다"입니다.

 인민이 자기통치를 원하지 않는다고 평가할 만한 대표적 사례는 대중들이 어떤 영웅을 극단적으로 추종하고 숭배하는 정치적 현상입니다. 히틀러, 스탈린, 마오쩌둥, 케네디, 레이건, 오바마, 트럼프, 김일성, 이승만, 박정희, 김대중, 노무현, 박근혜 등등, 그들에 대한 대중의 추종이 그것입니다. 그리고 2024년 12월 3일 비상계엄을 선포한 윤석열도 그 반열에 올라섰고, 그에 저항했던 이재명도 숭배의 대상이 되었습니다.

 하지만 "인민이 자기통치自己統治를 원하는가?"라는 질문은 그 자체로 잘못된 것입니다. 왜냐하면 '인민의 자기통치'란 인류문명의 마지막 지향점이지 결코 특정 시점의 현상적 개념이 아니기에 그러합니다다. 즉 '인민의 자기통치'란 인류가 나아가야 할 최종적 목표입니다. '인민의 자기통치'라는 관념은 당대 인류 지성의 보편화 정도에 비례하며, 인류 지성사의 지평이 넓어질수록 그 영역이 확장되는 것입니다. 예를 들어 로마 시대의 노예들이나 중세 농노serf들이 '인민의 자기통치'라는 관념을 갖기 어려웠다는 사실을 떠올리면, '인민의 자기통치'는 시대의 추이에 따라 변화해 온 '역사적 개념'이며 '발전적 개념'입니다.

따라서 우리는 '인민이 자기통치를 원하는가?'라고 질문할 게 아니라, '어떻게 하면 인민이 자기통치를 이룰 수 있을까?'를 고민해야 합니다. 그리고 자기통치의 방법을 제도화시키고 확장해야 합니다. 그런데 '자기통치'라는 말 자체가 사실은 유럽 철학이 사치스럽게 멋부린 표현입니다.

우리는 '자기통치'自己統治, Self-Rule와 완전히 같은 뜻의 단어를 알고 있습니다. 그것은 바로 '민주주의'입니다. 그리고 민주주의를 실현하는 방법을 알고 있습니다. 그것은 '입법무효 국민투표'와 '시민발의 국민투표'라는 직접민주주의 원리와 '저항권'에 기초한 공화주의 원리입니다. 덧붙여 우리가 끊임없이 경계해야 할 '민주주의의 적敵, Enemy'이 있는데, 그것은 바로 '영웅 숭배 현상'입니다. 그리고 그러한 영웅주의를 제거할 수 있는 제도적 방법 또한 민주주의 원리에 의해 실현될 수 있습니다.

영웅 숭배는 어떻게 민주주의를 가로막는가

제1, 2차 세계대전을 치른 이후 독일은 바이마르 헌법에 명시되어 있었던 국민발안(시민발의)이나 국민투표와 같은 직접민주주의 제도를 연방기본법에서 제외하였습니다. 그 이유는 히틀러의 나치당이 직접민주주의 제도를 악용하였다는 역사적 평가 때문이었습니다.

베르사유 조약의 불공평과 대공황으로 인한 실업난으로 제1차 세계대전 후 독일인들의 불만은 극도로 고조되었습니다. 천부적인 연설 능력을 지녔던 아돌프 히틀러Adolf Hitler는 베르사유 조약을 비난하고 범독일주의, 반유대주의, 반공주의 등으로 독일인들의 민족우월주의와 적대적 감정을 선동하였습니다. 이로써 선풍적인 인기를 얻은 히틀러는 1932년 11월 의회 선거에서 국가사회주의노동자당(나치당)을 제1당으로 만들었습니다. 그러나 나치당이 과반수에 미치지 못해 정부를 구성하지 못하던 차에 보수파 지도자들이 힌덴부르크 대통령을 설득하여, 1933년 1월 30일 히틀러를 공화국의 수상으로 임명했습니다. 얼마 뒤 3월 24일 히틀러의 나치당은 〈전권위임법〉(수권법)을 통과시켜 의회 권한을 정부에 위임하고, 정당신설금지법을 발동하여 나치당 1당독재를 수립했습니다. 그 뒤 1934년 8월 2일 힌덴부르크가 사망하자 히틀러는 그를 이어 대통령도 겸임하는 총통이 되어 절대권력을 행사하였고, 그 뒤에 행해진 히틀러의 세계사적 악행은 우리가 아는 바 그대로입니다.

1934년 8월 19일에 치러진 〈총통직 신설에 관한 국민투표〉에는 유권자 45,552,059명의 95.7%인 43,568,886명이 참여했고, 그 중 88.1%인 38,394,848명이 압도적으로 찬성하였습니다. 애초에 수권법에 의해 정당신설금지법이 통과되어 나치당을 견제할 수 있는 정당이 제거되었고, 수권법에 따른 국민투표를 거쳐 히틀러가 국가권력 전부를 장악하는 총통이 되었습니다. 이같이 수많은 대중의 전폭적인 지지로 역사상 최악의 독재자가 탄생한 것에 대해 전후 독일의 지성인들은 직접민주주의가 독재를 창출했다고 평가한 것입니다.

이러한 평가에 이론적 기반을 제공한 사람이 바로 법실증주의자로 불리는 칼 슈미트Carl Schmitt입니다. 슈미트는 1933년에 나치당에 입당해서 초기 독일연방공화국의 헌법과 법학에 지대한 영향을 미쳤는데,『현대 의회주의의 정신사적 상황Die geistesgeschichtliche Lage des heutigen Parlamentarismus』(1923)이라는 저작에서 히틀러의 권력 장악을 다음과 같이 표현했습니다.

사람들이 현대 의회주의라고 부르는 것 없이도 민주주의는 존재할 수 있고 민주주의 없이도 의회주의는 존재할 수 있다. 그리고 민주주의가 독재의 결정적인 대립물이 아닌 것처럼 독재는 민주주의의 결정적인 대립물이 아니다(67).

민주주의, 즉 대중의 민주적 결정을 통해 히틀러의 권력이 창조되었으며, 히틀러의 권력 행사가 일반적인 의회주의의 형식을 갖추지 않았다고 하더라도 민주주의에 해당한다는 것이 슈미트의 주장입니다.

그런데 대중의 절대적 지지로 독재자가 탄생했던 것은 히틀러가 처음이 아닙니다. 1804년 12월 나폴레옹 보나파르트Napoléon Bonaparte도 국민투표를 통해 프랑스 시민들이 피로써 일으킨 공화정을 폐지하고 프랑스 제1제국의 초대 황제인 나폴레옹 1세에 즉위하였습니다. 그리고 1848년 2월 혁명으로 수립된 제2공화국에서 대통령으로 선출된 나폴레옹의 조카 루이 보나파르트Louis Napoléon Bonaparte 또한 1851년 친위 쿠데타를 일으켜 프랑스 제2제국의 황제 나폴레옹 3세로 등극하였습니다.

4년 단임으로 중임할 수 없었던 루이 보나파르트는 1851년 12월 2일 군대를 동원하여 정적을 체포하고 의회를 해산한 다음, 1851년 12월 21일 개헌에 대해 찬반 국민투표를 부쳤습니다. 여기서 찬성 7,439,216표 반대 647,737표를 얻어, 루이는 10년 임기의 대통령이 되었고, 조각권, 입법 발의와 공포권, 조약체결권, 선전포고권 등 막강한 권력을 거머쥐게 되었습니다. 새 헌법을 국민투표로 승인받고 자신감을 얻은 루이는 1852년 11월 20일, 또 국민투표를 실시하여 제정 실시 여부를 심판받았습니다. 결과는 찬성 7,824,189표, 반대

253,145표로, 97%라는 압도적인 지지를 얻어, 1852년 12월 2일, 프랑스 제2제정의 황제로 즉위했습니다.

    우리 헌정사에서 유신헌법도 마찬가지의 과정을 거쳤는데, 그 시작은 3선 개헌이었습니다. 박정희는 재선만 가능했던 헌법을 개정하여 제6차 헌법(일명 3선 개헌헌법)을 발효시키고, 1971년 4월 제7대 대통령 선거에 세 번째 출마하여 당선되었습니다. 당시 신민당 김대중 후보와 95만 표 차이밖에 나지 않았던 박정희는 4년 뒤인 1975년에는 김대중에게 대통령 자리를 빼앗길지도 모른다는 불안감에 빠졌습니다. 다음 해인 1972년 10월 17일 오후 7시를 기하여 박정희는 국회를 해산하고, 정당 및 정치활동을 금지하는 〈대통령특별선언〉을 발표하고, 〈비상계엄〉을 선포함으로써 친위쿠데타 Self-Coup d'État를 일으켰습니다. 그리고 유신헌법(제7차 헌법)을 국민투표에 부쳤는데, 그 주요내용은 국민이 통일주체국민회의 대의원을 선출하고, 그 대의원이 대통령을 선출하는 것이었습니다. 1972년 11월 21일 유권자 15,676,395명의 91.9%인 14,405,369명이 투표에 참여하여, 그 중 91.5%인 13,178,223표의 찬성으로 유신헌법이 가결되었습니다. 박정희는 통일주체국민회의를 장악함으로써 영구집권 대통령이 되어 황제와 다름없는 지위에 등극했습니다.

    분명 나폴레옹, 루이 보나파르트, 히틀러, 박정희 모두 대중의 열광적인 지지를 바탕으로 권력을 얻은 것이 사실입니다. 하지만 과연 이러한 현상을 민주주의, 즉 직접민주주의를 통해 권력이 창출된 것이라고 평가할 수 있을까요?

앞서 설명한 것처럼 국민투표는 정책에 관한 투표인 레퍼랜덤 Referendum과 위로부터 기획된 투표인 플레비시트 Plebiscite, 두 가지로 분류됩니다. 정책투표인 레퍼랜덤이 직접민주주의 제도임은 당연한 데 반하여, 플레비시트는 직접민주주의에 포함시킬 수 없는데, 위 사례에서 등장한 국민투표는 모두 플레비시트에 해당합니다. 그렇다면 플레비시트는 왜 직접민주주의에 해당하지 않을까요? 그 첫째 이유는 통치자가 일방적으로 국민투표에 회부하여 자신에 대한 신임을 묻는 플레비시트는 국민이 그 내용에 관여할 수 없어 '다수Demos의 지배Cratos'로서의 민주주의Democratia라고 부를 수 없기 때문입니다. 둘째, 플레비시트는 레퍼랜덤과 같이 국민이 주체가 되어 무언가를 결정하는 것이 아니고 국민이 통치자에게 권한을 위임하는 수동적인 위탁이므로 '다수의 지배'로서의 민주주의가 될 수 없습니다.

위와 같이 나폴레옹으로부터 박정희까지 그들을 황제로 즉위시킨 플레비시트는 대중의 정치적 영웅에 대한 숭배 현상으로부터 기인합니다. '대중의 영웅 숭배'를 직접민주주의의 부정적 현상으로 착각하고, 시민발의와 국민투표 제도를 제외한 독일연방기본법은 중대한 오류를 저지른 것입니다. 그렇다면 우리는 대중이 왜 영웅을 숭배하는지 이유를 알아야 합니다. 그래야만 대중의 영웅 숭배를 멈추게 할 수 있고, 이로써 '이상적 체제로서의 민주주의'를 완성할 수 있을 것입니다.

대중은 왜 지도자에게 복종하고
그를 숭배하는가

독일 출신의 유대계 정치철학자 한나 아렌트Hannah Arendt는 그녀의 저작 『전체주의의 기원』(1951)에서 다음과 같이 지적했습니다.

히틀러가 단순히 독일 산업주의자들의 대리인이며, 스탈린이 레닌 사후 벌어진 승계 투쟁에서 단지 사악한 음모를 통해서 승리했다는 널리 퍼진 확신은 모두 많은 사실들, 특히 지도자의 확실한 대중적 인기로 반박될 수 있는 전설이다(17).

히틀러의 나치즘이나 스탈리니즘이 단순히 대중을 수동적인 도구로 격하시킨 게 아니고, 대중들이 히틀러와 스탈린을 열광적으로 지지하였고, 그들 각자가 자신을 '세계혁명의 주역'이라고 스스로 인식했다는 사실을 강조한 것입니다. 그녀는 히틀러의 유대인 학살 사건인 홀로코스트의 생존자로, 결코 히틀러를 긍정적으로 평가하기 어려운 상처를 지니고 있습니다. 아렌트는 위 저작에서 "히틀러와 스탈린의 인기를 무지와 어리석음에 대한 능란한 거짓 선전의 승리 탓으로 돌릴 수 없다"고 덧붙였습니다. 즉 대중들이 우매했기 때문에

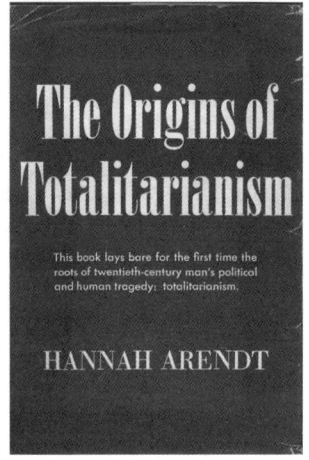

한국에서 『전체주의의 기원』으로 번역 출판된 한나 아렌트의 첫 번째 저작, 『The Origins of Totalitarianism』 1951년 edition. 한나 아렌트는 20세기 전반기의 전체주의 정치 운동으로서 나치즘과 스탈린주의를 설명하고 분석했다. (이미지 : 위키피디아)

히틀러나 스탈린을 추종했던 것이 아니고, 그들 각자가 자신의 신념에 충실하게 행동했다는 것입니다.

이러한 대중적 현상은 이른바 '노사모'에게도 발견되었습니다. 이에 관하여 제가 첫 번째로 쓴 『지배당한 민주주의』(2018)의 한 부분을 인용하겠습니다.

그렇다면 그들은(노사모) 왜 그토록 노무현을 사랑했을까? … 노사모가 노무현을 그토록 사랑했던 이유는 노무현이라는 '깨끗한 영웅'을 통해서 자신들이 생각하는 민주주의를 실현하고 싶었기 때문이다. 1997년 12월 한나라당 이회창 후보와 경선했던 이인제가 얼토당토않게 2002년 11월 민주당 경선에 참여했고, 게다가 그(이인제)가 가장 앞선 후보였다. 그런 상황에서 민주주의를 열망하는 시민의 입장이라면, 어떻게 해서든지 비록 가장 꼴찌 후보였지만, 노무현을 숭배할 수밖에 없었을 것이다. 왜냐하면 그 당시에 그들이 할 수 있는 일이 그것 말고는 없었기 때문이다(181~182).

"도대체 히틀러와 노무현을 동렬에 놓는 것이 정당한가? 어떻게 윤석열과 이재명을 똑같이 비교할 수 있을까?"라고 의문을 가질 수 있습니다. 분명 히틀러와 노무현, 윤석열과 이재명의 정치적 스탠스는 결코 동질적이지 않으며, 엄청난 차이를 가지고 있습니다. 그러나 이들에 대한 대중의 숭배 현상은 그 본질에 있어서 동일합니다. 그렇다면 대중은 왜 영웅을 숭배할까요?

프랑스의 심리학자 귀스타브 르 봉 Gustave Le Bon 의 『군중심리학』(1895) 은 '군중 속의 개인과 단독의 개인이 다른 특성을 띤다'는 데에 초점을 두고 있습니다. 반면 오스트리아의 유대계 정신과 의사이자 정신분석학파의 창시자인 지그문트 프로이트 Sigmund Freud 는 그의 『집단심리학과 자아분석』(1921)에서 귀스타브 르 봉과 다르게 인간의 집단을 대중과 영웅으로 나누고 각각의 심리를 분석했습니다.

프로이트는 위 저작에서 인류를 "서로 동일시할 수 있는 다수의 동등한 사람과 그들 모두보다 '우월한 한 사람'이 이끄는 군집 동물"로 정의하고, "인간은 우두머리가 이끄는 유목 집단의 개체"라고 표현하였습니다(82). 나아가 "모든 개인은 서로 똑같아야 하지만, 그들은 모두 한 사람한테는 지배받고 싶어 한다"면서, 대중이 영웅에 의해 지배받고 싶어하는 이유로 다음과 같은 '영웅신화'를 제시했습니다.

영웅은 유목 집단 전체만이 감행할 수 있었던 행위를 혼자 이루어냈다고 주장한다(101). … 영웅신화의 거짓말은 영웅의 신격화에서 절정에 달한다(102). … 집단은 그들을 결속시키는 본능의 성질에서도, 또 대상으로 자아이상을 대체한다는 점에서도 최면과 일치한다. 그러나 집단은 다른 개인들과의 동일시를 추구한다(110).

프로이트는 '군중이 왜 지도자를 사랑하는가?'라는 질문을 던지고, '자아 동일시'와 '자아 이상의 동일시'라는 개념으로 집단심리에 대한 분석을 시도했습니다. 즉 인간은 자신과 동등한 개개인에 대해서는 자신의 자아와 동일시함으로써 집단을 이루고, 그 집단 중 '우월한 한 사람'에 대해서는 자신의 이상, 즉 자아 이상을 동일시한다는 것입니다(98). 그렇다면 '우월한 한 사람', 즉 영웅은 어떻게 창조되는 것일까요? 영웅이란 "유목 집단 전체만이 감행할 수 있는" 거대한 행위를 "혼자 이루어냈다고 주장하는 자"입니다. 대중이 그렇게 영웅을 숭배하는 이유는 그들이 너무나 무기력 해서 "유목 집단 전체만이 감행할 수 있는" 거대한 문제를 결코 해결할 수 없기 때문입니다. 그래서 그 영웅의 이상을 자신의 이상과 동일시하고, 그 이상을 실현하기 위해 그를 숭배하고, 심지어 자신을 기꺼이 희생하는 것입니다.

노사모를 구성하는 개개인은 너무나 무기력해서 대한민국의 민주주의를 그들 스스로 실현할 수 없기에, '노무현'이라는 '깨끗한 영웅'에게 기대어 자신들이 생각하는 민주주의를 실현하려고 했던 것입니다. 마찬가지로 1930년대 독일 민중은 너무나 무기력해서 베르사유 조약의 부당함을 깨트릴 수 없기에, '히틀러'라는 영웅을 통해 자국의 영광을 실현하고자 했던 것입니다. 히틀러를 추종했던 '독일 민중'과 민주주의를 열망했던 '노사모'의 이상 사이에는 깊은 심연이 있지만, 그들의 집단적 감정은 그 본질에 있어서 동일합니다.

왜 대중은 지도자에게 복종하고 그를 숭배할까요? 군중이 영웅을 마냥 추종하는 것이 아니며, 그들은 자신의 자아이상을 영웅에게 동일시하는 것입니다. 그리고 그들은 너무나 무기력해서 자신의 자아이상을 스스로 실현할 수 없기 때문이며, 영웅을 숭배함으로써 자신의 무기력함으로부터 벗어나려고 하는 것입니다. 그러므로 대중의 영웅 숭배를 없애려면, 그들의 정치적 무기력을 해결해야 합니다.

대중의 정치적 무기력을 해결하는 첫 번째 방법은 '제도로서의 민주주의', 즉 직접민주주의를 도입하는 것입니다. 정치적 영웅에게 의존하지 않고, 시민들 스스로 부당한 법률을 무효화시키고, 새로운 법률을 발의할 수 있어야 합니다. 두 번째로 시민들이 대의체제, 즉 통치구조(정부형태)를 좀 더 쉽게 교체할 수 있어야 합니다. 대중이 정치적 영웅을 추종하지 않고, 주체적으로 정치를 소비할 수 있도록 통치구조를 개혁해야 합니다. 이에 대해서는 제2장에서 설명하겠습니다.

광장의 대립 :
'여의도의 광장'과 '광화문의 광장'은 어떻게 다른가

　박근혜와 윤석열을 탄핵하기 위해 많은 시민이 정말 긴 시간 동안 거리로 나와야만 했습니다. 혹자는 이에 대해 '민주주의 혁명' 또는 '시민혁명'이라고 치켜세우지만, 더 이상 이러한 시민혁명이 반복되어서는 안 됩니다. 부당한 정부를 폐지하고 새로운 정부를 세우는 데에 이렇게 비상적非常的인 권리로서의 저항권에 매번 의존하는 것은 지금의 제도가 불완전하다는 사실을 의미합니다.

　2024년 12월 3일 윤석열의 계엄 선포로부터 2025년 6월 3일 이재명의 대통령 당선까지 6개월 동안 환율은 폭등하여 원화 가치는 심각하게 절하되었고, 물가 또한 치솟았으며, 코스피는 바닥을 쳤습니다. 이렇게 사회적 비용이 낭비되는 사태가 반복되어서는 안 됩니다. 이미 2016년 박근혜 탄핵 때에 호되게 경험했음에도, 또 시민들의 저항권에 의존해서 기나긴 시간을 지나 어렵게 종착에 이르렀습니다.

　2025년 1월에서 3월까지 윤석열에 대한 헌법재판소의 탄핵 결정이 내려지기 전에 여의도의 광장에서는 윤석열의 계엄을 비판하고 탄핵 결정을 촉구하는 집회가 계속되었고, 광화문의 광장에서는 계엄을 지지하고 탄핵에 반대하는 시위가 이어졌습니다. 심지어 2025년 4월 4일 헌법재판소가 윤석열 대통령을 파면하는 탄핵 인용결정을 내리자, 전광훈 사랑제일교회 목사는 탄핵 인용결정에 불복하는 광화문 총궐기를 선동했습니다. 심지어 "헌법 위의 권위가 국민의 저항권"이라면서, "헌재는 (저항권을 통해) 역사적인 탄핵을 당할 것"이라고 주장했습니다(2025년 4월 4일자 뉴스피릿 〈전광훈 "3천만 국민 저항권 행사해야"〉). 그러나 저항권이란 지배자에 대한 피지배자의 마지막 대항 수단으로, 현재의 권력자인 윤석열을 옹호하는 수단으로 저항권을 운운하는 것은 저항권에 대한 무지이자 모독입니다. 전광훈이 말했던 저항권은 역사적 의미의 저항권이 아니라 제2의 내란 선동이었습니다.

그런데 많은 비평가가 '광장의 정치'를 '민주주의의 요람' 또는 '직접민주주의의 실현'이라고 말합니다. 그렇다면 '광화문의 광장'도 '민주주의의 요람'이자 '직접민주주의의 실현'일까요? 서로 적대하는 '여의도의 광장'과 '광화문의 광장' 중에 어떤 것이 '민주주의의 요람'이고 어떤 것이 '직접민주주의의 실현'인가요?

'광장의 정치', '아스팔트 위의 정치'는 결코 '민주주의의 요람'도 '직접민주주의의 실현'도 아니며, 단지 '대의제의 불완전한 변형'에 불과합니다. 앞서 설명했던 것처럼, 광장에는 '마이크를 든 소수의 대표'와 '수동적으로 듣고 있는 다수의 대중'이 있습니다. 대중은 박수를 보냄으로써 자신이 동조한다는 의미를 부여하고, 그것을 통해서 연단 위의 영웅에게 대중을 대표할 수 있는 권한을 부여합니다. 그러한 의미에서 광장은 '변형된 대의제'에 해당합니다. 또한 광장은 '무기력한 대중의 또 다른 자화상'입니다. 왜냐하면 아스팔트로 나오지 않으면 안 될 만큼 답답해서 나온 것이고, 그것 말고 달리 행사할 수 있는 권한이 없기에 나온 것입니다. 또한 광장은 영웅 숭배의 극단적 투영입니다. 여의도의 광장은 이재명이라는 영웅을, 광화문의 광장은 윤석열이라는 영웅을 추종하고 숭배하는 현장이었습니다.

국민의힘은 민주당의 입법 독주로 인해서 이러한 상황이 발생했다고 사태를 호도했는데, 2025년 상반기 대한민국의 정치적 불안정의 절대적 책임은 국민의힘이 옹립한 윤석열이라는 대통령에게 있었습니다. 이렇게 사회적 비용을 낭비하게 하는 원인은 대통령에게 지나친 권력이 집중되어 있는 시스템에 있습니다. 그리고 그러한 부당한 통치자를 파면시키는 절차가 너무나 까다로워 사회적 비용이 가중되었습니다. 헌법재판소의 탄핵 결정 전에 헌재 평의가 5 : 3 혹은 4 : 4로 나뉘어서 탄핵이 기각될 것이라는 소문이 돌았고, 이로 인해 수많은 시민이 몇 달 동안 스트레스를 받았습니다. 한 국가의 운명, 즉 부당한 정부를 폐지하고 새로운 정부를 세우는 절차를 노년의 법조인 9명이 결정하는 것이 과연 정당한가요?

예를 들어 우리나라가 의원내각제 국가이고, 국민의힘이 제1당인데 국회 과반수를 얻지 못해 제3당인 개혁신당과 연합하여 연립정부를 구성했다고 가정하겠습니다. 그런데 윤석열 수상이 연루된 채상병 사건, 명태균 게이트와 같은 국정농단 사태가 벌어졌다면, 정국은 어떻게 흘러갈까요? 개혁신당은 연립정부를 파기하고 제2당인 민주당과 함께 내각불신임을 결의할 것입니다. 그러면 헌법재판소의 탄핵 결정에 이르지 않고도 의회의 과반 결의로 윤석열 내각은 종료됩니다. 그리고 윤석열 수상은 의회를 해산하고, 국회의원 총선거를 거쳐 시민들의 의사에 따라 새로운 정부가 구성됩니다. 얼마나 효율적이며, 국민주권주의에 부합하는 체제인가요? 시민들은 대통령제에 비해 훨씬 더 손쉽게 부당한 통치자를 파면할 수 있게 됩니다.

정치의 효율성 측면에서도 대통령제의 문제는 심각합니다. 정치란 시민들의 윤택한 삶을 위해 자원을 배분하고 국민경제의 계획을 수립해야 함에도, 우리의 정치는 "다음 권력을 누가 쥘 것인가"의 문제로 집권기간 전부를 보내고 있습니다. 박근혜 정부, 문재인 정부 각각의 후반기 3년, 그리고 윤석열 정부에 이르러서는 정권 초반부터 권력투쟁만이 진행되었습니다. 이것은 대통령 권력과 의회 권력이라는 이중권력의 존재와 그 대립에 기인하는 것입니다. '몽테스키외의 3권 분립'이 결코 절대적 도그마가 될 수 없습니다.

이제 시민들이 더 이상 광장에 나오지 않게 해야 합니다. 영웅을 숭배하는 광장을 더 이상 반복해서는 안 됩니다. 더 이상 저항권에 의존해서 통치구조의 불안정을 해소해서는 안 됩니다. 이러한 관점에서 대의제, 즉 통치구조를 민주적으로 개혁하는 방법을 모색하려고 합니다.

제 2 장
대의제의 민주적 개혁

독재는 왜 옳지 않은가

 칼 마르크스Karl Marx는 1875년 고타 합동대회에서 채택된 독일 사회주의노동자당의 강령을 비판하면서, "자본주의 사회와 공산주의 사회 사이에는 하나의 경제 질서로부터 또 다른 경제 질서로 이행하는 혁명적 격변기가 가로놓여 있고, 이에 대응하는 정치적 과도기가 있다. 이 시기의 국가는 프롤레타리아의 혁명적 독재 이외에 다른 어떤 것일 수 없다"고 지적했습니다. 이른바 '프롤레타리아 독재'를 최초로 선언한 그 유명한 〈고타강령 비판〉입니다.

 그 후 1917년 레닌V.I. Lenin은 그의 저작 『국가와 혁명』(1917)에서 "프롤레타리아 독재는 부자를 위한 민주주의가 아니라 처음으로 빈자를 위한 민주주의, 인민을 위한 민주주의가 되는 그런 민주주의를 엄청나게 확장시키면서, 동시에 억압자, 착취자, 자본가의 자유에 대해 일련의 제한을 가한다"(150)고 주장했습니다. 즉 레닌에 의하면, 프롤레타리아와 노동하는 인민이 다수이므로, 이러한 '다수에 의한 독재'는 민주주의와 같다는 것입니다.

그런데 '혁명독재' 개념을 마르크스보다 먼저 제시했던 사람이 있습니다. 그는 프랑스 혁명기에 바뵈프와 함께 평등파 혁명운동을 했던 필리프 부오나로티Filippo Michele Buonarroti입니다. 부오나로티에 대해 마토바 아키히로 등이 정리한 『맑스사전』에서 구로스 준이치로黑須純一郞는 다음과 같이 평가했습니다.

그의 궁극 목표는 평등사회의 실현이며 그 수단은 철저한 혁명독재였다. 그러나 평등사회의 실현이라는 결사의 궁극 목적을 알 수 있는 것은 부오나로티가 심취해 있던 로베스피에르와 같은 최고위의 자리에 있는 고결한 인물뿐이었다. 따라서 부오나로티의 혁명독재는 맑스의 프롤레타리아트 독재와는 이질적인 소수의 엘리트 독재이다. 이 개념은 블랑키에게 비판적으로 계승된다.

그런데 마르크스의 프롤레타리아 독재가 '계급 전체의 독재'를 의미했던 반면, 부오나로티의 혁명독재는 소수의 엘리트 독재였다는 위 평가는 과연 현실에 부합할까요? 도대체 '계급 전체의 독재'가 실현될 수 있는 개념일까요? 맑스주의자들의 생각과 달리 러시아 10월 혁명에서 실제 권력을 장악하고 행사한 이들은 인민 전체가 아니라 레닌과 볼셰비키Bolsheviks였습니다. 권력을 담당하고 행사하는 이들은 불가피하게 소수일 수밖에 없어 마르크스의 계급독재는 실질적으로 부오나로티의 엘리트 독재와 다를 바 없었던 것입니다. 게다가 이러한 일당독재는 급기야 '당黨의 무오류성無誤謬性'으로까지 비약하였고, 이는 '왕은 불법을 저지르지 않는다'는 '군주적 신화神話'와 다를 바 없게 되어버렸습니다. 소련과 동유럽 사회주의 국가들은 마르크스가 그토록 경멸했던 부르주아 민주주의보다 더 후진적인 정치체제로 타락하고 말았습니다. 결국 민주주의와 독재는 변증법적으로 통일되었다는 레닌의 주장은 한 세기를 기망한 궤변으로 끝이 났습니다. 그렇게 해서 20세기 말, 마르크스 레닌주의의 폭력혁명론을 실천한 소련과 동유럽체제는 무너졌습니다. 게다가 마르크스-레닌주의를 계승했다면서 지금은 기형적으로 변형된 북한의 '김일성주의'는 3대에 이르러 '군주제'로 확립되었습니다.

혁명으로 프롤레타리아가 권력을 장악했다고 하더라도 여러 정당이 서로 경쟁하지 않으면 오류와 부패를 시정할 수 없습니다. 설령 자신의 정당이 노동하는 인민 전체를 대변한다고 자임하더라도 결코 그것만으로는 자신들의 '도덕적 순결성'과 '지적 우월성'을 유지할 수 없습니다.

왜 독재가 옳지 않을까요? 독재가 옳지 않은 이유는 그 체제 아래에서는 통치엘리트의 '부패가능성'과 '오류가능성'을 시정할 기회와 수단이 없기 때문입니다. 이제 우리는 독재에 반대하고 어떤 체제를 구축할지 고민해야 합니다. 그렇다면 독재의 반대 개념은 무엇일까요?

'독재의 반대'는 무엇인가

'독재獨裁, dictatorship의 사전상 의미'는 '어떤 분야에서 개인이나 단체 따위가 권력을 차지하고서 모든 일을 상의 없이 독단적으로 처리함' 이라고 정의되고 있습니다. 흔히들 '독재의 반대'가 '민주주의'라고 생각합니다. 그런데 앞서 살폈듯이 '가장 좋은 것', '절대선' 또는 '공공선'으로서의 민주주의를 독재의 반대개념으로 내세우는 순간 민주주의의 넓은 의미 때문에 독재를 분석하는 실익을 찾을 수 없게 됩니다. 결론을 미리 말한다면, 민주주의는 독재의 반대 개념이 아닙니다. 여기서 독재의 반대개념을 엄격하게 따져야 하는 이유는 독재의 반대 개념을 정립해야만 독재를 방지할 수 있는 제도를 수립할 수 있기 때문입니다.

독재란 '권력의 독점'을 뜻하는데, '권력의 독점'은 '권력 형성 과정의 독점'과 '권력 행사 과정의 독점'으로 나눌 수 있습니다. 첫 번째로 '권력 형성 과정의 독점'에 반대되는 개념은 '정당의 경쟁적 질서'와 '공정한 선거관리'입니다. 두 번째로 '권력 행사 과정의 독점'에 반대되는 개념은 '정보의 투명한 공개와 충분한 토론'이고, '권력의 분할과 합의에 따른 결정'입니다.

먼저 '권력 형성 과정의 독점'을 살피면, 한 명의 자연인 또는 1당의 권력 독점이 독재임이 분명한 것처럼, 2개의 정당이 주기적으로 지배권을 교환하는 권력의 과점寡占도 권력 독점의 또 다른 현상으로 보아야 합니다. 예를 들어 독점금지법이 1개 회사가 시장을 지배하는 질서를 금지할 뿐 아니라, 지배적 지위를 가지는 2~3개 회사의 시장 과점도 규제하는 것과 같습니다. 즉 박정희, 전두환의 지배체제가 독재인 것처럼 주기적으로 지배권을 교환하는 미국 공화당과 민주당도 실질적으로 '과두寡頭 독재'에 해당합니다. 왜냐하면 지배적 양당 체제는 제3세력의 등장, 제3의 견해를 용납하지 않고, 새로운 정치세력이 정치에 진입하는 것을 불가능하게 함으로써 스스로 귀족화하기 때문입니다.

한편 정당의 경쟁과 공정한 선거관리를 통해 '권력 성립 과정의 독점'을 배제하여 공정하게 통치엘리트를 선출했다고 하더라도, 그것만으로 '행사 과정에서의 권력 독점'을 막을 수 없습니다. '행사 과정의 권력 독점'을 헌법적으로 용인한 제도가 있는데, 그것이 바로 대통령제입니다. 대통령제란 대통령 한 사람이 그 자체로 행정부인 제도입니다. 따라서 대통령제는 권력의 남용과 독선의 가능성을 본질적으로 품고 있습니다.

위와 같은 권력의 독점에 반대하여 권력을 분할하고 합의에 의해

민주주의는 독재의 반대개념이 아니다. 여기서 독재의 반대개념을 엄격하게 따져야 하는 이유는 독재의 반대개념을 정립해야만 독재를 방지할 수 있는 제도를 수립할 수 있기 때문이다. (이미지 : John Hain, Pixabay)

권력을 행사하는 방향으로 대의제를 수정해 나가는 것이 '대의제의 민주적 개혁'입니다. 요컨대 독재체제의 반대개념은 경쟁적 엘리트 체제이며, 민주주의는 엘리트 체제, 그 반대편에 있습니다. 설령 '합의적 대의제'라고 하더라도, 대의제는 그 자체로 '소수의 엘리트 체제'입니다. 따라서 이념적으로 영웅주의에 기반하고 있는 엘리트 체제의 반대개념이 민주주의입니다. 그렇기에 민주주의를 향해 나아가는 우리는 끊임없이 영웅주의를 경계하고, 대의제를 민주적으로 바꿔내야 합니다.

과두寡頭 독재로서의 양당체제

김웅진 교수는 『현대정치학 강의』에서, 이탈리아의 정치학자 지오반니 사르토리Giovanni Sartori가 『Parties and Party systems』(1967)에서 주장한 양당체제의 우월성을 다음과 같이 정리했습니다.

사르토리는 이러한 정당체계의 유형들 중 정치안정성과 민주주의에 있어 양당제의 우월성을 강조한다. 즉 양당제는 ① 구심성을 갖는 온건한 경쟁이 이루어진다는 점, ② 선거결과로 과반수 이상의 지지를 받는 정당이 단독정부를 구성함으로써 안정되고 효율적인 국정운영을 수행한다는 점, ③ 두 정당이 내세우는 대안적인 공공정책에 대한 유권자의 선택이 용이하다는 점, ④ 단일정당정부의 구성에 의해 책임성의 소재가 명확하다는 장점을 갖고 있으며, 그 결과 정치적 안정성과 민주주의에 대한 긍정적 영향을 미친다고 보고 있다(123).

뒤이어 네덜란드 출신의 미국 정치학자 아런트 레이파르트Arend d'Angremond Lijphart가 그의 『민주국가론』에서 전개한 양당제 비판을 다음과 같이 인용했습니다.

양당제의 단점은 ① 양당 간의 경쟁은 온건한 경쟁보다는 오히려 적대적인 갈등의 정치를 가져올 수 있다는 점, ② 대부분의 유권자들이 두 당을 지지하지 않거나 다른 정당에게 투표할 때, 사표wasted vote의 증대를 가져온다는 점, ③ 정부정책의 커다란 변화를 가져옴으로써 장기간의 계획을 마련하기 어렵다는 점, ④ 정부를 구성한 정당에게 강력한 권력을 주기 때문에 소수집단의 정치적 대표성이 약화된다는 점, ⑤ 두 정당이 구심적이고 온건한 경쟁에 의해 대안적 공공정책에 대한 유권자 선택에 있어 정당 사이의 차별성이 없어진다는 점을 지적할 수 있다(123).

그리고 나서 김웅진은 비례선거제에 의한 다당제가 "소수 집단의 정치적 대표성과 선거경쟁에 있어 공평성 보장, 그리고 투표참여에 있어 다수의 정치참여를 가져오며, 소수세력의 이탈을 방지함으로써 민주주의의 안정성에 더 효과적이라는 주장이 최근 강화되고 있다"고 논의를 이었습니다. 다만 '양당체제와 다당체제 중 어떤 정당체제가 정치안정성과 민주주의에 효과적인가'라는 물음에 있어서 김웅진은 "이들 중 하나의 관점이 이론적 우위성을 갖는다고 볼 수 없다"고 결론을 맺고 있습니다.

그러나 이들 중 하나의 관점이 이론적 우위성을 갖는다고 볼 수 없다. 왜냐하면 이러한 특정한 정당체계가 우월하다고 주장하기 위해서는 이론적 우위성을 갖기 위해서 한 사회의 사회균열과 문화적 속성뿐만 아니라 다른 정치제도, 특히 선거제도와의 관계에 대한 면밀한 관찰이 필요하기 때문이다(124).

김웅진의 결론처럼 과연 양당체제와 다당체제 중 어떤 것이 더 비교우위를 가진다고 평가할 수 없을까요? (1) 앞서 아런트 레이파르트가 지적한 양당제의 단점 5가지에 열거되지 않은 양당제의 가장 큰 문제가 있습니다. 그것은 새로운 견해, 새로운 제도를 도입하려는 제3의 세력이 정치에 진입할 수 없다는 점입니다.

아주 쉬운 예를 들어보겠습니다. 현재 미국은 공공의료보험 체계를 보편적으로 도입하지 못한 상태라서 약값이 엄청나게 비싼데, 앞으로도 이 약값이 떨어지지 않을 것이라는 사실은 일반적으로 인정된 상식입니다. 그 이유는 제약회사와 미국 통치엘리트의 노골적인 야합 때문이며, 이것은 선거자금이라는 공식적인 형태로 이루어지고 있습니다. 스스로 진보주의자라고 자처하는 민주당도 예외가 아닙니다. 2007년부터 2011년 1월까지, 2019년부터 2023년 1월까지 미연방 하원의장을 지냈던 낸시 펠로시Nancy Pelosi가 2008년부터 2018년까지 10년의 선거기간 동안 제약회사로부터 받은 선거자금이 총 230만 달러에 달했습니다. 이렇게 어마어마한 정치자금을 받았던 낸시가 약값을 내릴 수 있을까요? 제약회사로부터 막대한 선거자금을 받은 정치인이 낸시 펠로시뿐일까요?

그런데 2016년 미연방대통령 선거에서 약값을 내리겠다는 공약을 내건 후보가 나타났는데, 공교롭게도 그는 도널드 트럼프였습니다(《Trump draws ire after retreat on drug prices pledge》, The Hill, Nov. 24. 2019.). 그의 정치사상이나 계급적 기반으로 볼 때 서민들을 위한 공공의료 체계를 도입하기 어렵습니다. 그럼에도 그가 약값을 내리겠다는 공약을 내걸 수 있었던 이유는 그가 지금까지 전통적인 정치엘리트 코스를 밟지 않았던 터라, 제약회사로부터 정치자금을 받지 않았기 때문이었습니다. 그러나 그는 집권한 뒤에 제약회사들로부터 거액의 정치자금을 받았을 것으로 추정되는 인사를 단행하고, 결국 공약을 지키지 않았습니다.

트럼프는 보건복지부 장관으로 알렉스 아자르Alex Azar를 기용했는데, 아자르는 거대 제약회사인 일라이 릴리Eli Lilly의 로비스트였습니다. 당시 2017년 12월 26일자 뉴욕타임즈는 "일라이 릴리를 위해 약값을 올렸던 알렉스 아자르가 과연 미국을 위해 약값을 내릴 수 있을까?"라는 비판기사를 게재했습니다(《He Raised Drug Prices at Eli Lilly. Can He Lower Them for the U.S.?》, New York Times, Nov. 26. 2017.).

한편 트럼프는 보건정책 고문으로 조 그로건Joe Grogan을 선임했는데, 그 또한 최대 제약회사인 길리어드 사이언스의 로비스트였습니다. 길리어드 사이언스는 타미플루를 개발했던 회사로, 타미플루가 개발되었던 시기인 1997년부터 2002년까지 길리어드 사이언스의 회장은 다름 아닌, 부시 정부의 국방부 장관이었던 도널드 럼스펠드였습니다. 길리어드 사이언스는 코로나 발발 이후에 코로나 치료제 렘데시비르remdesivir를 개발했고, 아직 정식 승인도 받기 전인 2020년 3월 23일 FDA로부터 희귀약품 지정을 받았습니다. 이로써 임상 비용의 25%에 달하는 약 4,000만 달러의 비용을 세금으로 공제받았습니다. 길리어드 사이언스에 대한 트럼프 행정부의 특혜 조치에

조 그로건의 역할이 있었으리라는 추측은 충분히 합리적입니다. 이에 대해 이미 특허로 막대한 이익을 챙긴 제약회사에게 투자 비용마저 세금으로 보전해 주는 것은 옳지 않다고 버니 샌더스와 시민단체들이 비판했지만, 트럼프 행정부는 아랑곳하지 않았습니다.

대한민국에도 양당체제가 결코 해결하지 못하는 대표적 사례가 있는데, 그것은 주택문제입니다. 주택에 관한 보수당의 기본정책은 신도시개발로 주택의 공급량을 늘리고, 서민들에게는 임대주택을 공급하겠다는 것입니다. 민주당도 기본적으로 동일하며, 다만 보수당이 전통적으로 주택정책을 건설시장과 경기부양의 수단으로 삼았기 때문에 대출을 받아 주택을 매수하는 것을 장려했던 데에 반해, 민주당은 집값을 안정시킨다는 명목으로 대출을 규제해 왔습니다. 그런데 이러한 대출 규제로 인해 실제 거주할 목적을 가지는 서민들은 현금이 없어 주택을 구매하지 못했고, 다주택자인 현금 부자만이 새로운 아파트를 구매하는 역현상이 초래되었습니다. 그러면서 잘못하면 집을 사는 게 불가능해질지 모른다는 공포감이 확산되어 '패닉바잉' 현상이 불었고, 문재인 정부 시절에 역대 최고의 집값 폭등 사태가 벌어졌습니다. 이 모든 사달은 보수당의 기본정책으로부터 기인하는 것입니다. 집은 사람이 거주하는 수단인데, 이를 이윤 창출의 도구로 방치하고 시장의 논리에 맡긴 탓입니다. 그렇다면 주택문제를 해결할 제3의 견해는 무엇일까요? 이것은 뒤에서 다루겠습니다.

김웅진처럼 두 체제의 이론적 우위를 논할 수 없다고 말하는 것은 방관자의 논평입니다. 그 사회에서 지배자들로부터 통치당하는 피지배자로서는 두 개의 정당이 해결하지 못하는 문제를 어떻게든지 해결하고 삶을 지속해야 합니다. 그래서 무능하고 부패한 정당은 정치판에서 쫓아내고 새로운 견해를 제시하는 제3당을 선택해서 새로운 제도로써 문제를 해결할 수 있도록 시스템을 바꿔야 합니다.

(2) 양당체제의 두 번째 문제는 제거되어야 할 정당이 쫓겨나지 않고 계속 존속할 수 있다는 점입니다. 2007년 하반기부터 2010년까지 있었던 미국의 서브프라임 모기지 사태Subprime mortgage crisis를 촉발한 미국 공화당의 사례가 대표적입니다.

2000년대 초반부터 이어진 미국 공화당 정부의 저금리정책으로 주택융자 금리가 인하되어 부동산 가격이 급상승하였고, 금융기관들이 신용도가 낮은 서브프라임 대출자들에게도 대출을 확대하면서 주택시장에 버블이 형성되었습니다. 대출기관은 대출금을 증권화하였고, 이 증권을 금융기관들이 다시 구매함으로써 부동산 대출에 연결된 네트워크가 급격히 확대되었습니다. 그러다가 2004년 저금리 정책이 종료되면서 부동산 거품이 꺼지기 시작했고 주택가격이 폭락했으며, 서브프라임 대출자들이 대출금을 갚지 못하게 되자 대출증권을 구매한 금융기관들이 파산했습니다. 이러한 미국 경제의 붕괴는 전 세계 금융시장에 큰 충격을 주었고, 2008년 이후에는 세계적인 금융위기로 이어졌습니다. 이를 수습하는 과정에서 공화당 정부의 구제기금 대부분은 대기업과 금융기관에게 지급

되었고, 막상 영세업자와 저소득층 근로자들은 파산함으로써 모기지 사태로 인한 경제적 위험은 민간에게 전가되는 것으로 종결되었습니다. 그런 상황에서 2008년 11월 4일 버락 오바마~Barack Obama~ 민주당 후보가 제44대 미연방 대통령으로 당선되었고, 같은 날 실시된 하원선거에서 민주당이 다수당을 차지했습니다. 그로부터 몇 개월이 지난 2009년 4월경 미국의 정치평론가 스튜 로젠버그~Stu Rothenberg~는 다음 해에 있을 중간선거의 결과를 전망하면서, 다음과 같이 논평했습니다.

> 공화당이 2010년에 있을 양원 중간선거에서 승리할 확률은 제로다. '제로에 가까운' 것이 아니다. 제로에서 '눈곱만큼이라도 벗어나는' 일은 없을 것이다. 틀림없이 제로다.
> (http://rothenbergpoliticalreport.com/news/article/april-madness-can-gop-win-back-the-in-2010)

위와 같은 로젠버그의 주장에 대해, 미국 정치학자 토마스 프랭크~Thomas Frank~는 그의 저서 『실패한 우파가 어떻게 승자가 되었나?』(2013)에서 이렇게 말했습니다.

> 로젠버그의 예상에 완전히 동조하던 사람은 없었다. 하지만 적어도 당시 거의 대부분 사람들이 공화당의 지배는 끝났다고 믿은 것은 사실이다(234).

그런데 로젠버그와 프랭크의 예상을 완전히 뒤엎고, 2010년 11월

2일에 실시된 미국 하원선거에서 민주당은 종전보다 63석을 잃고, 공화당은 63석을 더 얻은 242석이 되어 압승을 거두고 다수당이 되었습니다. 2008년 금융위기는 1929년 대공황에 버금갈 정도의 실업을 초래했고, 2014년 5월에야 사태 이전 수준으로 회복되었으며, 주택 가격과 주식 시장은 각각 30%, 50% 감소했습니다. 신자유주의라는 이름으로 자유방임주의와 시장만능주의를 주장했던 공화당이 2008년의 파국을 초래했는데, 2년 만에 화려하게 복귀했습니다. 심지어 2016년에는 자당의 후보인 트럼프를 대통령에 당선시킴으로써 재집권에 성공했습니다.

이렇게 실패한 정당이 부활할 수 있는 이유는 공화당을 대체하여 민주당과 균형을 이룰 제3세력이 없기 때문입니다. 공화당과 민주당의 적대적 양당체제는 어떤 정당이 심각한 정책 실패를 자행했다고 하더라도 잠시 지배권을 교환하는 것으로 종결됩니다. 당장 제3당을 설립하는 것마저 어렵습니다.

트럼프의 감세 법안인 'One Big Beautiful Bill Act'가 2025년 7월 4일 독립기념일에 통과되자, 이에 반대한 일론 머스크 테슬라 CEO가 같은 날 '아메리카당(America Party)' 창당을 선언했습니다. 머스크는 "미국이 민주주의가 아닌 낭비와 부패의 일당 독재 체제"라고 비판하면서 정당 창당 배경을 설명했습니다.

하지만 머스크의 정당이 제3당으로 자리 잡으려면 막대한 자금과 수년의 시간이 필요합니다. 미국의 정당은 각 주법 상 50개 주 모두에서 별도의 정당 등록요건을 갖추어야 합니다. 예를 들어 캘리포니

아에서 정당으로 등록하려면 전체 유권자의 0.33%(약 7만 5000명)를 당원으로 등록시키거나 110만 명의 서명을 받아야 하며, 등록 후에도 일정 수준의 득표율이나 당원 수를 유지하지 못하면 자격을 잃게 됩니다. 또한 연방 차원에서도 정당으로 인정받기 위해서는 연방선거위원회FEC의 승인을 받아야 합니다. 기존 제3정당인 녹색당·자유당조차 수십 년 간 각 주의 투표용지 등재를 위해 사투를 벌여 왔습니다(2025년 7월 6일자 매일경제 〈"트럼프 정책, 더는 못 봐주겠다"…머스크 '아메리카당' 만들긴 했는데〉).

이에 대해 머스크는 "처음에는 상원 2~3석, 하원 8~10석만 집중 공략하겠다"라며 전국적인 정당화 계획을 밝혔지만, 사실 하원에서 단 1석도 얻기 어렵습니다. 왜냐하면 이미 미국 국민이 공화당과 민주당으로 진영화 되어버렸고, 아주 약간의 스윙 보터가 존재할 뿐이기 때문입니다. 그런 연유로 설령 하원에서 몇 석을 얻는다고 치더라도 제3당의 후보가 미연방 대통령에 당선되는 것은 불가능합니다. 지난 100여 년 동안 몇 차례 제3 후보가 출마했으나, 공화당-민주당의 지배권 교환에 아무런 영향을 미치지 못했던 것입니다. 그래서 미국 공화당과 민주당은 설령 엄청난 정책적 실패를 자행했더라도, 8년 뒤의 대선에서 재집권했고, 의회에서는 4년마다 치러지는 중간선거에서 승리해 왔던 것입니다.

대한민국도 마찬가지입니다. 1997년 IMF 사태를 초래했던 신한국당은 이미 그때 정치판에서 축출되었어야 했습니다. 그럼에도 그 명맥을 이어 재집권에 성공했고 다시 박근혜 탄핵사태를 초래했고,

급기야 윤석열의 비상계엄과 내란사태에 이르러서는 자신의 정체성이 '극우 정당'임을 드러냈습니다. 문제는 민주자유당-신한국당-한나라당-새누리당-자유한국당-국민의힘으로 이어진 이 정당이 결코 소멸하지 않는다는 것입니다. 이들은 2028년 총선에서 부활하고, 급기야 2035년 대선에서는 그 후보를 대통령에 당선시킴으로써 재집권할 것입니다.

일정한 주기로 지배권을 교환하는 양당 체제는 권력의 과점(寡占)이며, 실질적으로 과두(寡頭) 형태의 독재입니다. 권력은 소수의 엘리트가 담당할 수밖에 없어, 피지배자가 정치를 주체적으로 소비하려면 엘리트 체제를 통제할 수 있어야 합니다. 보통선거권으로 권력 성립 과정에만 참여할 수 있는 피지배자가 엘리트 체제를 통제하려면, 통치 엘리트끼리 끊임없이 경쟁하는 시스템을 만들어야만 합니다. 이것이 '대의제의 민주적 개혁'입니다.

그렇다면 양당체제는 어떻게 만들어지는 것일까요? 양당체제라고 불리는 영국에는 보수당과 노동당 외에도 자유민주당, 스코틀랜드 국민당, 신페인당, 개혁영국당, 민주연합당, 녹색당 등 무수한 제3당이 있습니다. 그럼에도 왜 영국이 양당체제일까요? 단순히 숫자로만 양당체제와 다당체제를 구분해서는 안 되고 '의미 있는 정당(적실성 있는 정당)'으로 정당체제를 구분해야 한다는 사르토리의 이론에 의할 때, 보수당과 노동당 외에 나머지 제3당들은 집권가능성이 없기 때문입니다. 그렇다면 어떤 연유로 영국의 제3당들은 집권가능성을 잃게 된 것인가요? 그것은 바로 뒤에서 살피는 선거제도 때문입니다.

　같은 양당체제라도 대통령제에만 존재하는 특이한 현상이 있습니다. 민주당의 존 F. 케네디_{John Fitzgerald Kennedy}가 당선되었던 1960년 미 연방대통령 선거에서, 리처드 닉슨_{Richard Milhous Nixon} 공화당 후보 외에 에릭 해스 사회노동당 후보, 오발 포버스 주권당 후보, 찰스 설리반 입헌당 후보, 브래컨 리 보수당 후보 등도 함께 대선에서 경쟁했습니다. 그런데 현재 미국에는 사회노동당, 주권당, 입헌당, 보수당 등은 흔적도 없이 사라졌고, 명실공히 민주당과 공화당만 남았습니다. 왜 그랬을까요? 이것은 선거제도뿐 아니라, 대통령제라는 통치구조로 야기된 것입니다. 뒤에서 설명하겠습니다.

나쁜 선거제도와 좋은 선거제도 :
단순다수대표제와 비례대표제

18세기 말 프랑스대혁명 시대의 철학자이자 수학자인 마르키 드 콩도르세Marquis de Condorcet의 '투표의 역설'voting paradox은 다수결 방식의 투표를 통해서는 명백한 승자를 뽑을 수 없다는 것을 수학적으로 증명한 정리입니다. '투표의 역설'과 아래에서 설명하는 '불가능성의 정리'에 관해서는 저의 첫 번째 책 『지배당한 민주주의』(2018)의 제1부-제3장 '선거제도 분석' 편을 참고하시길 권합니다.

다수결의 원리에 입각한 투표제도에는 1위가 승리하는 단순 다수대표제, 상위 후보자만 다시 선택하는 결선투표제, 복수의 대안에게 1표씩을 줄 수 있는 승인투표제, 선호 순위를 반영하는 보다Boda 방식 등이 있습니다. 문제는 이 중에서 어떤 방식을 선택하느냐에 따라 그 결과가 변할 수 있다는 점입니다. 결국 투표제도로는 모든 사회구성원의 사회적 선호를 그대로 반영할 수 없다는 것이 '투표의 역설'의 결론입니다.

한편 미국 경제학자 케네스 애로Kenneth Joseph Arrow는 완벽한 투표

방식이 갖추어야 할 다섯 가지 조건을 제시하고, 이러한 조건을 모두 만족하는 투표방식이 절대 존재할 수 없음을 증명했는데, 이것이 '일반적 불가능성의 정리'입니다. 즉 다양한 선호를 언제든지 일관되게 취합할 수 있는 완벽한 투표 방식은 이론적으로 존재하지 않는다는 것입니다.

완벽한 투표 방식은 존재하지 않는다는 콩도르세와 애로의 이론은 자칫하면 어떤 투표 제도도 그 우열을 가릴 수 없다는 결론에 이르게 할 위험이 있습니다. 그러나 이러한 결론은 옳지 않습니다. 완벽한 투표 방식은 존재하지 않더라도 나쁜 선거제도와 좋은 선거제도는 엄연히 존재합니다. 콩도르세와 애로가 설정한 '사회적 선호의 선택'이라는 기준이 절대적이지 않기 때문입니다. 오히려 피지배자의 입장에서는 '사회적 선호의 선택'보다도 '지배 세력의 교체 가능성'이 더 중요하며, 나아가 자신의 투표 가치를 높이는 것이 더욱 중요합니다.

2024년 영국 총선에서 노동당은 전체 투표 중 불과 33.7%를 득표하고 전체 의석 651석 중 63.13%인 411석을 차지했고, 2010년 총선에서 보수당은 36.1%를 득표하고 전체 의석 650석 중 47.1%인 306석을 차지했습니다. 2017년 10월 일본 중의원 선거에서 아베 신조의 자민당은 전체 투표의 48%를 득표하고 75%의 의석을 얻었는데, 당시 중의원 선거 투표율이 53.68%였으므로 자민당이 실제 얻은 지지율은 25%에 불과했습니다. 소선거구-단순다수대표제에 의한 결과입니다. 소선거구-단순다수대표제에서 득표율과 의석수가 일치하지 않는 이유는 2위 이하 후보의 득표가 의석에 반영되지 않기 때문입니다. 이를 '사표'死票, wasted vote라고 부르며, 이로써 2위 이하 후보에 대한 투표 가치는 '0'으로 수렴합니다. 예를 들어 22대 대한민국 국회의원 선거에서 대구 선거구 12석 중 국민의힘이 12석을 차지했으므로, 민주당을 비롯한 진보정당을 지지한 대구 유권자 28.6%(범민주진보 진영에 대한 비례대표 득표율)의 투표 가치는 '0'이 되어버렸습니다.

이러한 사표 가능성으로 인하여 소선거구-단순다수대표제에서 유권자는 자신이 선호하는 정당의 후보보다 '당선 가능성이 높은 차선의 후보'에 투표하게 되는데, 이러한 행동을 '전략적 투표'Strategic voting, Tactical voting라고 부릅니다. 이로써 유권자의 표는 당선 가능성이 높은 양대 정당에 집중되고, 제3당은 장기적으로 소멸하는 운명에 서게 됩니다. 영국의 보수당과 노동당은 선거제도 개편에 반대하고 '소선거구-단순다수대표'를 고수하는 것을 완벽하게 공유하고 있습니다.

소선거구-단순다수대표제에서 나타나는 전략적 투표 행동에 덧붙여 제1, 2당이 서로에 대한 적대적 감정을 유권자들에게 전파하고 이것이 재생산되면서 이른바 '진영'이 형성되고 '배타적 진영 논리'가 구조화됩니다. 이로써 '영웅과 그에 대해 복종하는 대중'이라는 전체주의적 구조가 양대 정당에 자리잡게 됩니다. 이제 자신이 지지하는 정당이 어떤 정책적 실패를 해도 상대 정당에 대한 혐오 때문에 '자당自黨'을 지지하는 역설적 현상이 나타나게 됩니다. 예를 들어 2024년 12·3 비상계엄을 지지했던 극우파는 전 국민의 약 10%에 불과했고, 계엄을 불법적이라고 인식했던 22%의 보수적 유권자들은 막상 2025년 6월 3일 제22대 대통령 선거에서 국민의힘 김문수 후보를 전격적으로 지지하는 투표 행동을 보였습니다.

배타적인 진영 논리는 우리의 정치판에서 마땅히 축출되어야 할 '국민의힘'이라는 극우정당의 생명을 계속 연장하고 있습니다. 다시 말해서 2025년 1~2월에 '국민의힘'이 윤석열의 계엄을 옹호하고 그에 대한 탄핵에 반대했던 것처럼 그 뒤에도 그렇게 비상식적인 정치 행위를 지속하더라도, '소선거구-단순다수대표제'라는 선거제도를 바꾸지 않는 한 그 정당은 결코 소멸하지 않습니다. 그들은 보수적 유권자들에게 민주당에 대한 적대적 감정을 자극하는 방식으로, 10년 뒤인 2035년에 재집권에 성공할 것입니다.

구세력을 제거하려면 새로운 세력이 대체되는 구조를 만들어야 하며, 그러기 위해서는 적대적 양당체제를 다당체제로 변화시켜야 합니다. 프랑스의 정치학자 모리스 뒤베르제Maurice Duverger가 "단순다수대표제가 양당체제를 가져오고, 비례대표제가 다당체제를 가져온다"고 지적했던 것처럼(뒤베르제 법칙), 적대적 양당체제를 깨트리려면 비례대표제를 확산시켜야 합니다. 이로써 유권자의 투표 가치를 현실화시킬 수 있음은 물론입니다. 예를 들어 단순다수대표제는

2024년 기준 대구 유권자 중 진보정당을 지지했던 28.6%를 단 1석도 대표하지 못했지만, 만약 비례대표제를 전면화한다고 가정하면 의석 12석 중 4석으로 투표 가치가 현실화할 것입니다.

완벽한 선거제도는 없다고 하더라도 피지배자 입장에서 배척해야 할 나쁜 선거제도는 엄연히 존재합니다. 소선거구제와 결합한 단순다수대표제는 사표가 된 유권자의 의사를 의석에 반영하지 못하는 데다가, 전략적 투표에 의해 그 투표자의 의사를 왜곡하기 때문에 유권자 시각에서 최악의 제도가 아닐 수 없습니다. 그래서 지배 세력의 교체 가능성을 높이고, 투표자의 투표 가치를 현실화시킨다는 점에서 비례대표제의 확대는 피지배자의 시각에서 최선의 제도가 될 것입니다. 여러 번 강조했던 것처럼 피지배자의 보통선거권은 권력형성 과정에만 참여할 수 있고, 권력행사 과정에는 간여할 수 없으므로, 최대한 통치엘리트끼리 경쟁하는 시스템을 만들어야 하기 때문입니다.

한편 비례대표제를 비판하는 의견은 지역대표제가 지역구 유권자와 지역대표의 친밀성을 증진한다고 주장합니다. 이러한 견해는 지역대표와 지역 유권자의 친밀성이 지역대표에 대한 통제 가능성을 높일 거라고 전제하는 것입니다. 그러나 공화주의의 제도적 표현으로서의 대의제에서, 유권자의 투표권은 권력 성립에만 작동하며, 권력 행사 과정에는 아무런 집행력을 가지지 못합니다. 쉽게 말해서 유권자가 직접 뽑았다고 해서 그를 통제할 수 있는 게 아닙니다. 실제로 지역 유권자와 지역대표의 친밀성은 부패 고리의 원인이 되고, 한편으로 피지배자의 통치엘리트에 대한 '숭배와 복종'을 심화시킬 뿐입니다. 오히려 유권자가 주체성을 가지고 정치를 소비하려면, 정치인 개인을 추앙하는 것이 아니라 정책과 강령으로 정당을 선택해야 합니다. 이러한 점에서도 개인을 선택하는 소선거구-단순다수대표제보다 정당을 선택하는 비례대표제가 훨씬 피지배자의 이익에 부합하는 제도입니다.

비례대표제가 다른 투표제도와 구별되는 가장 유의한 특징은 바로 투표 대상이 사람이 아니라 정당이라는 점입니다. 분명 정당이 제시하는 비례대표 명부를 통해 사람이 뽑히기는 하지만, 유권자의 선택 대상은 정당입니다. 따라서 비례대표제는 모든 투표제도 중에서 정당정치를 구조화시킬 수 있는 유일한 제도입니다. 이로써 정당을 통해서 일관된 정책을 실현할 수 있고, 정책의 실패에 대해 정당 전체에 대해 책임을 지울 수 있게 됩니다. 정당정치가 아닌 정치의 개인화가 어떤 폐해를 가질까요? 그것은 박근혜와 윤석열에 대한 탄핵의 사례로 알 수 있습니다. 정치의 개인화는 박근혜와 윤석열이 탄핵됨으로써 보수당 정부의 책임이 마치 끝난 것처럼 마무리하였습니다. 이렇게 정치적 책임을 정당이 아닌 개인이 종결지음으로써 이들이 10년마다 재집권을 할 수 있었던 것입니다. 요컨대 정당정치를 안착시켜야만 실패한 정치집단을 정치판에서 완전히 쫓을 수 있는 것입니다.

결선투표제에는 어떤 문제가 있을까

'결선투표제'란 1차 투표에서 일정한 득표율의 당선 조건을 아무도 충족하지 못할 경우, 상위 후보 몇 명만을 대상으로 2차 투표(결선투표)를 실시하여 당선자를 결정하는 방식의 투표제도입니다. 한 선거구에서 1명을 뽑는 소선거구제 등에서 사용되며, 결선투표제의 장점으로 언급되는 것이 '콩도르세 패자의 당선 불가능'입니다.

'콩도르세 패자'$_{Condorcet\ loser}$란 여러 명이 입후보한 상황에서 다른 후보들과 일대일 대결에서 모두 지는 후보를 말하고, 일대일 대결에서 모두 이기는 후보를 '콩도르세 승자'$_{Condorcet\ winner}$라고 부릅니다. "만약 콩도르세 승자가 있다면 그는 당선되어야 하고, 만약 콩도르세 패자가 있다면 그는 당선되어선 안 된다"는 것이 '콩도르세 조건'입니다.

대표적인 사례가 대한민국 제13대 대통령 선거입니다. 당시 여권에선 노태우 후보, 야권에선 김영삼 후보와 김대중 후보가 출마했습니다. 선거 전 여론조사에 의하면, 김영삼 후보는 노태우 후보와의 일대일 맞대결에서 이길 뿐만 아니라 김대중 후보와의 일대일 맞대결에서도 이기는 것으로 조사되었으며, 반면 노태우 후보는 다른 두 후보와의 일대일 맞대결에서 지는 결과가 나왔습니다. 당시 김영삼 후보가 콩도르세 승자이고, 노태우 후보는 콩도르세 패자로 선호도가 가장 낮은 후보였습니다. 그러나 선거 결과, 콩드르세 패자인 노태우 후보가 36.6%의 표를 얻어 대통령에 당선되었습니다. 이렇게 콩도르세 패자가 당선될 수 있다는 것이 단순다수대표제의 가장 유력한 단점으로 꼽힙니다. 만약 결선투표에 의한다면, 콩도르세 패자였던 노태우 후보는 당선될 수 없었을 것인데, 이것이 바로 결선투표제의 장점으로 언급되는 '콩도르세 패자의 당선 불가능'입니다. 그런데 일대일 대결에서 모두 이기는 콩도르세 승자가 반드시 절대적 지지율이 높은 것은 아니어서 결선투표에 의하더라도 콩도르세 승자가 낙선할 가능성은 여전히 있습니다. 결국 콩도르세 조건이 반드시 공정하다고 전제하기도 어렵습니다.

단순다수대표제와 마찬가지로 결선투표제 역시 사람을 뽑는 제도로서, 정당정치가 아닌 정치의 개인화를 가속하며, 이것이 결선투표제의 근본적 문제점입니다.

결선투표제의 특징으로 다당체제를 구축한다는 평가가 있는데, 이러한 평가는 다시 검토되어야 합니다. 예를 들어 단순다수대표제를 채택한 미국식 대통령제가 의회를 양당 체제로 수렴시키는데 반해, 결선투표로 대통령을 선출하는 프랑스의 의회는 여러 정당으로 구성되어 있습니다. 이렇게 외관만을 보면, 결선투표제가 다당체제를 구축한다고 볼 여지도 있습니다. 그러나 프랑스의 다당체제는 정당정치를 성숙시키는 다당체제가 아니라 통치엘리트 개인에 의해 이합집산을 하는 다당체제입니다. 대표적인 사례가 2017년에 당선된 프랑스 대통령 에마뉘엘 마크롱Emmanuel Macron이 창당한 〈라 레퓌블리크 앙 마르슈〉La République En Marche, 전진하는 공화국입니다.

2017년 1월 프랑스 공화당의 프랑수아 피용Francois Fillon과 프랑스 국민전선의 마린 르펜Marine Le Pen이 지지율 1, 2위를 다투고 있었고, 마크롱은 지지율 3위로 눈에 띄는 후보가 아니었습니다. 마린 르펜은 2002년 프랑스 대선에서 자크 시라크Jacques René Chirac와 결선에 올랐다가 떨어진 극우파 장마리 르펜Jean-Marie Le Pen의 막내딸입니다. 한편 사회당 후보는 브누아 아몽Benoit Hamon이었는데, 직전 정부였던 올랑드 사회당 정부의 실패로 아몽의 1차 투표 탈락은 예견된 상태였습니다. 그러던 중 예기치 않게 피용의 가족이 공금횡령 의혹에 연루되어 그 지지율이 급락하면서 마크롱의 지지율이 2위로 올랐고, 극우파인 르펜의 집권을 저지하려는 좌파 성향의 유권자들이 전략적 투표를 던져 마크롱이 대통령에 당선되었습니다.

김종인 전 국민의힘 비상대책위원장이 마크롱의 집권 스토리를 '별의 순간'이라고 표현하고 우리나라 대권주자들에게 수시로 '별의 순간'을 인용하였습니다. 그러나 피지배자의 입장에서 보면, 위와 같은 집권 과정은 결코 바람직하지 않습니다. 권력의 형성 과정이 너무나 돌발적이고 우연적이며, 유권자의 왜곡된 전략적 투표행동을 초래하기 때문입니다. 일관되고 장기적인 국가계획을 제시하는 정당의 배경 없이 마크롱이라는 한 인물이 우연히 선택된 것입니다. 그것도 극우파를 경계하는 좌파 성향의 유권자들이 전략적 투표를 한 결과입니다. 더 위험스러운 사건은 마크롱의 대통령 당선 직후 프랑스국민의회 선거에서 벌어졌습니다.

마크롱은 대통령에 당선되기 직전인 2016년 4월에 '앙 마르슈'라는 정당을 급조했고, 대통령선거 직후에 실시되는 국민의회 의원 후보에 대한 공천을 자신이 제왕적으로 결정했습니다. 당시에 후보 전체의 52%가 선출직 경험이 전혀 없는 인물들이었다는 사실이 언론에서 이슈가 되었는데, 그로 인해 마크롱이 공천권을 독점적으로 행사했다는 사실이 묻혀버렸습니다.

앙 마르슈는 전체 하원 의석수 577석 중에서 53.38%에 해당하는 308석을 얻었고, 선거연합을 하였던 민주운동당의 의석까지 합치면 350석에 이르렀습니다. 대통령 선거 직후에 이루어지는 의회 선거에서는 이른바 '코트-테일 효과'(coat-tail effect)가 나타나는데, 이는 승리한 대통령의 정당이 의회의 다수당을 차지하는 현상을 지칭합니다. 승리한 대통령의 코트 끝자락을 잡고 여당의 국회의원 후보들이 의회에 입성한다고 빗댄 것입니다. 그 뒤 2022년 프랑스 국민의회 선거를 앞두고 앙 마르슈는 르네상스(Renaissance)로 당명을 변경했습니다.

2022년 마크롱이 재임한 뒤에 실시된 총선에서 르네상스는 전체 하원 의석수 577석 중에서 38.57%에 해당하는 245석에 그쳤습니다. 코트-테일 효과는 재임한 프랑스 대통령에게는 적용되지 않았는데, 이에 대해서는 뒤에서 다시 다루겠습니다.

　대통령에만 당선되면 소수당도 다수당이 될 수 있고, 심지어 급조된 정당이라도 의회의 과반을 차지할 수도 있다는 사실이 역사적으로 증명되었습니다. 즉 인기 있는 사람 한 명만 스카우트하면 정부와 의회를 장악할 수도 있다는 뜻입니다. 심지어 마크롱처럼 아무 존재감도 없었다가 우연히 당선되어 이 같은 결과를 만들어낼 수도 있는 것입니다. 결선투표가 얼마나 위험천만한 제도인가를 마크롱이 여실히 입증하였습니다. 결선투표는 정당정치를 퇴행시키고, 정치를 특정 영웅의 개인적 카리스마에 의존시켜 '정치의 개인화'를 심화시킨다는 심각한 문제를 가지고 있습니다.

대통령제, 이원정부제, 의원내각제 : 통치구조의 우열은 구분할 수 없는 것인가

2017년 3월 10일 헌법재판소가 박근혜 대통령을 파면하는 탄핵인용결정을 선고하고 나서, 같은 날 방송되었던 JTBC 특집 〈탄핵심판 이후 대한민국, 어디로 갈까〉에서 정태옥 자유한국당_{국민의힘 前身} 의원과 유시민 작가가 토론을 벌였습니다. 정태옥은 "대통령이 견제받지 않는 제왕적 권한을 가지고 있다. 시스템의 문제다. 1987년 이후 대통령 6명이 불행한 상황을 맞았고 그 정점이 박근혜 탄핵이다. 개헌을 통해 시스템을 바꿔야 한다"고 말했습니다. 이에 대해 유시민은 "헌법이 잘못해서 이 사태가 났는가? 이명박, 박근혜 정부 아래서 일어난 일은 헌법 잘못이 아니라 헌법을 제대로 운용 안 해서 그런 것이다. 대통령이 헌법을 안 지켜 탄핵됐는데 헌법이 잘못됐으니 헌법을 고치자는 게 말이 되느냐"고 비판했습니다.

이명박, 박근혜 정부의 부패와 정치적 무능으로 인한 책임을 져야 할 자유한국당 의원이 개헌을 논한 것에 대해, 당시 많은 국민이 유시민처럼 분노했습니다. 하지만 그렇다고 해서 '헌법의 잘못'이 아니라 '사람의 잘못'이라는 유시민의 생각은 과연 옳은 것일까요? 헌법이 대통령에게 너무나 많은 권한을 부여해서 이 사달이 난 것은 아닐까요? 정말 유시민의 말처럼 사람만 잘 뽑으면 헌법은 아무런 문제가 되지 않는 것일까요? 2018년에 출간했던 첫 번째 책 『지배당한 민주주의』에서 저는 얼마 지나지 않아 똑같은 사태가 벌어질 수 있음을 다음과 같이 경고했습니다.

유시민의 논리는 언뜻 보면 맞는 것 같다. 하지만 그 논리에는 심각한 맹점이 있다. 황제가 존재하는 한 '나쁜 황제'는 언제든지 다시 등장할 수 있기 때문이다. 유시민이 지지하는 문재인 대통령이 도덕적으로 청렴하고 능력 있는 역량으로 5년의 임기를 마친다고 하더라도, 다음 선거에서 우리가 선량하고 능력 있는 대통령을 계속 뽑을 수 있다고 장담할 수 있을까? 우리는 이미 부패하고 무능한 대통령을 여러 번 선출했다는 사실을 잊어서는 안 된다. 그리고 그들이 막 뽑혔을 당시에는 대단히 청렴하고 능력 있는 지도자의 모습을 보였다는 사실도 함께 떠올려야 한다. 따라서 지금 중요한 것은 우리의 대통령제가 중앙 정부에 집중되어 있는 권력의 남용으로 언제든지 심각한 부패와 무능에 빠질 수 있다는 사실이다(19).

문재인 정부 말기의 검찰총장이었던 윤석열은 '공정'을 자신의 캐치프레이즈로 걸고 2022년 3월 9일 당당하게 20대 대통령에 당선되었습니다. 그리고 박근혜 탄핵으로부터 10년이 지난 후 우리는 윤석열 탄핵사태에 직면했습니다.

그렇다면 윤석열을 뽑았던 유권자들을 비난해야 할까요, 아니면 우리의 제도를 돌아봐야 할까요? 애초에 제도는 무능하고 부패한 사람이 지도자로 뽑힐 경우도 대비해서 설계되어야 하는 것이 아닐까요? 그런데 제도를 고치기보다 사람이 정치를 잘 하면 된다는 주장은 정치학자 최장집 교수의 『민주화 이후의 민주주의』(2010)에서도 반복되고 있습니다.

현실에서 정치가 아무리 문제라 하더라도, 우리 사회가 나아가야 할 비전을 설정하고 이를 실천하는 권력을 창출하고, 구체적인 정책과 프로그램들을 형성하고, 이를 둘러싼 갈등과 차이를 조절해 가는 것은 모두 정치가 해야 할 일이다. 정치의 경계를 넓혀서 현실 정치가 당면한 문제를 해결해 갈 때 민주주의는 성장하고 발전할 수 있다. 이때 헌법을 포함한 제도는 민주주의의 규범 및 원리와 가까이 병행하면서 문자 그대로 민주주의에 복무하는 법적 기제가 될 수 있는 것이다. 개헌이든 제도 변화든 그것은 정치의 독립변수이기보다 종속변수로서 더 많이 이해되고 접근될 수 있다(275).

비전을 설정하고 구체적인 정책과 프로그램들을 형성하고 갈등과 차이를 조정해 나가면서 정치의 경계를 넓혀서 민주주의를 성장시키자고 최장집은 주장합니다. 그는 미사여구만을 잔뜩 늘어놓고서, 도대체 그것을 어떻게 이루어낼 것인지에 대해서는 아무런 방법론도 제시하지 않고 있습니다. 그러면서 헌법은 종속변수라고 단정합니다. 과연 그럴까요? 그렇지 않습니다. 헌법은 정치의 종속변수가 아니라 '정치 그 자체'입니다. 새로운 정치는 새로운 헌법의 틀 내에서 잉태될 수 있습니다. 마치 군주제를 폐지하고 등장한 공화주의 헌법이 지금의 정치를 창조한 것과 마찬가지입니다.

한편 헌법학자 강원택 교수도 그의 저작 『대통령제, 내각제와 이원정부제』(2006)에서 각 통치구조를 상세히 비교하고 논증하고서는, 마지막에 최장집과 비슷한 결론에 이르렀습니다.

지금까지 살펴본 대로 각 통치형태는 각각 그 나름대로의 작동 원리와 특성을 지니고 있다. 그리고 외형상 대통령제, 내각제, 이원정부제라고 하더라도 국가별로 상당한 제도적 혹은 관행상의 차이를 갖고 있음을 알 수 있다. 따라서 각종 통치형태에 대한 정치적 효과의 우위나 좋고 나쁨을 객관적으로 구분한다는 것도 불가능할 뿐만 아니라 바람직한 일도 아니다. 독일은 바이마르공화국 시절 이원정부제 형태의 통치형태를 갖고 있었고, 그로 인한 대통령과 총리의 권한 다툼이 히틀러의 통치로 이끌게 된 것으로 간주하고 있다. 이 때문에 제2차 세계대전 이후에는 이러한 문제의 재발을 막기 위해 내각제를 채택했고, 지금까지 건강하고 효과적인 정부 형태를 유지해 오고 있다. 이와 반대로 프랑스는 3, 4공화국 시절 내각제를 채택했고, 거기서 비롯되는 정치적 불안정을 겪고 난 이후 제5공화국에서는 이원정부제적인 형태의 드골 헌법을 채택하여 지금껏 정치적 안정을 누리고 있다. 한 나라에서는 정치적 불안정의 원인으로 간주되어 '폐기한' 제도가 다른 나라에서는 정치적 안정을 구현하기 위한 '개혁적인' 제도로 수용된 것이다. 미국에서 완벽하게 작동하는 대통령제가 미국 이외의 지역에서 다르게 작동하는 것이나 내각제가 나라마다 다른 형태로 진화해 온 것도 각국의 역사적 경험이나 정치적 관행에 따라 제도적으로 각기 다르게 '대응'해 왔음을 보여 주는 것이라고 할 수 있다. 즉 통치형태의 문제는 경로 의존적$_{path-dependent}$이다. 과거의 역사적 경험이 현재와 미래의 선택을 제약할 수밖에 없다(217~218).

강원택은 "각종 통치형태에 대한 정치적 효과의 우위나 좋고 나쁨을 객관적으로 구분한다는 것도 불가능할 뿐만 아니라 바람직한 일도 아니"라고 말합니다. 그러면서 현재의 독일이 "건강하고 효과적인 정부 형태를 유지해 오고 있"고, 현재의 프랑스는 제5공화국 이후 "지금껏 정치적 안정을 누리고 있"으며, 미국의 대통령제는 "완벽하게 작동하"고 있다고 전제합니다. 그러나 과연 독일의 정치가 건강하고 효과적이고, 프랑스의 정치가 안정적이며, 미국의 대통령제가 완벽하게 작동하고 있을까요?

프랑스 헌법에 따르면 하원은 대통령 임기에 맞춰 5년에 1번 선거를 진행하는 것이 원칙이지만, 대통령이 해산할 수 있습니다. 반면 하원에 비해 권한이 약한 상원은 3년에 1번씩 정원의 절반을 선출하되 해산할 수 없습니다. 마크롱 대통령이 2024년 의회를 해산하였는데, 그 이유는 2022년 총선에서 여당 연합 '앙상블'에서 총원 577명 중 245명이 당선돼 과반 확보에 실패하고, 2024년 유럽의회 선거에선 여당이 소속한 배주앵 드 유럽Besoin d'Europe이 강경 우파 정당 연합인 '국민연합'에 참패해 82석 중 단 13석 밖에 확보하지 못했기 때문이었습니다. 그런데 2024년 선거에서 앙상블은 168석 만을 확보, 182석을 확보한 좌파 정당 연합 '신인민전선'에 밀려 제2당으로 전락했습니다. 이에 마크롱 대통령은 제1당 견제를 위해 강경 우파 성향의 미셸 바르니에를 총리로 임명했으나 3개월 만에 의회의 불신임결의가 이뤄진 후 자진 사임했습니다. 대통령의 정책 실패로 집권당이 선거에서 참패했음에도, 거꾸로 대통령이 의회를 해산할 수 있는 나라가 프랑스입니다. 게다가 의회 다수당이 총리를 선임할 수 있는 이원정부제적 요소를 가지고 있어 여소야대로 인한 '동거정부'의 경우에는 대통령과 총리의 이중권력 상태에 빠질 수밖에 없는 체제가 프랑스입니다. 과연 프랑스의 정치가 안정적이라고 평가할 수 있을까요?

2년마다 실시되는 미국의 중간선거는 만성적인 여소야대 의회를 초래했고, 이로써 미국 대통령의 행정권력은 의회권력과 상시적 갈등상태에 빠져 있습니다. 그래서 행정명령의 영역에서는 제왕적 대통령제, 그리고 입법의 영역에서는 무기력한 대통령이라는 특징을 지니고 있는데, 이러한 체제가 과연 완벽하게 작동하고 있다고 평가할 수 있을까요? 더군다나 도널드 트럼프와 같은 대통령의 탄생은 어떻게 평가해야 할까요?

스티븐 레비츠키는 자신의 저작 『어떻게 민주주의는 무너지는가』 (2018)에서 트럼프로 인해 미국의 민주주의가 무너졌다고 호소하고 있습니다. 그러나 트럼프는 미국 대통령제의 사생아가 아니라 적통嫡統입니다. 그는 미국연방헌법이 부여한 대통령의 권한을 행사하고 있는 것이며, 그가 현실에서 드러내는 문제는 미국 대통령제가 안고 있는 본질적인 결함에 해당하는 것들입니다.

통치구조, 즉 대의체제는 엘리트 시스템으로 '민주주의의 반대'에 해당하며, 다만 정치가 전문적 영역이라는 점에서 대의제를 용인할 뿐입니다. 그래서 우리는 통치구조를 '이상적 체제로서의 민주주의'에 부합하는 방향으로 끊임없이 개혁해야 하며, 그 기준은 다음과 같습니다. ① 먼저 실패한 정부를 쉽게 교체할 수 있는 방법을 제도화해야 합니다. ② 실패에 대한 책임을 지는 주체가 지도자 개인이 아니라 정당이 되어야 합니다. 따라서 실패한 정당을 정치에서 축출할 수 있는 시스템이 구축되어야 합니다. 나아가 ③ 정치세력의 권력투쟁이 상시화되는 것을 막아 집권 정부의 효율성을 보장해야 합니다. 그러기 위해서는 '선거' 이외의 권력투쟁의 방법은 인정되어서는 안 되며 권력투쟁의 기간은 짧아야 합니다. 그래서 저항권이 동원되는 비상적 상황이 더 이상 초래되어서는 안 됩니다.

위 기준들에 의한다면 공화주의 체제, 즉 대통령제, 이원정부제, 의원내각제의 우열을 구분할 수 있습니다. 그리고 그러한 구분이 올바른 것인지 쉽게 검증할 수 있는 지표도 존재합니다. 그것은 바로 군주제입니다. 군주제가 지금의 공화주의 체제에 비교하여 원시적이고 열등한 제도라는 사실을 다툴 사람이 없을 것입니다. 따라서 위 세 가지의 제도 중에 좀 더 군주제에 가까운 제도라면, 그것이 더 열등한 제도라고 결론내릴 수 있을 것입니다.

'세습되지 않는 군주君主'로서의 대통령

제20대 대통령 선거를 위한 국민의힘의 2021년 9월경 후보 경선 토론회에서, 윤석열 후보가 손바닥에 왕王자를 그리고 나와 논란을 일으켰습니다. 민주당뿐 아니라 상식적인 사람들 대부분은 윤석열에 대해 시대착오적이라고 비판했습니다.

그러나 대통령을 '왕'으로 생각한 윤석열이 대통령제를 정확하게 이해한 것이며, 대통령은 '왕'이 아니라고 생각하는 사람들이 오히려 대통령제를 잘못 이해한 것입니다. 1875년 프랑스 제3공화국 헌법은 공화국 대통령에 관하여 "1875년의 대통령은 바로 1830년의 개정된 헌장 속의 군주이다"Le president de 1875, c'est le roi de la Chrte revise de 1830라고 규정했습니다. 이에 대해 프랑스의 정치학자 마르셀 모라비토Marcel Morarabito는 『프랑스 헌법의 역사』(2004)[Histoire constitutionnelle de la France(1789~1958)]에서 공화국의 대통령에 관한 위 규정을 '세습되지 않는 군주'monarque sans l'heredite로서의 성격을 가진다고 평가했습니다.

9월 26일(3차), 9월 28일(4차), 10월 1일(5차) 경선 토론회 중 윤석열의 손바닥(출처, 나무위키)

　대통령제의 행정부는 '대통령 1인'이며, 이는 군주제의 행정부가 '군주' 자체인 것과 완전히 같습니다. 대통령제 내각의 권한은 군주와 마찬가지로 대통령이 가지는 권력의 일부가 파생된 것이므로, 대통령은 각부 장관을 언제든지 해임하여 그 권한을 회수할 수 있습니다. 또한 대통령이 그 자체로 행정부이므로, 설령 각부 장관이 아니더라도 대통령으로부터 신임을 얻은 자는 여러 가지 방식으로 그 권한을 행사할 수 있습니다. 이것이 이른바 '비선 실세에 의한 국정농단'입니다.

　요컨대 의회로부터 일정한 제한을 받는다는 점을 기준으로 18세기 입헌군주가 그 이전의 절대군주와 구별되는 것처럼, 세습되지 않고 임기가 있다는 점에서 지금의 대통령이 18세기의 입헌군주와 구별될 뿐입니다. 즉 18세기 입헌군주와 비교하여 20세기 대통령은 '좀 더 약한 형태의 군주'로서, 군주라는 본질은 달라지지 않았습니다. 통치구조의 역사에서 군주제는 대통령제라는 형식으로 이어지고 있으며, 단지 군주의 선출 방식이 달라진 것에 불과합니다.

어떤 이들은 훌륭한 사람을 대통령으로 뽑는 게 중요하다고 말합니다. 그러나 이명박, 박근혜, 윤석열 모두 선거 당시에는 유능하고 청렴하며 공정한 사람인 것처럼 포장되어 당선되었습니다. 우리가 뽑은 대통령 중에 무능하고 부패한 사람이 더 많았다는 사실을 주목해야 합니다. 그리고 어쩌면 그들에게 너무나 많은 권한을 부여한 이 제도가 그들을 타락시켰는지도 모릅니다.

1명의 자연인에게 행정 권력 전부를 부여하고 그것을 독점시키는 대통령이라는 제도가 실질적으로 군주제와 동일하다는 사실을 깨달아야 합니다. 한 사람에게 모든 권력을 주고 나서 그 권력이 함부로 사용될까 봐 조마조마해하면서 지켜보는 우리의 모습이 어떤가요? 그것은 새로 등극한 임금님이 성군聖君이기를 조마조마해하면서 두려워하는 조선시대의 백성과 다르지 않습니다.

단 한 명의 사람에게 행정권력 전부를 부여하는 이렇게 어리석은 제도를 이제는 마땅히 폐지하는 것이 옳습니다. 그것이 우리의 이성과 자존감을 지키는 길이며, 우리의 삶을 더 부유하게 만드는 길이자, 민주주의의 미래를 여는 길입니다.

'이원정부제'는 과연 '분권형 대통령제'인가

프랑스의 정치학자 모리스 뒤베르제Maurice Duverger가 그의 저작 『A New Political System Model : Semi-Presidential Government』에서, 이원정부제를 '반半대통령제'라고 표현하고, 이를 다음과 같은 세 가지 특징으로 정의했습니다.

이원정부제는 첫째로 국민의 직선에 의해 선출되는 대통령의 존재, 둘째로 상당한 권한을 갖는 대통령, 세 번째로 의회가 반대 의사를 표명하지 않는 한 그 직책을 유지할 수 있는 총리와 각료의 존재 등 세 가지 특성을 갖는다(강원택 『대통령제, 내각제와 이원정부제』에서 재인용, 168~169).

이원정부제는 독일의 바이마르 공화국1919~1933과 프랑스 제5공화국의 정치 형태를 분석하기 위한 개념으로, 대통령제와 다른 점은 의회가 내각을 불신임할 수 있는 권한이 주어져 있다는 것이고, 내각제와 다른 점은 대통령이 실질적이고 강력한 권한을 갖는다는 것입니다. 강한 대통령의 존재에도 불구하고 총리와 내각이 의회에 구속되기 때문에 이원정부제에서 중요한 점은 누가 총리와 내각을 지명할 수 있는 실질적인 권한을 갖느냐 하는 것입니다(강원택, 169).

우리 정치사에서 이원정부제는 '분권형 대통령제'라는 용어와 혼재되어 사용되었습니다. 개헌 정국 때마다 등장했던 분권형 대통령제는 국가 원수의 권한은 대통령이 갖고, 행정부 수반의 권한은 대통령과 의회에서 선출되는 총리가 나눠 갖는 정부 형태라고 설명되었습니다. 다만 대통령과 총리가 행정권을 어떻게 나눌지에 따라 그 운영의 구체적인 모습은 다른데, 가령 외교, 국방 등은 대통령이 담당하고, 나머지는 총리가 담당하는 형태, 아예 평상시에는 총리가 행정권을 행사하나, 비상시에는 대통령이 행정권을 전적으로 행사하는 아이디어가 제시되었습니다.

그러나 '분권형 대통령제'라는 아이디어는 이원정부제를 잘못 이해한 것입니다. 대통령의 강력한 권력으로 정치적 안정을 추구하려는 드골과 과거 의원내각제의 기득권을 유지하려는 프랑스 제4공화국의 집권 세력이 서로 타협하여, 의원내각제와 대통령중심제의 혼합형으로 만들어낸 것이 바로 프랑스 제5공화국 헌법입니다.

실제로 프랑스 제5공화국 헌법의 이원정부제는 결코 분권적이지 않았습니다. 드골 다음이었던 제2대 조르주 퐁피두 대통령은 전형적인 보수파인데 반해 샤방 델마스 총리는 진보적 입장이었고, 복지 정책을 두고 서로 마찰이 생겼습니다. 그러자 퐁피두는 1972년 델마스를 해임하고 자기 측근인 피에르 메스메르를 총리로 임명하였습니다. 제3대 대통령인 지스카르 데스탱 대통령도 임기 초 시라크를 총리로 임명했다가 경제정책에서 갈등이 생겨 시라크를 해임하고 레몽 바르를 총리로 임명했습니다. 프랑스 대통령이 총리를 마음대로 해임할 수 없는 때는 대통령의 소속 정당이 의회의 소수당인 경우, 동거정부, 즉 코아비타시옹Cohabitation인 경우뿐입니다.

모리스 뒤베르제는 이원정부제가 대통령제와 의원내각제의 중간 형태가 아니라, 의회의 선거 결과에 따라 대통령제와 의원내각제의 국면이 번갈아 나타나는 제도라고 설명했습니다. 즉 대통령의 당이 다수당이면 강력한 대통령제로 운영되고, 소수당이면 의회가 총리와 내각을 지명하고 의원내각제로 운영되는 것입니다. 따라서 프랑스의 이원정부제는 분권형 대통령제가 아닙니다. 그런데 대통령의 당이 소수당인 경우에 대통령과 총리의 권한이 헌법적으로 명확하게 구분된 것이 아니어서, 두 권력의 충돌과 갈등은 정국불안을 초래하는 계기가 될 수밖에 없습니다.

이른바 분권형 대통령제를 제도화시킬 수 있지만, 분권형 대통령제는 정치적 안정성과 민주주의 확대보다 권력투쟁과 갈등을 더 심화시킬 가능성이 아주 큽니다. 분권형 대통령제는 '두 명의 황제'를 옹립한 것으로 그 자체로 이중권력을 예정한 것이라서 권력 충돌이 현실화할 수밖에 없습니다. 대통령의 권한과 총리의 권한 배분이 헌법에 규정된다고 하더라도, 그것이 법률 및 시행령에 이르러서 명확하게 구분되지 않을 수 있기 때문입니다. 또한 대통령의 당과 총리의 당이 다를 때는 당연하고, 심지어 동일할 때도 두 권력이 충돌할 것입니다. 대통령은 국민 전체로부터 권한을 위임받았고, 총리는 의회로부터 위임받았기 때문에, 수권의 크기가 다르다는 이유로 대통령이 총리를 압박할 것입니다. 단순 대통령제였던 우리 정치사에서 김영삼 대통령과 이회창 총리가 서로 충돌한 사례가 있었다는 것만 떠올려도 쉽게 이해될 수 있습니다.

우리 헌정사가 해결해야 할 과제로 대통령의 권한 남용 방지가 있지만, 권력투쟁의 상시화로 인한 정치의 비효율성 제거도 있다는 사실을 기억해야 합니다. 그리고 상시적으로 권력투쟁이 계속되었던 가장 큰 이유는 행정권력과 의회권력의 충돌 때문이었습니다. 따라서 행정권력과 의회권력을 일치시켜 정치의 효율을 높이고, 대신 행정부 수장의 권한을 축소함으로써 '두 마리 토끼'를 모두 잡을 수 있습니다. 그것이 바로 '의원내각제'입니다.

의원내각제의 이해

의원내각제議院內閣制는 의회의 과반 정당 또는 다수당 연합이 행정부, 즉 내각cabinet을 구성하고, 의회에 책임을 지는 정치 제도입니다. 대통령제, 이원정부제와 더불어 대표적인 공화주의 정부 형태입니다.

영국에서 시작된 의원내각제의 어원은 Parliamentary system, 즉 의회 체제로, 의회가 정부를 구성한다는 의미입니다. 한편 정부가 의회에 책임을 진다는 의미는 의회가 정부를 불신임하면 내각이 총사퇴해야 한다는 것입니다. 그러한 뜻에서 책임정부Responsible government 또는 내각책임제라고 부릅니다. 이때에는 의원 선거를 다시 실시해서 새로운 정부를 구성하게 됩니다. 이러한 점에서 임기가 보장되는 대통령제와 구별됩니다.

의원내각제는 크게 웨스트민스터Westminster 모델과 서유럽 모델로 구분합니다. 웨스트민스터 의원내각제는 영국, 캐나다, 호주, 뉴질랜드, 인도 등 영연방 국가들에서 볼 수 있는 형태로, '웨스트민스터'라는 용어는 영국 의회가 위치하고 있는 웨스트민스터 궁전에서 따온 것입니다. 웨스트민스터 모델이 양당 체제이고 서유럽 모델이 다당 체제입니다. 이러한 모델의 차이는 선거제도로부터 기인합니다. 웨스트민스터 모델은 소선거구-단순다수대표제, 서유럽 모델은 비례대표제를 중심에 두고 있습니다. 웨스트민스터 모델은 양대 정당이 번갈아 내각을 구성하고, 서유럽 모델은 주로 연립정부가 구성됩니다.

웨스트민스터 모델의 경우에 의회 다수당이 과반에 이르지 못하는 때가 있는데, 이 경우를 '헝 내각'Hung Parliament라고 부릅니다. 미국 정치학자 아런트 레이파르트Arend d'Angremond Lijphart는 그의 저작 『민주주의의 유형』에서 통치구조를 '대결적 모델'과 '합의제 모델'로 구분했는데, 대통령제와 웨스트민스터 내각제 모델을 '대결적 모델'로 묶어서 분류하고, 서유럽 의원내각제를 합의제 모델로 나누었습니다. 대통령제와 웨스트민스터 모델이 다수대표제 선거로 집권하는 방식으로 인해 승자독식이라는 대결적 모델로 귀결된다는 것입니다.

한편 이탈리아의 정치학자 지오반니 사르토리Giovanni Sartori가 수상과 장관의 권한을 중심으로 다음과 같이 의원내각제를 구별하였습니다. (A) 각료들의 권한이 동등하지 않고 수상은 다른 어느 누구와도 비교할 수 없이 우위에 있는 형태First above unequals, (B) 각료들의 권한이 동등하지 않은 가운데 수상이 약간의 우위를 가지는 형태First among unequals, (C) 각료들의 권한은 동등하고 수상이 약간의 우위를 가지는 형태First among equals가 그것입니다.

『대통령제, 내각제와 이원정부제』라는 저작에서 강원택은 (A) 타입을 영국 의원내각제, (B) 타입을 독일 내각제, (C) 타입을 기타 서유럽 내각제라고 설명하고 있습니다(114~116). 수상이 가장 강력한 권한을 가진 형태는 영국 내각제로 심지어 '수상독재제'라고 불리며, 독일 내각제도 영국보다는 약하지만 정부 우위의 의원내각제로 평가됩니다. 다만 아래에서 보듯이 독일연방기본법 제65조는 그 규정 자체로는 사르토리의 (C) 타입의 의원내각제에 해당합니다.

독일연방기본법 제65조(책임)
연방수상은 정책 계획을 결정하고 이에 대한 책임을 진다. 각 연방장관은 이 지침 내에서 그 소관 사무를 자주적으로 그리고 자기 책임 하에서 처리한다. 연방 장관 간의 의견 차이에 관하여 연방 정부가 결정한다. 연방 수상은 연방 정부가 의결하고 연방 대통령의 재가를 얻은 직무규칙에 따라 사무를 처리한다.

적어도 위 규정에 의할 때 각 연방장관은 자신의 소관 사무에 한해서는 수상의 눈치를 보지 않고 자주적으로 자기 책임 아래에 처리할 권한을 가집니다. 결국 독일 내각제를 (B) 타입으로 평가하게 되는 결정적 이유는 독일연방기본법 제67조, 즉 '건설적 불신임제도'에 기인합니다. 새로운 수상을 미리 정하지 않으면 내각을 불신임할 수 없기에, 적어도 그 범위에서 수상의 우월적 권한이 보장되고 있습니다.

독일연방기본법 제67조(불신임투표)
① 연방의회는 그 재적의원의 과반수로 후임자를 선출하고 연방대통령에게 연방수상의 해임을 요청하는 방법으로서만 연방수상에 대한 불신임을 표

명할 수 있다. 연방대통령은 이 요청에 따라야 하고 선출된 자를 임명해야 한다.

② 동의와 선거에는 48시간의 간격이 있어야 한다.

의원내각제의 장단점, 그리고 다른 공화주의 체제와의 차이점은 아래 각 장에서 차례로 다루도록 하겠습니다. 다만 현대 정치학은 대통령제, 이원정부제 그리고 의원내각제라는 각 공화주의 체제가 각각 장단점을 가지고 있어서 그 우열을 가릴 수 없다고 평가하고 있습니다. 이러한 평가는 주류 정치학이 정치를 '통치의 기술'로서 통치자의 시각에서 조명했기 때문입니다.

그러나 피지배자의 시각에서 바라본다면, 정치는 '지배 세력의 교체 과정'이며, 피지배자에게 좀 더 유리한 대의 시스템을 찾을 수 있습니다. 그것은 '지배 세력을 좀 더 쉽게 교체할 수 있는 체제'입니다. 그러한 기준으로 바라볼 때, 각 대의 시스템, 즉 공화주의 체제는 [통치구조의 진화]라는 도상에서 열등한 것이 있고 우월한 것이 있습니다. 그것은 마치 군주제가 공화주의 체제보다 원시적이고 후진적이며 열등하다는 사실을 아무도 다투지 않는 것과 마찬가지입니다.

제 3 장

대통령제의 종언終焉

HOW CAN DEMOCRACY BE ACHIEVED

미국식 대통령제의 '2기 집권 패턴'

'87년 6월 항쟁'의 결과로 탄생한 1987년 헌법은 '미국식 대통령제'의 여러 부정적인 특징에 유사하게 근접하였습니다. 그중 대표적인 것이 '2기期 집권의 패턴'입니다. 해리 트루만 이래로 지난 100여 년에 걸쳐 공화당과 민주당이 두 번씩 번갈아 가면서 대통령에 당선되었습니다. 지금까지 단 세 번의 예외가 있었고, 3기 연속집권은 레이건 뒤에 파더 부시가 당선되었던 단 한 번의 사례밖에 없습니다. 그리고 파더 부시는 2기 집권에 실패했습니다.

트럼프는 건너뛰어 당선됨으로써 비연속 2기 집권을 달성했고, 그로 인해 조 바이든은 2기 집권 실패의 추가 사례로 기록되었습니다. 2025년 트럼프의 승리는 미국연방 대통령의 2기 집권이 원칙적 패턴이라는 사실을 반증한 것입니다. 다만 바이든은 지나치게 나이가 많아 후보에도 나서지 못했기 때문에, 트럼프처럼 비연속 2기 집권을 달성하지 못하게 되었습니다.

프랑스 제5공화국 대통령제에서도 '2기 집권의 패턴'이 관찰되

[표] 33대 이후 미국연방 대통령 선거에 나타난 2기 집권 패턴

순번	대통령	소속정당	재임기간		비고
32	프랭클린 루스벨트 Franklin D. Roosevelt	민주당	1933~1945	12년	
33	해리 트루먼 Harry S. Truman	민주당	1945~1953	8년	
34	드와이트 아이젠하워 Dwight D. Eisenhower	공화당	1953~1961	8년	
35	존 케네디 John F. Kennedy	민주당	1961~1963	8년	케네디 사망으로 부통령 린든 존슨이 계승하고, 그 뒤 린든 존슨이 재선에 성공함
36	린든 존슨 Lyndon B. Johnson		1963~1969		
37	리처드 닉슨 Richard Milhous Nixon	공화당	1969~1974	8년	워터게이트 사건으로 닉슨이 사임하여, 부통령 제럴드 포드가 계승
38	제럴드 포드 Gerald R. Ford		1974~1977		
39	지미 카터 Jimmy Carter	민주당	1977~1980	4년	
40	로널드 레이건 Ronald Reagan	공화당	1981~1988	8년	유일한 3기 연속집권 사례 →조지 부시는 2기 집권 실패
41	조지 부시 George Bush	공화당	1989~1992	4년	
42	빌 클린턴 William J. Clinton	민주당	1989~1992	8년	
43	조지 부시 2세 George W. Bush Jr.	공화당	2001~2008	8년	
44	버락 오바마 Barack Hussein Oba	민주당	2009~2016	8년	
45	도널드 트럼프 Donald John Trump	공화당	2017~2020	4년	
46	조 바이든 Joe Biden	민주당	2021~2024	4년	2기 집권 실패
47	도널드 트럼프 Donald John Trump	공화당	2025~2028	4년	최초의 비연속 2기 집권

었습니다. 1958년 신공화국연합UNR 샤를 드골, 1965년 샤를 드골, 1969년 공화국민주연합UDR 조르주 퐁피두, 1974년 독립공화당RI 발레리 지스카르데스탱, 1981년 사회당 프랑수아 미테랑, 1988년 프랑수아 미테랑, 1995년 공화국연합RPR 자크 시라크, 2002년 자크 시라크, 2007년 대중운동연합UMP 니콜라 사르코지, 2012년 사회당 프랑수아 올랑드, 2017년 앙마르슈EM 에마뉘엘 마크롱, 2022년 르네상스LREM 에마뉘엘 마크롱이 당선되었습니다. 다만 프랑스 대선에서는 결선투표제가 적용되는 데에 반해, 우리 체제는 미국과 같은 적대적 양당체제-다수대표제라는 점 때문에 미국의 사례에 훨씬 더 근접한 특징을 보이고 있습니다.

한편 영국의 선거는 3기 집권의 패턴을 보였습니다. 2017년의 총선은 브렉시트로 인한 중간선거였다는 점을 감안하여 전체적으로 관찰하면 3기 집권의 패턴으로 해석해야 합니다. 영국민들의 정치적 피로감의 기간이 3기에 걸친 것으로 분석됩니다. 대통령제가 아님에

[표] 영국의 선거와 집권 패턴

1992년 (651석)	1997년 (659석)	1997년 (659석)	2005년 (646석)	2010년 (650석)	2015년 (651석)	2017년 (650석)	2019년 (651석)	2024년 (651석)
보수당	노동당	노동당	노동당	보수당	보수당	보수당	보수당	노동당
존 메이저	토니 블레어	토니 블레어	토니 블레어	데이비드 캐머런	데이비드 캐머런 테레사 메이	테레사 메이	보리스 존슨	키어 스타머
336석 (51.6%)	418석 (63.4%)	412석 (62.5%)	355석 (54.6%)	306석 (47.1%)	331석 (50.9%)	317석 (48.8%)	365석 (56.2%)	411석 (63.2%)

도 영국의 의원내각제에서 일정한 패턴의 집권 공식이 보이는 이유는 적대적 양당체제에 기인하는 것입니다.

미국식 대통령제의 '2기 집권 패턴의 정치적 근거'는 저의 두 번째 책 『민주주의에 관한 공화주의적 왜곡』(2021)에서 상세하게 다루었습니다. 요약하면 1기 집권 뒤에는 특별한 정책 실패가 있지 않은 한 유권자들이 종전 집권당에게 한 번 더 기회를 부여했고, 2기 집권 뒤에는 정치적 피로감으로 인하여 반대당을 선택했습니다.

위와 같은 '2기 집권의 패턴'이 1987년 이래 지난 30년간 한국 대통령 선거에서 그대로 드러났습니다. 17대 대선에서 민주당 정동영 후보의 패배는 그가 이명박 한나라당 후보보다 열등해서가 아니었

[표] 87년 헌법 이후 대한민국 역대 대통령 선거 결과

대선(연도)	순위	정당	후보	득표율	비고
13대(1987)	1	민주정의당	노태우	36.64%	보수당 2기 집권
	2	통일민주당	김영삼	28.03%	
	3	평화민주당	김대중	27.04%	
	4	신민주공화당	김종필	8.1%	
14대(1992)	1	민주자유당	김영삼	41.96%	
	2	민주당	김대중	33.82%	
	3	통일국민당	정주영	16.03%	
	4	신정당	박찬종	6.4%	
15대(1997)	1	새정치국민회의	김대중	40.27%	민주당 2기 집권
	2	한나라당	이회창	38.74%	
	3	국민신당	이인제	19.20%	

대수	순위	정당	후보	득표율	비고
16대(2002)	1	새천년민주당	노무현	48.91%	
	2	한나라당	이회창	46.58%	
17대(2007)	1	한나라당	이명박	48.67%	보수당 2기 집권
	2	대통합민주신당	정동영	26.14%	
	3	무소속	이회창	15.07%	
18대(2012)	1	새누리당	박근혜	51.55%	
	2	민주통합당	문재인	48.02%	
19대(2017)	1	더불어민주당	문재인	41.08%	연속집권 단절
	2	자유한국당	홍준표	24.03%	
	3	국민의당	안철수	21.41%	
	4	바른정당	유승민	6.76%	
	5	정의당	심상정	6.17%	
20대(2022)	1	국민의힘	윤석열	48.56%	
	2	더불어민주당	이재명	47.83%	
	3	정의당	심상정	2.37%	
21대(2025)	1	더불어민주당	이재명	49.42%	민주당 1기 집권 시작
	2	국민의힘	김문수	41.15%	
	3	개혁신당	이준석	41.15%	
	4	민주노동당	권영국	41.15%	

습니다. 오히려 김대중-노무현으로 이어진 '2기 집권의 정치적 피로감'이라는 통계적 패턴의 희생이었던 것입니다.

　이 같은 정권교체는 '스윙 보터'swing voter 에 의해 이루어지며, 민주당과 보수당 각각의 적극 지지층은 어떤 상황이 벌어져도 결코 당을 바꾸는 투표 행위를 하지 않습니다. 다만 정치의 격변이 이어지고 누적된 투표경향으로 인해서 스윙 보터의 일부가 양 진영의 적극 지지층으로 조금씩 흡수되는 것으로 보입니다.

그런데 스윙 보터는 새로운 후보를 지지해서가 아니라 종전 집권당이 싫어서 반대당을 선택해 왔습니다. 2021년 4·7 서울시장 보궐선거에서의 오세훈 국민의힘 후보의 당선이 대표적 사례입니다. 2021년 4월 15일자 한겨레신문 〈오세훈 지지가 아니라 '민주당만 아니면 된다' 생각에 찍었다〉는 제목의 기사에 인용된 당시 여론조사에 의하면 '민주당이 잘못해서'가 61%, '전임 시장의 잘못을 심판한 결과'라는 응답이 18%, '국민의힘이 잘해서'라는 답은 7%에 그쳤습니다. 즉 오세훈에 대한 지지가 아니라 누적된 문재인 정부의 실책에 대한 스윙 보팅의 결과였습니다.

요컨대 1기 집권 뒤의 선거에서는 2~3%의 근소한 차이로 종전 집권당이 승리했는데, 대표적 사례가 제16대 대선과 제18대 대선입니다. 16대 대선에서 노무현 새천년민주당 후보가 48.91%, 이회창 한나라당 후보가 46.58%로 노무현 대통령이 2.33% 차이로 당선되었습니다. 18대 대선에서는 박근혜 새누리당 후보가 51.55%, 민주통합당 문재인 후보는 48.02%로 박근혜 대통령이 3.53% 차이로 당선되었습니다. 한편 [2기 집권 뒤 정부 교체]의 대표적 사례는 제17대 대선으로, 이명박 한나라당 후보가 48.67%를 득표하고, 26.14%의 정동영 대통합민주신당 후보를 따돌려, 당시 야당이었던 한나라당이 무려 22.53%라는 큰 차이로 집권했습니다.

이러한 통계적 패턴을 이유로 저는 두 번째 책 『민주주의에 관한 공화주의적 왜곡』(2021)에서 이재명 민주당 후보의 20대 대통령 당선을 예측했었는데, 결과는 윤석열 국민의힘 후보의 승리였습니다. 예측이 실패했던 이유는 심상정 정의당 후보가 완주할 것이라고 예상하지 못해 그녀가 가져간 2.37%를 고려하지 못한 탓이었습니다. 후보단일화를 했다면 심상정의 2.37%가 민주당으로 귀속되어 1.64%의 차이로 2022년 이재명 후보가 당선되었을 것이고, 근소한 차이로 종전 집권당 후보가 당선되는 '1기 집권 뒤의 통계적 패턴'이 유지되었을 것입니다.

이러한 패턴에 의할 때 2030년 3월 27일에 있을 제22대 대통령 선거에서 양당 대결이 전제된다면, 민주당 후보가 2~3%의 근소한 차이로 승리할 것입니다. 그리고 2035년에 있을 제23대 대선에서는 보수당의 승리가 예측됩니다. '2기 집권 뒤의 야당의 승리'는 순전히 현 집권당의 실패와 그로 인한 정치적 피로감에 의한 것입니다. 2025년 국민의힘은 해산된다고 하더라도 변명할 여지조차 없을 만큼 만신창이가 되었습니다. 이것은 이명박 한나라당 후보가 대통령으로 당선되었던 2007년 당시에, 민주당의 친노세력이 '폐족'이라고 자책하며 근신했던 그 시절과 비슷한 상황입니다. 그 이후에 민주당이 '자강自强'을 하여 지금에 이른 것이 아니고, 박근혜와 윤석열의 실패로 다시 집권했던 것입니다. 그렇기에 2025년 국민의힘이 아무런 혁신을 이루지 못한다고 하더라도 이들은 10년 뒤에 재집권할 것입니다. 이것이 양당체제-대통령제의 숙명이며, 이 제도가 폐지되어야 할 가장 큰 이유입니다.

대한민국 총선의 '중간 선거'적 특징

    2017년 5월 제19대 대통령선거에서 문재인 민주당 후보가 대통령으로 당선된 이후 약 3년에 걸쳐서 민주당은 모든 전국단위 선거에서 압승을 하였습니다. 그러다 2021년 4·7 서울시장 보궐선거 및 2022년 6·1 전국동시지방선거에서 대패하였습니다. 당시에 민주당은 3년 전 박근혜 탄핵 시국에서 드러났던 새누리당의 무능력과 구태를 주장했고, 심지어 박영선 민주당 서울시장 후보는 이명박에 대해 모른다는 20대에게 "역사적 경험치가 낮다"는 충격적인 말을 하기도 했습니다. 결과는 오세훈 국민의힘 후보의 당선이었고, 이에 대해 유권자들은 "'오세훈 지지가 아니라 민주당만 아니면 된다'는 생각에 찍었다"고 답했습니다(2021년 4월 8일자 한겨레신문).

    미국 헌법에서, 하원 의원 435명은 지역을 대표하고 임기는 2년이며, 하원 의석수는 인구수에 따라 주별로 배분됩니다. 한편 100명의 상원의원은 6년 임기로, 인구와 관계없이 각 주 2명씩 배분되며, 2년마다 상원의원의 약 1/3이 다시 선출됩니다. 이들 의원 선거는 대통령 선거와 함께 치르는 선거와 대통령 임기 중간의 선거로 나뉘며, 중간 선거midterm election를 'off-year election'이라고도 부릅니다. 'off-year'는 '열매가 열리지 않는'이라는 뜻으로, '대통령을 뽑지 않는다'는 의미로 사용된 것입니다.

지난 100여 년 동안 특기할 만한 현상이 있었는데, 대통령과 함께 치르는 선거에서는 '대통령의 당'이 한 번의 예외 없이 하원의 다수당이 되었고, 중간선거에서는 집권당이 대부분 패배했습니다. 집권당이 중간선거에서 승리한 경우는 단 세 번에 불과했는데, 대공황 당시였던 1934년 루스벨트 행정부, 경제 호황을 구가했던 1998년 빌 클린턴 행정부, 9·11 테러 직후였던 2002년 조지 W. 부시 행정부가 그 예입니다.

대통령 선거와 함께 치르는 의원 선거에서 '대통령의 당'이 승리하는 현상을 '코트-테일 이펙트'coat-tail effect라고 부르는데, 대통령 후보의 인기에 편승해서 대통령의 코트 끝자락을 잡고 소속 정당 의원 후보들이 의회에 입성하는 현상을 빗댄 것입니다. 반면 중간선거에서는 경제 호황이나 집권당에 특별히 유리한 정세가 펼쳐지는 예외적인 경우가 아니면, 집권당이 패배하고 야당이 승리했습니다. 이는 집권당에 대한 유권자들의 견제 심리에서 비롯된 것이며, 더 근본적인 원인은 반대당 외에는 다른 대안이 없는 양당 체제로부터 기인하는 것입니다. 2025년 트럼프의 관세정책으로 인해 미국 주가가 폭락하고, 인플레이션과 국제적인 통상마찰이 예견되는 상황이라는 점에서, 많은 평론가가 2026년 11월에 예정된 선거에서 공화당의 패배를 점치고 있습니다.

집권당의 중간선거 실패를 우리는 '여소야대 정국'이라고 부르고, 미국에서는 'divided government' 분점 정부라고 부릅니다. 미국 대통령은 만성적인 분점정부에 시달리고 있는데, 이러한 분점정부는 양당 체제에 기인한 것입니다. 그런데 대통령제가 이러한 양당 체제를 더욱 적대적이고 공격적으로 강화시킨다는 점을 주목해야 합니다. 선택할 당이 두 개밖에 없기 때문이며, 현재의 집권당이 싫으면 반대당을 찍을 수밖에 없기에 그러합니다. 이 과정에서 반대당에 대한 적대적 감정이 점점 격화되었고, 우리도 미국과 같은 경로를 걷고 있습니다. 예를 들어 대한민국 극우파는 박근혜 탄핵에 이어 윤석열 탄핵으로 민주당 대한 적의敵意가 더욱 커졌을 것입니다. 그 원인이 박근혜와 윤석열로부터 비롯된 것임에도, 야당의 입법 폭주 탓이라는 억지를 부리면서 그 적대감을 더욱 키울 것입니다. 또한 2025년 윤석열 탄핵사태 이후로 민주당 지지자들 또한 국민의힘 지지자들을 더욱 경멸하게 될 것입니다. 같은 피지배자들끼리 끊임없이 반목하는 상황에 빠졌습니다.

대한민국의 경우에 대통령 임기 5년, 국회의원 임기 4년으로 인해 그 최소공배수인 20년을 주기로, 대통령 선거와 가깝게 치러지는 선거는 '대통령의 당'이 승리하고, 대통령 집권 중반에 치르는 선거는 '미국 중간 선거'의 특징을 보여 집권당이 패배하였습니다. 예를 들어 박근혜 탄핵 이후에 치러진 전국단위 선거, 즉 2017년 5월 9일 제19대 대통령 선거, 2018년 6월 13일 제7회 전국동시지방선거, 2020년 4월 15일 21대 국회의원 총선거에서 모두 민주당이 압도적인 승리를 거두었습니다. 그러다가 2020년 8월 문재인 민주당 정부가 조국 법무부 장관의 입각을 밀어붙이면서 데드크로스가 시작되었고, 2021년 4월 7일 서울시장 보궐선거가 '중간 선거'로서 그 특징을 보였습니다. 그 다음 날인 4월 8일자 한겨레신문의 〈오세훈 지지가 아니라 '민주당만 아니면 된다' 생각에 찍었다〉라는 제목의 기사에서 보듯이, 유권자들은 중간 선거적 투표경향을 보였으며, 그로 인해 오세훈이 서울시장에 당선되었습니다. 게다가 제8회 2022년 6·1 전국동시지방선거에서는 8개 광역시에서 광주를 제외하고 국민의힘이 7개 광역시장을 차지했고, 도지사는 9개 중 5개 도에서 국민의힘이 석권했습니다.

그러한 연유로, 제9회 2026년 6·3 전국동시지방선거에서는 코트-테일 이펙트의 결과 민주당이 압승할 것으로 보이고, 2028년 4월 10일에 치러지는 제23대 국회의원 선거 결과는 여소야대가 될 것으로 예상됩니다. 3년이라는 시간의 경과는 윤석열 탄핵을 이유로 보수당을 비난하는 것을 무뎌지게 할 것이고, 그때에는 경기 침체나 민주당 정부의 몇 가지 정책 실패 등이 노출될 것입니다. 이로써 집권당을 견제해야 한다는 심리에 자극된 스윙보터는 야당에 표를 던질 것입니다.

2028년 4월에 만약 3년 전 윤석열 탄핵사태를 꺼내면서 보수당 후보를 공격하는 민주당 후보가 있다면, 그는 반드시 패배할 것입니다. 2021년 4·7 서울시장 보궐선거에서 박영선 민주당 캠프는 오세훈 후보를 이명박과 박근혜의 후예라고 비난했습니다. 이제 막 투표권을 얻은 20대 유권자가 이명박이 누구냐고 물으니까, 박영선 후보가 "역사적 경험치가 낮다"고 조롱했고, 유권자를 비웃은 그녀가 오히려 패배의 쓴잔을 들었습니다. 마찬가지입니다. 2028년에 투표권을 처음 가지게 된 유권자에게 윤석열 탄핵을 꺼내서는 안 됩니다. 스윙 보터는 과거보다 현재를 중시하며, 현재보다 미래를 더 중요하게 생각합니다. 선거는 스윙 보터를 획득하는 게임이며, 미래를 제시하는 자가 스윙 보터를 매료시킬 것입니다.

위와 같은 통계적 패턴을 깨트리는 유일한 비책이 있는데, 그것은 소선거구-단순다수대표제를 혁파하고, 비례대표제를 확대하는 것입니다. 비례대표제는 집권당을 견제하려는 스윙 보터 중 상당수를 극우보수당이 아닌 제3당에 대한 투표행동으로 이끌 것입니다. 이렇게 해야만 지금까지 극우파가 보수적 유권자를 과대대표誇大代表했던 전횡을 막을 수 있습니다.

개혁적 보수성향을 지닌 제3당이 득표할 수 있는 환경을 만들어야 극우파 중심의 여소야대를 예방할 수 있습니다. 그 방법으로 적은 의석수의 연동형 비례대표제를 혁파하여 비중 있는 권역별 비례대표제로 바꾸고, 권역별 비례대표제를 단원제로써 도입하는 것입니다. 예를 들어 전체 의석 300석 중 지역구 254석을 150석으로 줄이고, 나머지 150석을 권역별 비례대표제로 충원하여 단원제로 구성하는 것입니다. 권역별 비례대표를 상원으로 구성하게 되면 여전히 하원이 소선거구-다수대표제로 운용되기 때문에, 사표와 전략적 투표행동으로 인한 양당체제에서 벗어나지 못합니다. 권역별 대표가 반드시 상원이어야 할 아무런 이유가 없습니다. 예를 들어 스위스는 전국 단위의 비례대표로 하원을 구성합니다.

다만 비례대표제로 다당체제를 만들더라도, 대통령제를 폐지하지 않는 한 대통령제는 다시 의회를 양당체제로 수렴시킨다는 사실을 기억해야 합니다.

'제왕적 대통령'은 무엇으로부터 기인하는가

 2025년 1월 9일 대한상공회의소에서 열린 '87년 헌정 체제의 창조적 혁신을 위한 토론회'에서, 김종인 전 국민의힘 비상대책위원장이 12·3 비상계엄 사태로 내란수괴 혐의 수사를 받는 윤석열 대통령과 친윤 중심으로 재편된 국민의힘을 비판했습니다. 여기서 그는 현행 대통령제를 두고 한국 권력구조의 고질적 병폐로 지적되는 '제왕적 대통령제'라 꼬집고서, 이 같은 구조 속에서 "대통령을 하려 하는 사람들의 역량이 부족해 이 체제가 바뀌지 않고 있다"고 말했습니다. 이어 그는 "능력이 없고 바보 같은 사람도 현행의 대통령이 되면, 헌법에 보장된 대통령의 권한을 가지면 자기 패거리를 끌고 가서 5년 동안 잘 지낼 수 있다고 생각한다"면서, "더 나아가 (대통령이) 어떤 생각을 하느냐면, 자기가 대통령이 한 번 되면 다음 대통령도 자기가 원하는 사람으로 시킬 수 있다는 착각에 빠져 있다"고 비판했습니다.

 그러나 박근혜나 윤석열과 같은 개인을 비난하면서, 역량이 되지 않는 사람이 대통령이 되었기 때문에 탄핵사태가 반복된다고 평가하는 것은 사태의 본질을 빗겨나가는 것입니다. 이렇게 평가하면, 사람을 잘 뽑으면 된다는 결론에 이르기 때문입니다. 오히려 박근혜, 윤석열 탄핵사태의 본질은 한 개인의 권한 남용을 지금의 대한민국 헌법이 용인하고 있다는 데에 있습니다.

제왕적 대통령제는 한국 대통령제만의 병폐가 아닌 대통령제 고유의 문제입니다. '제왕적 대통령'이라는 말은 미국의 역사학자 아서 슐레징어 주니어Arthur Meier Schlesinger Jr.가 그의 저작 『The Imperial Presidency』(1972)에서 의회의 승인 없이 전쟁과 평화에 대해 초법적 정책결정을 내리는 미연방 대통령의 권력을 비판하면서 처음 사용한 것입니다. 제왕적 대통령은 독일의 법학자인 카를 뢰벤슈타인Karl Löwenstein이 이름붙였던 입법, 사법, 행정 위의 초법적 존재로서의 신대통령新大統領과는 다른 것입니다. 신대통령은 의회가 미성숙하고 국민의 정치의식이 낙후한 후진국에서 나타난 군주적 성격의 대통령제를 지칭하는 것입니다. 즉 '제왕적 대통령제'라는 담론은 박정희 체제와 같은 신대통령, 즉 권위적 대통령이 아니고, 민주화 이후에 나타나는 대통령의 독선적 권력 행사에 관한 문제입니다.

제왕적 대통령제의 첫 번째 원인은 대통령제가 '1인 행정부'라는 사실에 있습니다. 독재를 무너뜨린 민주화 이후에도 대통령은 법률이 아닌 행정명령에 의한 행정권 행사 영역에서 의회로부터 아무런 견제를 받지 않고 무소불위의 권한을 행사할 수 있습니다. 대통령 1인이 헌법적으로 '단독 집행부'이기 때문에 본질적으로 독단과 독선

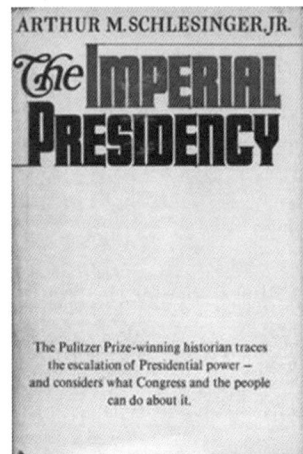

'제왕적 대통령'이라는 말은 미국의 역사학자 아서 슐레징어 주니어(Arthur Meier Schlesinger Jr.)가 그의 저작 『The Imperial Presidency』(1973)에서 의회의 승인 없이 전쟁과 평화에 대해 초법적 정책결정을 내리는 미연방 대통령의 권력을 비판하면서 처음 사용했다.
이 책은 1973년 호턴 미플린에서 출간되었다.

의 가능성이 잠재되어 있습니다. 의원내각제의 내각과 달리 대통령의 내각은 단순한 심의기관에 불과하여 위와 같은 대통령의 독단을 막을 수 없으며, 이는 헌법적으로 용인되어 있습니다. 예를 들어 대한민국헌법에 의하면, 대통령의 불법적인 비상계엄 선포를 국무회의가 막을 수 없습니다. 왜냐하면 우리의 국무회의는 의결기관이 아니기 때문에 대통령은 국무회의의 결의 없이도 자신의 의지를 강행할 수 있습니다. 우리는 윤석열의 '비정상성'非正常性을 비난할 것이 아니라, 이러한 '비정상성'이 현실화할 수 있는 우리 헌법 체제의 원시성原始性에 분노해야 합니다.

제왕적 대통령제의 두 번째 원인은 임기 보장으로 인한 '정치적 무책임성'에 있습니다. 통치엘리트가 국민의 평가와 요구에 민감하게 반응하도록 해야만 민주주의가 발전할 수 있습니다. 즉 정치적 책임성은 이러한 반응성에 비례하며, 정치적 반응성의 긴장 관계를 제도화시킨 것이 바로 선거입니다. 의원내각제 아래에서는 내각이 어떤 정치 상황에 제대로 대처하지 못하면, 의회가 내각을 불신임하고, 수상은 의회를 해산하여, 총선을 통해 다시 새로운 정부를 구성합니다. 그러나 대통령제에서는 대통령에게 심각한 부패나 정책적 오류가 드러났을 때조차도 그를 쉽게 해임할 수 없습니다. 임기가 헌법에 명시되어 있기 때문입니다. 박근혜와 윤석열 탄핵사태가 단적인 사례입니다. 헌법재판소가 엉뚱한 결정을 내릴까 봐 조마조마해하면서 6개월이 넘는 기간 동안 수많은 시민이 광장에서 그 해임을 요구해야 했습니다.

요컨대 제왕적 대통령제의 문제는 의회의 승인을 필요로 하지 않는 영역에서 발생하는 것이기 때문에, 의회의 통제 강화로 해결할 수 없습니다. 한편으로 총리에게 권한을 분배한다고 해결되지도 않습니다. 왜냐하면 총리에게 권한을 분배하면 그 총리가 대통령과 충돌하거나 총리 자체가 다시 '1인 행정부'의 특성을 가져 또 다른 '제왕적 총리'가 등장할 것이기 때문입니다. 결국 제왕적 대통령제의 문제는 내각이 권한을 분할하고 서로 연대하여 합의로 정책을 결정함으로써 해결할 수 있을 것입니다. 한편 내각제라고 하더라도 수상에게 우월적 권한이 부여된 웨스트민스터 모델의 경우에는 대통령제와 같은 '제왕적 수상'의 문제를 가지고 있습니다.

특히나 한국식 제왕적 대통령의 특징은 대통령이 수백 개의 공조직에 인사권을 행사하고, 대통령으로부터 낙점받은 그들이 '작은 제왕'으로서 다시 각 조직을 장악하고 제왕적 시스템을 재생산한다는 점입니다. 따라서 통치구조를 의원내각제로 바꾸더라도 이러한 인사 시스템을 그대로 유지한다면 다시 '제왕적 수상'이 등장할 것입니다. 그렇기에 각 조직의 구성원에 의한 각각의 민주주의 시스템을 함께 구축해야만 합니다.

국정농단은 대통령제의 본질적 특징이다

박근혜 정부에서는 최순실과 문고리권력 3인방, 윤석열 정부에서는 김건희 등이 국정농단의 주인공으로 그 명성을 떨쳤습니다. 그런데 이러한 국정농단 또한 박근혜, 윤석열이라는 자연인의 품성 문제가 아니고 시스템의 문제입니다. 대통령제에서 권력의 크기는 대통령과의 거리, 즉 가까움에 비례합니다. 대통령실의 안보수석은 차관이지만 국방부 장관보다 실세인데, 그 이유는 안보수석이 대통령과 더 가깝기 때문입니다. 그중에서도 대통령의 아내만큼 대통령과 가까운 사람은 없습니다. 40여 년 전 전두환 집권기에도 "하사 위에 중사, 중사 위에 상사, 상사 위에 육사, 육사 위에 여사"라는 말이 있었습니다.

이러한 국정농단은 '1인 행정부'라는 대통령제의 시스템으로부터 기인하는 것입니다. 대통령제에서는 통치의 주체가 '대통령 1인'이므로, 애초부터 대통령 1인의 전횡을 헌법적으로 보장하고 있습니다. 따라서 대통령의 독선이 가능함과 동시에 대통령의 신임을 받는 측근의 국정농단이 제도적으로 가능한 것입니다. 그리고 이들은 대통령의 신임을 얻은 이후에 '자신의 의지'를 '대통령의 의지'로 보이게 끔 할 수 있습니다. 그래서 공론의 장에 있는 장관이 아닌 밀실에 있는 자들이 더 큰 권력을 가지게 될 때, 더 많은 부정한 거래가 이루어지고, 그로 인해 권력은 더 쉽게 타락하게 됩니다.

대통령 한 사람에게 모든 행정권력이 부여되어 있다는 사실로부터 국정농단이 비롯된 것이므로, 행정부의 권한을 각부 장관에게 분할하고 행정부 수장의 권한을 축소함으로써 해결해야 하지, 국정농단의 문제를 대통령의 도덕성에 호소할 일이 아닙니다. 사람을 잘 뽑아야 한다는 유시민 작가의 주장은 당연히 옳지만, 그것이 전부가 될 수는 없습니다. 지금까지 우리가 사람을 잘 뽑지 못했다는 사실을 상기해야 합니다. 중요한 것은 잘못 뽑았을 때 대처하는 방법을 마련하는 것이 제도개혁의 방향이 되어야 합니다. 따라서 국정농단이 대통령제의 본질적 특징이기 때문에, 대한민국헌법을 4년 중임제 대통령제로 바꾸더라도 국정농단이 재현될 수밖에 없습니다. 즉 국정농단을 폐절시키려면, 대통령제 자체를 폐지해야만 합니다.

민주당 대통령이 국정농단을 경계하더라도, '2기 집권의 패턴'에 따라 그 뒤에 선출된 보수당 대통령의 시대가 되면 국정농단이 다시 나타날 것입니다. 왜냐하면 현재 대한민국 보수당을 극우파가 과대대표 하고 있고, 그들의 다수가 권력의 획득과 개인의 이익 추구를 동일시 하는 사람들이기 때문입니다. 그렇기에 2025년 이재명 대통령 당선 이후 10여 년 뒤인 2036년경에 탄핵사태가 재현되리라고 예측하는 것입니다.

독일에서는
박정훈 대령 사건이 발발할 수 없다

사단장의 부당한 지시로 젊은 군인이 죽는 사건은 독일에서도 벌어질 수 있습니다. 하지만 독일에서는 그 사단장을 법에 따라 처벌하는 것으로 사건이 종결될 것입니다. 그런데 2023년 대한민국에서는 말도 안 되는 일이 벌어졌습니다. 당시 박정훈 대령이 이끌던 해병대 수사단은 임성근 해병대 제1사단장을 기소한다는 의견으로 경상북도경찰청에 이첩 했습니다. 그러나 윤석열 대통령의 지시를 받은 이종섭 국방부 장관이 이첩된 수사서류를 회수하고, 이에 반발한 박정훈 대령과 수사단을 항명죄로 기소하였습니다.

여기서 박정훈 대령 사건이 독일에서 벌어졌다고 가정해 보겠습니다. 종결된 수사를 군수사단이 민간경찰청에 이첩하는 것이 원래의 매뉴얼이므로 원칙을 벗어난 조치를 취하려면, 독일연방기본법 제65조에 따라 국방부, 행안부, 법무부 장관 사이에서 의견이 조율되어야 합니다.

독일연방기본법 제65조(책임)

연방 수상은 정책 계획을 결정하고 이에 대한 책임을 진다. 각 연방 장관은 이 지침 내에서 그 소관 사무를 자주적으로 그리고 자기 책임 하에서 처리한다. 연방 장관 간의 의견 차이에 관하여 연방 정부가 결정한다. 연방 수상은 연방 정부가 의결하고 연방 대통령의 재가를 얻은 직무규칙에 따라 사무를 처리한다.

권한이 중첩된 업무의 경우에는 연방 수상이 독단적으로 결정할 수 없고, 연방 내각이 합의해서 결정해야 합니다. 그러나 2023년 대한민국에서는 용산의 대통령실이 국방부 장관에게 지시하여 일방적으로 이첩된 수사서류를 회수하였고, 원칙에 어긋난 조치에 항의한 박정훈 대령을 항명죄의 수괴로 기소했습니다.

위 과정에서 대한민국 대통령 윤석열은 국방부 장관 이종섭을 '이등병 또는 조폭 똘마니'처럼 다루었습니다. 하지만 이러한 상황을 윤석열이라는 한 자연인의 품성 문제만으로 치부해서는 안 됩니다. 대통령 중심제의 대통령은 '1인 행정부'로 헌법상 모든 행정권한을 가지고 있습니다. 국방부 장관의 권한도 대통령의 권한으로부터 비롯되므로, 국방부 장관의 대통령에 대한 복종은 형식적으로 헌법에 부합합니다. 그래서 위와 같은 권한 남용은 언제든지 재현될 수밖에 없으며, 오히려 한 개인의 권한 남용을 헌법적으로 허용하는 대통령제라는 시스템에 문제의 원인을 찾아야 합니다.

요컨대 한 국가의 행정권력 전부를 한 인간에게 모두 부여하는 이러한 시스템이 21세기의 인류문명에 비상식적이라는 사실을 자각해야 합니다. 시민 대다수가 높은 고등교육을 마쳐 정치담당자와 시민들의 지적, 정치적 수준에 격차가 없는 지금의 현실에서, 중세의 군주君主처럼 한 개인이 행정 권력 전부를 가지는 체제를 당연하게 받아들이는 것이 아이러니입니다.

이제는 각 부의 소관 사무를 각부 장관이 독자적으로 책임지게 하고, 행정부 리더는 각 사무를 조정하는 균형자의 역할을 담당하는 것이 좀 더 합리적입니다. 그래야만 행정부 수장의 독단과 권력 남용으로 점철된 대한민국 정치사의 오욕을 더 이상 되풀이하지 않을 것입니다.

'제왕적 대통령'과 '무기력한 대통령'의 모순

박정희, 전두환 체제와 같은 제3세계 신대통령제를 벗어나 87년 체제 이후의 미국식 대통령제에 이르면서, '제왕적 대통령'과 '무기력한 대통령'이라는 두 가지 모순된 현상이 나타나게 되었습니다. 윤석열의 채상병 사건, 명태균 게이트 등이 제왕적 대통령제의 현상이라면, 윤석열이 '12·12 2차 담화'에서 변명한 야당의 입법 폭거에 무기력한 대통령도 미국식 대통령제의 또 다른 특징입니다. 요컨대 행정명령의 영역에서는 무소불위의 제왕적 권한을 휘두르고, 분점 정부divided government, 즉 여소야대로 인하여 입법의 영역에서는 무기력하기 짝이 없습니다. 21대 민주당 대통령도 3년 후인 2028년 4월 이후 여소야대에 맞닥뜨리게 될 것이고, 그렇게 되면 '무기력한 대통령'을 처절하게 경험하게 될 것입니다.

'무기력한 대통령'은 애초에 미국 헌법의 기초자들이 예정한 것이었습니다. 그들은 대통령과 의회, 누구도 상대 권력을 압도하지 못하게 만들었습니다. 대자본가, 대지주, 대금융가로 구성된 그들은 미국을 야경국가Night-watchman state로 설계했던 것입니다. 애초부터 대통령과 의회의 이중권력을 전제하고, 그들의 갈등을 기본적인 플랫폼으로 설계하였습니다. 이러한 이유로 미국 대통령제를 '상호 좌절의 제도'system of mutual frustration라고 명명하기도 합니다(나필열 『의원내각제 채택의 필요성』 32). 2024년에 민주당이 제출한 숱한 법안에 대해 윤석열 대통령이 무지막지하게 거부권을 행사한 것이 대표적인 예입니다. 이러한 '상호 좌절의 제도'는 '작은 정부'를 추구했던 자유방임주의에 근거한 것입니다. 그러나 국가의 적극적 개입을 계획해야 하는 21세기의 적극 국가 플랫폼에서, 이러한 이중권력 상태는 불필요한 갈등을 불러일으키고 사회적 비용을 낭비하게 합니다.

그런데 그렇다고 해서 대통령 선거와 의원 선거를 일치시키는 것도 올바른 해결책이 될 수 없습니다. 왜냐하면 '코트-테일 이펙트'로 대통령의 당이 의회 다수당이 되는 체제는 대통령의 권한 남용을 극대화시킬 것이기 때문입니다. 만약 '대통령 윤석열, 국민의힘 182석'의 상황이 되었다고 가정하면, 그 뒤에 초래될 끔찍한 국정 파탄을 쉽게 상상할 수 있습니다. 더구나 대한민국의 보수당을 극우파가 과대대표하고 있는 실정까지 고려하면, 너무도 위험합니다. 그래서 국회의원 선거와 대통령 선거를 일치시키는 4년 중임 대통령제는 지금보다 더 큰 해악이 될 것입니다.

요컨대 대한민국 정치사의 핵심적 문제는 행정부 수장의 권한이 과도했다는 데에 있습니다. 따라서 의회 다수당이 행정권을 가짐으로써 정부의 효율성을 높이되, 행정부 수장의 권한을 줄임으로써 권한 남용의 가능성을 봉쇄하는 것이 가장 합리적인 조치입니다. 그리고 그러한 체제가 의원내각제임은 물론입니다.

우리 역사에서 대통령이 권한을 남용했던 트라우마를 고려할 때, 사르토리가 분류한 세 번째 형태의 의원내각제 first among equals를 제안합니다. 독일연방기본법 제65조가 기본적인 입법례가 될 것입니다. 이에 의하면, 수상은 정치의 기본방침을 결정하고 그 기본방침의 범위 내에서 각부 장관은 독자적으로 자기 책임 하에 소관 사무를 관리합니다. 다만 장관 사이에 중첩된 업무에 관한 의견 불일치가 있으면 정부, 즉 내각이 결정합니다. 대통령제에 비해 각료의 권한이 커진다는 점에서 각료의 책임을 헌법적으로 명시할 필요가 있습니다.

스웨덴기본법은 제12장 제3조에서 각료의 중과실책임을 규정하고 있습니다. 형사상 범죄는 고의범만을 원칙적으로 처벌하는데, 각료의 직무 수행에 범죄행위가 있었고 고의를 입증하지 못했다고 하더라도 중과실이 인정되는 때에 처벌할 수 있다는 규정입니다.

스웨덴기본법 제12장 의회의 통제
제3조
현직 또는 전직 각료는 중과실이 있는 때만 직무 수행 시의 범죄행위에 대해 책임진다. 형사소송의 제기 결정은 헌법위원회가 하고 대법원이 재판한다.

보수당과 민주당의 적극 지지자는
각각 몇 퍼센트 정도일까

 2024년 12·3 비상계엄으로 시작하여 2025년 6·3 대선에 이르면서, 정치적으로 유의한 통계치들이 드러났습니다. 먼저 윤석열의 계엄에 찬성하고 윤석열에 대해 여전히 지지를 보이는 비율이 13%로 집계되었습니다(2024년 12월 6일자 디지털타임스 〈윤 대통령 지지율 13% 추락〉). 디지털타임스는 윤 대통령 지지율이 13%로 추락했다고 보도했습니다. 그러나 헌법과 계엄법에 명백히 위반된 윤석열의 12·3 비상계엄이 유튜브와 TV로 생생하게 중계되었음에도, 13%의 국민이 여전히 지지를 보였다는 사실이 놀라울 뿐입니다.

 2016년 10월경 박근혜 탄핵정국에서도 박근혜에게 최후까지 지지를 표한 국민이 13%였습니다. 당시의 이러한 지지는 그녀의 아버지 박정희에 대한 향수와 그녀에 대한 동정으로 구성된 감정적인 것으로 평가될 여지가 있었습니다. 이러한 정치적 현상은 역사적으로 여러 차례 반복되었는데, 나폴레옹 실각 후 프랑스 농민들의 열광적인 지지로 그 조카 루이 보나파르트가 대통령에 당선되었던 사례, 필리핀 독재자 마르코스의 아들이 다시 대통령에 당선되었던 사례 등이 그것입니다.

　윤석열의 비상계엄을 지지했던 13%는 박근혜의 탄핵을 반대하고 그녀를 지지했던 사람들로 추정됩니다. 그런데 이들이 우파 지도자를 단순히 감정적으로 지지하는 것을 넘어서 자신들의 정치적 입장을 명확하게 드러냈다는 데에 이번 사건의 큰 의의가 있습니다. 이들이 윤석열의 계엄에 찬성한다고 말한 것은 헌법과 법률에 저촉되더라도 자기 의사와 다른 이들에 대해 총을 겨누고 장갑차로 밀어붙여도 된다는 정치적 의지를 표명한 것입니다. 즉 대한민국 국민 13%가 극우파의 숫자인 셈입니다.

　국회가 발의하고 결의한 채상병 특검법, 김건희 특검법 등은 윤석열과 김건희의 부정부패로부터 비롯된 것인데, 윤석열은 국회에 종북 반국가세력이 있다고 사태를 호도했습니다. 이런 윤석열의 주장을 옹호하면서 "간첩들이 너무 많다. 계엄 환영한다. 간첩들 다 잡아서 사형해달라"는 뮤지컬 배우 차강석(2024년 12월 5일자 뉴스엔)의 주장은 한국 극우파들의 기본적 태도를 극명하게 보여주었습니다.
　이들은 사안의 본질을 외면하고 사실을 왜곡하여, 자신과 다른 생각을 가진 자를 '적'으로 간주하였습니다. 심지어 윤석열을 체포하려는 공수처에 대항하여 대통령 관저 사수를 위해 '백골단'이란 이름의 '반공청년단'을 결성하였고, 여기에 국민의힘 김민전 의원이 가세하여 2025년 1월 10일 국회에서 결성식을 치렀습니다. 이들이 분쟁의 해결 방식으로 폭력을 선언한 것인데, 이것은 '내란'입니다.

탄핵반대 집회에서 윤석열에 대한 지지를 밝혔던 배우 최준용은 윤석열이 체포되었던 2025년 1월 25일 자신의 유튜브 채널에서 "우리 대통령이 무슨 죄를 지었다고 잡혀가냐? 우리가 끝까지 지켜드릴 것"이라고 말하며 지지자들을 독려했습니다(2025년 1월 16일자 매일경제). 이들은 윤석열이 헌법과 계엄법을 위반한 사실 자체를 인정하지 않으며, 국회에 간첩이 있다면서 현실을 왜곡하였습니다. 심지어 윤석열에 대한 구속영장이 발부되었던 2025년 1월 19일 새벽 3시 21분경에, 극우파들은 구속영장을 발부한 서울서부지법 판사의 이름을 부르며 "차은경 나와"라고 소리치고 법원 담을 넘어, 법원 현판을 뜯어내고, 건물 유리창을 깨트렸으며, 경찰관과 기자들을 폭행하는 등 폭동을 일으켰습니다(2025년 1월 19일자 파이낸셜뉴스). 이들은 헌법과 법률이 정한 절차를 존중하지 않으며, 자신의 목적을 달성하기 위해서라면 폭력을 사용할 수 있다고 생각하는 사람들로, 요컨대 이들은 민주주의의 구성원으로서 최소한의 자격을 갖추지 못했습니다.

그런데 윤석열의 비상계엄 선포로부터 한 달쯤 지나자, 그에 대한 지지율이 13%에서 40%로 올랐습니다. 보수층 전체가 다시 선회했고 극우파가 이들을 과대대표諻大代表한 것입니다. 계엄선포로부터 한 달 뒤인 2025년 1월 13일자 리얼미터 여론조사 결과에 의하면 국민의힘 지지도 40.8%, 더불어민주당 42.2%로 집계되었습니다. 당시 이러한 여론조사 결과로 국민의힘은 '윤석열 탄핵 반대'라는 당론을 강하게 밀어붙였고, 민주당 지지자들은 여론조사의 표본이 과표집

되었다고 반발했습니다.

그렇다면 보수당 적극 지지자가 우리 국민의 40%에 육박할까요? 그렇지 않습니다. 대통령 선거의 투표율은 평균적으로 75~80%로 현실적으로 약 20%의 유권자가 투표를 하지 않는데, 여론조사는 전체 국민을 모집단으로 삼고서 그 전체가 투표하는 것으로 가정합니다. 여기에 오류가 있습니다. 즉 여론조사 결과에 비투표자 비율 20%를 공제해야만 현실적 추정값을 얻어낼 수 있는 것입니다. 따라서 대한민국 극우파의 비율은 약 10%(=0.13×0.8) 정도로 추산됩니다.

한편 2025년 1월 13일자 리얼미터의 국민의힘에 대한 여론조사 값 40.8%는 제21대 대선에서 국민의힘 김문수 후보의 득표율 41.15%로 현실화하였습니다. 다만 21대 대선 투표율이 79.38%이므로, 비투표자 비율 20.62%를 공제해야 하므로, 국민의힘 적극 지지자의 비율은 약 32%로 추정됩니다.

제21대 대선에서 김문수 국민의힘 후보에게 투표한 유권자는 단연코 보수당 적극 지지자로 분류할 수 있는데, 그 첫 번째 이유는 제21대 대선의 원인이 국민의힘 윤석열 대통령으로부터 비롯된 것이고, 윤석열의 비상계엄이 위헌인 사실이 명백했다는 점 때문입니다. 따라서 보수당 적극 지지자가 아니라면, 굳이 김문수 후보에게 표를 던질 이유가 없는 것입니다. 더구나 한덕수와의 비상식적인 경선 과정은 그나마 미련을 가졌던 스윙보터마저 국민의힘을 외면하게 하였습니다. 두 번째 이유는 이준석 개혁신당 후보의 존재입니다. 보수당 적극 지지자가 아닌 보수적 성향의 스윙보터 대부분을 이준석이 흡수했다고 평가할 수 있을 것입니다.

　2025년 1월 13일자 리얼미터의 더불어민주당 42.2% 여론조사 결과가 민주당 적극 지지층의 비율로 추정되며, 제21대 대선 이재명 후보의 득표율 49.42%는 스윙보터가 합세한 결과입니다. 결국 비투표자 비율을 공제하면, 민주당과 보수당의 적극 지지자는 각 30~32% 정도로 추산되며, 나머지 유권자 40% 중 그 절반이 투표에 참여하여 스윙 보팅을 하고 있습니다.

　스윙 보터가 모두 단일하지 않을 것입니다. 그들 각자 자신의 정치 철학과 종전의 투표 경향으로 인해 보수적 성향에서 진보적 성향까지 다양한 스펙트럼을 가지고 있을 것입니다. 다만 확고한 투표 행동을 보이지 않기에 스윙 보터로 불리는 것이며, 때에 따라 보이콧을 하거나 약간의 변경된 투표를 하는 것으로 보입니다. 이렇게 투표에 참여하는 약 20%의 스윙 보터가 미국식 대통령제의 '2기 집권 패턴'을 낳고 있습니다.

대통령제는 '적대적 양당 체제'를 심화시킨다

전체 유권자의 약 10%에 해당하는 이들이 대한민국 극우파이고, 극우파 10%를 포함한 유권자 30~32%를 보수당 적극 지지자가 차지하고 있고, 그 숫자는 대략 1,400만 명에 이릅니다. 윤석열의 비상계엄이 선포되자 보수당 지지자들조차 황당하다고 반응했는데, 한 달 정도의 시간이 지나자 윤석열 탄핵을 반대했습니다. 즉 보수적 유권자의 3분의 1에 해당하는 극우파가 종국에는 보수층 전체를 과대 대표하게 된 것입니다.

2024년 12월 7일 국민의힘 김재섭 의원이 윤석열 탄핵안 표결에 불참한 이후에 윤상현 의원에게 전화해서 "형, 나 지역에서 엄청나게 욕을 먹는다. 어떻게 해야 하냐?"고 하소연했다고 합니다. 그러자 윤상현이 "나도 박대통령 탄핵에 앞장서서 반대했다. 그때 욕 많이 먹었다. 그런데 1년 후에는 '윤상현 의리 있어 좋다'는 말을 들었고 그다음에 무소속으로 가도 찍어 줬다."고 말했다고 합니다. 윤상현은 박근혜 탄핵 이후인 21대 국회의원 선거에서 '인천 동미추홀 을' 지역구에 무소속으로 출마해 당선된 바 있습니다. 그러면서 윤상현은

"지금 당장 그럴 수 있다. 하지만 내일, 모레, 1년 후에 국민은 또 달라진다"고 말했습니다(2024년 12월 9일자 중앙일보 〈윤상현 '탄핵 반대해도 1년 후에 다 찍어주더라' 발언 논란〉).

이 같은 현상에 관한 윤상현의 지적은 옳습니다. 그리고 윤상현이 달라진다고 표현한 국민은 국민 전체가 아니라 스윙 보터입니다. 위와 같은 현상의 원인은 보수당 적극 지지층에서 극우파가 차지하는 비율이 상당하고, 그들의 스피커, 이슈 전달력이 보수당 지지층에서 월등히 강하기 때문입니다. 애초에 이들은 탄핵에 반대했던 사람들로서, 시간이 흘러서 달라진 것이 아닙니다. 10%의 극우파가 지금까지 대한민국 정치사에서 보수층을 주도적으로 대표해 왔고, 이들이 대한민국의 주류인 것처럼 과대대표誇大代表 되었던 것입니다.

윤상현이 말하는 현상의 두 번째 원인을 찾는다면, 극우파의 스피커를 강하게 만드는 근저에 적대적 양당 체제가 있습니다. 비상계엄이 선포되고 사흘 후인 2024년 12월 6일 극우파 10%만이 계엄에 찬성했고 합리적인 보수층 20~22%를 포함하여 민주당 지지층과 대다수 스윙 보터는 비상계엄에 반대했습니다. 그러나 한 달 뒤인 2025년 1월에는 보수층 전부가 다시 윤석열을 지지했습니다. 그리고 이들은 2025년 6·3대선에서 김문수 후보에게 전폭적인 투표를 하였습니다. 따라서 2028년 4월 10일에 실시될 23대 국회의원 선거에서, 이들은 다시 보수당에 투표할 것인데, 그 이유는 감정적으로 민주당을 싫어하기 때문입니다. 대통령 선거는 이러한 적대적 감정을 더욱 격화시킵니다. 매번 일대일 매치를 하기 때문입니다. 결국 윤상현의 말은 현실에 부합하며, 극우파가 보수층을 과대대표하는 상황에서 탄핵에 반대했던 국민의힘 의원들은 2028년 4월 재선에 성공할 것입니다.

　대통령제는 제1당과 제2당이 적대적으로 공존하는 체제입니다. 국회의원 선거에서 제3당 또는 제4당을 지지했던 유권자들도, 대통령 선거에서는 제1당 또는 제2당에게 자신의 표를 던지는데, 이를 전략적 투표Tactical voting라고 부릅니다. 비례대표제를 확대하여 의회가 다당체제를 구성하게 되더라도, 대통령제는 의회를 다시 양당 체제에 수렴시킵니다. 왜냐하면 제3, 4당의 후보는 결코 대통령이 될 수 없기 때문입니다. 예를 들어 지난 20대 대선에서 정의당 심상정 후보에게 투표했던 유권자들은 그 투표의 결과가 윤석열 대통령으로 귀결되었던 것을 보았기 때문에, 다시는 그러한 투표 행위를 반복하지 않을 것입니다. 실제로 정의당은 그 뒤에 궤멸했습니다.

　케네디(민주당)와 닉슨(공화당)이 대결했던 1960년 미국 대통령 선거에서, 사회노동당, 주권당, 입헌당 등의 후보들이 있었다는 사실을 기억하는 미국 국민은 거의 없을 것입니다. 전략적 투표는 미국 정치사에서 제3, 4당을 소멸시켰고, 적대적 양당 체제는 그 뒤로 더욱 심해졌습니다. 트럼프가 집권하자마자 오바마 케어를 원점으로 돌렸던 것처럼, 미국식 대통령제의 적대적 체제는 공공의료 보험 제도조차도 마련하지 못하고 있습니다.

단순다수대표제에 따른 같은 양당체제라고 하더라도 영국식 의원내각제 모델에는 미미한 채로 제3당이 살아있는데 반하여, 미국의 대통령제에는 제3당이 완전히 소멸한 이유가 바로 대통령제에 작동하는 전략적 투표행동 때문입니다. 우리의 50년 후의 모습을 예측하고자 한다면, 미국의 대통령제를 살피면 됩니다.

대통령제가 제3, 4당의 발전을 억제하는 이유는 대통령이라는 자리를 나눌 수 없기 때문입니다. 이렇게 얘기하면 내각제의 수상이라는 자리도 나눌 수 없지 않냐고 반문할 수 있습니다. 그러나 수상은 대통령과 같이 전권을 행사하는 '1인 행정부'가 아니며, 내각제에서는 연립정부를 구성할 수 있기에 대통령제와 다릅니다. 연립정부에 참여한 내각제의 제3, 4당은 유권자의 신뢰를 얻어 제2당, 제1당으로 발돋움할 수 있습니다. 그렇게 함으로써 제3, 4당이 종전의 지배정당이었던 제1, 2당을 대체하게 됩니다. 이렇게 해야 정치에 새로운 물결이 흐를 수 있습니다. 요컨대 대통령제는 적대적 양당정치를 심화시키고, 새로운 정치세력의 출현을 차단하는 것입니다.

양당체제가 해결하지 못하는 주택문제, 어떻게 해야 할까

2022년 민주당의 패배

2022년 6월 1일 지방선거와 보궐선거는 민주당의 대패로 막을 내렸고, 이에 대해 민주당 내에서는 '친문 책임이냐 선거를 지휘한 이재명의 책임이냐'로 격렬한 논쟁이 일었습니다. 즉 대통령 선거에서 지방선거에 이르기까지 종전 문재인 정부의 실패가 선거 패배의 원인이 된 것인지 아니면 이재명의 개인적인 비리 의혹이 패배 원인인지를 따져야 한다는 것이었습니다(당시 이재명의 비리 의혹은 검찰의 조작에 의한 것이었음은 물론입니다). 어찌 되었든 둘 모두가 원인이며, 그 경중을 따지기도 어렵습니다. 그럼에도 마치 중대한 논쟁인 것처럼 비화한 배경에는 민주당 내의 당권을 누가 장악할 것인가라는 권력투쟁이 있었기 때문입니다. 즉 상대 정파를 정치적으로 희생시키고 자기 정파가 당권을 장악하기 위한 최대한의 명분을 쌓으려는 것이었습니다.

2022년을 기준으로 시간을 5년 전으로 거슬러 가보면, 박근혜 탄핵 이후에 치러진 전국단위 선거, 즉 2017년 5월 9일 대통령 선거,

2018년 6월 13일 제7회 전국동시지방선거, 2020년 4월 15일 21대 국회의원 총선거에서 모두 민주당이 압도적인 승리를 거두었습니다. 박근혜 탄핵 후에 새누리당은 2017년 2월에 자유한국당으로, 2020년 2월에 미래통합당으로, 총선 패배 후인 2020년 9월에는 국민의힘으로 당명을 바꾸었습니다. 선거에 질 때마다 끊임없이 내부 쟁투가 있었고 이때까지만 해도 보수당은 더 이상 승리할 수 없을 것만 같았으며, 그 당시 이해찬 민주당 대표의 '민주당 20년 집권론'이 실현될 수 있을 것처럼 보이기도 했습니다.

그렇다면 2022년 지방선거와 보궐선거에서의 국민의힘의 승리는 그들의 혁신과 노력으로 이루어진 것일까요? 그렇지 않습니다. 미국과 같이 양당구도가 고착되면서, 집권당이 실패하면 상대당이 지배권을 얻을 뿐입니다. 즉 2017년 이래로 보수당은 이름만 바뀌었지 아무것도 바뀐 것이 없었으며, 단지 민주당의 실패로 승리하게 된 것입니다.

문재인은 자기 정부의 주택정책 실패를 모르고 있었다!

청와대에서 퇴임하기 전에 있었던 손석희와의 대담에서, 문재인 대통령은 집값 상승문제에 대한 비판에 관하여 집값 상승을 전세계적 현상이라고 논평했습니다. 문재인은 자기 정부의 주택정책 실패를 정말로 이해하지 못했던 것입니다. 문재인 정부의 주택정책 실패의 근원은 주택정책의 목표를 집값을 잡겠다는 데에 두었기 때문입니다. 주택정책의 목표는 전 가구가 최소한 1주택을 가질 수 있도록 하는 것에 두어야 함에도, 단지 집값이라는 외관상의 지표에 집착했던 것입니다. 집값을 잡아야 무주택 가구가 집을 살 수 있는 것 아닌가라고 생각하면 비슷한 목표처럼 보입니다. 이것이 문재인 정부의 정책오류의 기원입니다. 문재인 정부는 집값 상승의 원인을 갭투자 때문으로 보고, 대출을 규제하는 것으로 집값 상승을 억제하려고 하였습니다. 그리고 아파트 공급을 확대하고 임대주택을 확대하는 것으로 주택정책의 또 다른 축을 잡았습니다. 초기에는 시장을 움직일 수 있었는데, 의외의 변수가 나타났습니다.

"집이 꼭 있어야 하나요? 유럽 사람들은 다들 월세 살아요"라고 말하는 사람이 있다면, 그는 반드시 집을 소유하고 있을 겁니다. 집이 없는 사람은 절대 이런 말을 하지 않습니다. 한국 사회에서 '주택에 관한 결핍'을 겪어본 사람이라면, 결코 이런 낭만적인(?) 말을 할 수 없습니다. 임대아파트가 주거로서의 질이 떨어지는 것은 둘째 치고, 분양아파트와 임대아파트를 공간적으로 구별함으로써 아이들에게 계급적 차별을 강제로 체득하게 한다는 사실을 경험했기 때문입니다.

'가난한 사람들에게는 임대주택'이라는 슬로건은 전 세계 보수정당의 슬로건이자 지금까지 대한민국 보수 관료들이 고수해 왔던 전통적 정책이었고, 문재인 정부도 이를 계승했습니다. 그런데 문재인 정부는 대출을 규제하면서 곧 집값이 떨어질테니 집을 사지 말 것을 은연 중에 홍보했는데, 현금 부자들이 주택을 꾸준히 매수했습니다. 그러자 무주택자들이 불안해지기 시작했습니다. '집을 가질 수 없을

2020년 기준 무주택 가구수는 920만 가구이고, 3주택 이상 소유가구는 약 80만 가구에 불과한데, 이들 3주택 이상 80만 가구가 소유하는 주택이 840만호에 육박한다. 즉 전체 가구 중 3.82%가 전체 주택의 38.76%를 소유하고 있다. 이제 우리는 집값 상승의 근본적 원인을 찾아야 하고, 모든 가구가 적어도 1주택을 소유하는 방법을 찾아야 한다. (이미지 : csk, Pixabay)

지도 모른다'는 불안감을 넘어서 '내 아이한테도 이 가난이 대물림되겠다'는 생각에 이르렀고, 결국 패닉-바잉, 즉 이른바 '영끌 구매'가 시작되었습니다. 그리고 이러한 패닉-바잉이 가속되면서 대출규제에도 불구하고 집값은 역대 어느 정부보다 가파르게 상승하였습니다.

무주택 가구의 주택 소유를 정책 목표로 두었다면, 대출 규제는 처음부터 적절한 정책이 될 수 없습니다. 애초에 집값이 갭투자라는 표면적 이유로 올랐던 것이 아니고, 신규 물량의 대부분을 무주택자가 아닌 다주택자가 매수했기 때문이었습니다.

2022년 2월 기준 서울 지역 아파트 평균매매가는 12억 6,891만 원이었습니다. 12억원을 10년 동안 모으려면 생활비를 제외하고 매달 1,000만원씩을 저축해야 합니다. 불가능한 일입니다. 애초에 무주택 가구가 대출 없이 집을 살 수 없기에, 대출 규제는 단지 집값이라는 거시지표의 제한에만 목표를 둔 정책이었습니다. 그렇다고 대출 규제 완화를 주장하는 것이 아닙니다. 대출규제 완화는 이미 심각한 수준에 이른 가계부채를 폭등시킬 우려가 있기에 윤석열 정부도 그 카드를 꺼냈다가 곧바로 집어넣었습니다.

어떻게 해야 할까요? 주택 공급이 확대되면, 2020년 기준 전체 2,092만 6,700가구 중에서 43.96%에 해당하는 920만 무주택가구가 집을 살 수 있을까요? 제20대 대선에서 이재명과 윤석열의 주택 공약은 똑같았는데, 아파트 공급 확대와 임대주택 확대가 그 전부였습니다. 지금까지 민주당과 보수당의 주택정책은 본질적으로 똑같았는데, 그 이면에는 건설회사의 수익을 보장하고 부동산 시장의 활성화를 경기부양의 지렛대로 삼았던 정책이 그 바탕에 있었기 때문입니다. 이제 우리는 집값 상승의 근본적 원인을 찾아야 하고, 모든 가구가 적어도 1주택을 소유하는 방법을 찾아야 합니다.

주택 공유화에 관한 베를린 시민들의 실패

2021년 9월 26일 독일의 수도 베를린시에서 도이체 보넨Deutsche Wohnen & Co 등의 대형부동산 회사가 소유하는 주택을 베를린 시정부가 몰수해서 시민들에게 적정한 수준으로 임대해 달라는 주택 공유화 주민투표가 있었습니다. 2012년에 ㎡당 6유로 후반이었던 월세가 10여 년 만에 60%가 올라 10유로 이상이 되었습니다. 우리 기준으로 환산하면 35평 아파트의 월세가 대략 155만 원(=35평×3.3㎡/평×10유로/㎡×1,342.14원/유로; 환율 2022. 6. 6.기준) 정도가 되는 것인데, 사실 한국의 월세 시장이 훨씬 비쌉니다.

  2년 전인 2019년 베를린 시정부가 임대업자로 하여금 5년간 월세를 올리지 못하게 하는 임대료 상한제를 도입했다가, 2021년 2월 독일연방헌법재판소로부터 위헌결정을 받게 되었습니다. 그러면서 주택 공유화 주민투표 운동이 시작되었는데, 시정부가 부동산회사의 주택을 몰수하고 시민들에게 임대하여 적정한 임대료를 유지해 달라는 요구였습니다.

  임대료에 상한을 두는 것은 자본주의 시장질서에 부합하지 않는다고 생각하는 사람들이 많을 텐데, 베를린의 주택 사정을 알게 되면 그렇게 말하기 어렵습니다. 도이체 보넨은 독일 증시에도 상장된 회사로 베를린에 자그마치 11만 채 이상의 주택을 소유하고 있고, 독일 전역에 약 15만 5,000채를 보유하고 있었습니다. 그 외에 주택 3,000채 이상을 보유한 부동산 회사가 상당수여서, 당시 베를린의 부동산회사가 소유하는 임대주택은 24만 채에 이르고 있었습니다. 여기에 민간 임대업자까지 고려하면 임대시장의 규모는 어마어마한데, 그렇기에 베를린 시민의 거주 형태 중 임대주택 비율이 80%에 육박했던 것입니다. 그래서 대부분의 정당이 반대하고 있는 상황에서도, 결국 56.4%의 찬성으로 주민투표가 통과되었습니다. 이후 베를린시 연립정부가 구성한 전문가위원회는 대형 부동산회사의 보유주택 몰수 방안의 시행이 가능하다는 검토보고서를 내놓았습니다. 하지만 베를린시 정부는 우선 몰수 총괄법을 마련해 헌법재판소의 검토를 받은 뒤 2년 후 시행한다고 밝혔으나, 사실 집권 기독민주당 CDU은 대형 부동산회사의 보유주택 몰수 방안에 반대한다는 입장이었습니다. 그렇게 시간이 지난 사이에 도이체보넨은 또 다른 대형사인 보노비아에 인수되었습니다(2023년 9월 26일 연합뉴스 〈베를린 대형부동산업체 보유주택 몰수·공유화 주민투표 재추진〉).

 2024년 4월 베를린시 정부를 이끄는 카이 베그너 시장은 "내가 시장으로 있는 한 베를린에서 기업 소유의 주택을 몰수하는 일은 없을 것"이라며 분명한 거부 메시지를 던졌습니다. 이에 '도이체보넨 몰수 시민행동'은 다시 제2의 주민투표를 준비하였으며, 2026년 열릴 베를린 주의회 선거 때 주민투표를 시행할 수 있을 거라고 전망하였습니다(2024년 11월 20일자 한겨레 〈"주택의 사회화" 베를린 제2 주민투표 추진…이번엔 성공할까〉). 하지만 주민투표의 결과는 강제력이 없어, 베를린시 정부가 조례를 입법하지 않고 주민투표 결과를 무시하더라도 위법하지 않습니다. 왜냐하면 우리나라 사람들이 대단한 나라로 착각하는 독일도 사실은 민주주의 제도(=시민발의+입법무효 국민투표)가 결여된 단순한 대의제 공화주의 국가에 불과하기 때문입니다.

소수가 여러 주택을 소유하는 것은 정당한가?
법인의 주택 소유는 정당한가?

베를린에서 11만 채 이상의 주택을 소유한 도이체 보넨의 사례를 보면서, 법인이 주택을 소유하는 것이 과연 정당한가라는 의문을 가지지 않을 수 없습니다. 사람, 즉 자연인이 거주하기 위한 재화인 주택을 가상의 인격체인 법인이 소유하는 것을 왜 인정해야 할까요? 한편 1가구가 거주할 수 있는 주택은 1채에 불과한데, 하나의 인격을 가진 자가 다수의 주택을 소유할 필요가 있을까요? 그러한 소유가 과연 정당한가요? 설령 자본주의 질서가 투자의 자유를 인정한다고 하더라도, 적어도 주택에 한해서라면 이렇게 지나친 소유는 규제되어야 하지 않을까요?

국가통계포털KOSIS의 [2020년 주택보급률]에 따르면 주택 수는 2,167만 호이고 가구 수는 2,092만가구로 주택보급률은 103.6%입니다. [2010년 주택보급률]을 보면, 2010년의 주택 수는 등록센서스 기준 1,773만 호이고 가구 수는 1,765만 가구로 주택보급률은 100.5%였습니다. 10년 동안 약 400만 호가 추가공급 되었습니다. 국가통계포털의 [주택소유지분별 주택소유 가구수]에 의하면, 2020년 기준 전체 가구 수가 2,092만 가구이고 주택소유가구가 1,173만 가구이므로 무주택가구는 약 920만 가구로 전체 가구 중 43.96%를 차지합니다.

⟨표⟩ 주택소유지분별 주택소유 가구수(국가통계포털(KOSIS)/국내 통계/주제별 통계)

주택소유지분별(1)	2020년	2019년	2018년	2017년	2016년	2015년
총계	11,730,171	11,456,266	11,233,906	11,000,007	10,743,492	10,698,686
1호 이하	8,583,725	8,333,499	8,199,329	8,038,349	7,892,896	8,024,586
1호 초과~2호 이하	2,352,202	2,319,338	2,258,603	2,202,298	2,136,991	2,028,615
2호 초과~3호 이하	528,707	528,705	510,359	499,920	473,910	431,448
3호 초과~4호 이하	135,097	139,967	135,018	132,267	122,235	109,340
4호 초과~5호 이하	46,505	48,509	46,382	45,784	41,412	36,626
5호 초과~6호 이하	22,036	22,858	22,383	21,661	19,618	17,416
6호 초과~7호 이하	13,207	13,692	13,427	12,946	11,997	10,812
7호 초과~8호 이하	8,858	9,193	8,892	8,649	7,981	7,037
8호 초과~9호 이하	6,492	6,685	6,450	6,231	5,901	5,264
9호 초과~10호 이하	5,012	5,148	5,015	4,912	4,654	4,103
10호 초과	28,330	28,672	28,048	26,990	25,897	23,379

　　1주택소유 가구는 858만 가구, 2주택소유 가구는 235만 가구, 3주택 이상 소유 가구는 약 80만 가구입니다. 이 중 2주택 이상 가구가 소유하는 주택 수는 1,309만 호이고, 그 중 3주택 이상 가구가 소유하는 주택 수는 약 840만 호입니다. 2015년의 주택 수는 1,956만 호였고 2020년 주택 수는 2,167만 호로, 5년 동안 약 136만호가 증가되었는데, 5년 동안 증가된 1주택가구가 약 50만 가구입니다. 결국 나머지 86만호는 2주택 이상 소유 가구에 귀속되었다는 사실을 알 수 있습니다. 즉 보수당과 민주당의 공급확대 정책에 의해 추가된 136만호의 주택 중 63%는 종전 다주택소유 가구에게 흡수되

었습니다. 한편 증가된 1주택 가구 50만 가구가 새로 주택을 취득한 종전의 무주택가구인지, 아니면 종전 다주택소유 가구에서 상속이나 증여로 분가한 1주택 가구인지도 명확하지 않습니다.

결국 공급 확대로 증가된 주택의 상당수는 다주택자에게 흡수될 확률이 월등히 높아, 단순한 공급 확대만으로는 무주택가구에게 주택을 보급하는 것은 사실상 어렵다고 해석해야 합니다. 주택보급률이 100%를 넘은 지 오래임에도, 무주택가구수가 여전히 50%에 육박하는 이유가 여기에 있습니다.

주택은 우리 경제생활에서 선택의 대상이 아닌 반드시 있어야 할 절대적 필수재입니다. 게다가 토지 위에 건설되기 때문에 그 공급 자체가 절대적으로 한정된 재화입니다. 따라서 만약 주택이 소수에게 독점되면, 독점적 시장지배자에 의한 가격인상을 막을 방법이 없게 됩니다. 애초에 집값 상승의 원인은 대출이나 갭투자 때문이 아니고, 소수가 많은 주택을 보유하고 있기 때문이었습니다. 그런데 우리의 경우에 최대 주택보유자의 주택 수는 50여 채 정도로 독일의 도이체 보넨 사(社)의 15만 5,000채에는 이르지 못합니다.

그러나 만약 다주택 소유를 제한하지 않고 법인의 주택 소유를 금지하지 않는다면, 얼마 지나지 않아 도이체 보넨처럼 십여만 채를 가진 다주택자의 존재는 우리에게도 현실이 될 것입니다. 그리고 그러한 시장지배자가 가격을 지배할 거라는 사실은 너무도 자명합니다. 자본의 집중과 그로 인한 시장의 독점은 '규제되지 않는 자본주의'의 필연적 경로이기 때문입니다.

국민 1가구에 1호의 주택을 공급하는 것이 주택정책의 목표가 되어야 합니다. 그러기 위해서 다주택자가 신규주택을 취득하는 것을 금지하고, 기존 다주택자의 잉여 주택이 시장에 공급되도록 유도해야 합니다.

대한민국헌법 제119조는 제1항에서 '개인과 기업의 경제상의 자유와 창의를 존중'하지만, 제2항에서 '시장의 지배와 경제력의 남용을 방지하며, 경제주체 간의 조화를 통한 경제의 민주화를 위하여 경제에 관한 규제와 조정을 할 수 있다'고 규정하고 있습니다.

헌법의 개정 없이 지금의 헌법 체제 아래에서도 '3주택 소유 제한 및 법인의 주택소유 금지'를 법률로 규정할 수 있습니다. ① 1단계는 다주택자의 주택 추가 취득을 금지하고, ② 2단계는 법인의 임대사업을 금지하고 임대사업자의 규모를 일정한 수준으로 제한하여 나머지 임대주택을 국가 및 자치단체가 매수하여 공영임대주택으로 운영하고, ③ 3단계는 3주택 이상의 다주택자 소유 주택의 매도를 유도하는 방안을 단계적으로 실시한다면, 시장의 충격을 완화하고 목적을 달성할 수 있을 것입니다.

2020년 기준 무주택 가구수는 920만 가구이고, 3주택 이상 소유가구는 약 80만 가구에 불과한데, 이들 3주택 이상 80만 가구가 소유하는 주택이 840만호에 육박합니다. 즉 전체 가구 중 3.82%가 전체 주택의 38.76%를 소유하고 있는 것입니다. 아마도 3주택 이상의 소유자들은 위와 같은 정책 제안에 대해 '빨갱이네, 공산주의네'라고 하면서 입에 거품을 물고 반대할 것입니다.

그러나 부동산 일체에 대해 제한하는 것이 아니라 주택에 한정하여 규제하는 것이고, 2주택 소유는 허용하고 3주택 소유부터 제한하는 것이며, 가상의 인격체에 불과한 법인의 주택 소유를 금지하는 것입니다. 게다가 종전 소유 주택을 무상으로 몰수하겠다는 것이 아니라 시장에서의 매도를 유도하겠다는 것이므로, 이를 위헌이라고 할 수 없습니다. 또한 투자의 일반적 자유를 부인하는 것이 아니라 주택에 관한 투자 자유의 방임이 위험하다는 사실을 경고하는 것입니다.

오히려 민주당의 1주택 종부세가 가지는 위헌의 소지가 더 크다고 볼 수 있습니다. 모든 가구의 1주택 소유가 주택정책의 목표가 되어야 한다는 점에서 1주택은 용인되어야 할 당연한 소유 형태이기 때문입니다. 또한 실현되지 않은 이익에 과세하는 것은 실질과세의 원칙에 위배된다는 점에서 오히려 1주택 종부세의 문제가 훨씬 큽니다. 민주당은 보수당의 주택정책을 답습한데다, 1주택 종부세라는 어설픈 규제정책으로 모든 1주택자를 적으로 돌린 정치적 실수를 저질렀습니다.

주택은 우리만이 아닌 전 세계적인 문제입니다. 뉴욕시의 평균 월세는 약 3,966달러로 미국 전국 평균의 2.4배에 달합니다. 맨해튼의 중위 월세는 4,415달러, 센트럴파크 사우스 같은 지역은 월 1만 995달러에 이릅니다. 뉴욕시 세입자들은 가구 소득의 55%를 임대료에 지출하고 있는데, 이는 정부 권장 기준인 30%를 훨씬 초과하는 수치입니다.

뉴욕시 주택보존개발국~HPD~에 따르면, 1만 가구에 제공되는 '어포더블 하우징'~Affordable Housing~에 2024년 600만 가구가 신청했다고 합니다(2025년 5월 15일자 미주중앙일보 〈뉴욕시 세입자, 소득 55% 주택에 지출〉). 뉴욕의 어포더블 하우징은 중·저소득층 주민이 affordable, 즉 '감당할 수 있는' 가격에 주거를 확보할 수 있도록 돕는 공공·민간 협력 주택지원 제도입니다. "가난한 사람들에게는 임대주택"이라는 슬로건 아래에 주택을 투자의 대상으로 삼아 시장~市場~의 논리에 맡긴 보수세력의 전통적 주택정책이 초래한 위기 현상입니다.

독일 베를린의 도이체 보넨과 미국 뉴욕의 월세 폭등 사례는 50년 뒤 우리 미래의 모습입니다. 이제 "가난한 사람들에게는 임대주택을!" 대신에 "1가구에 1주택을!"이라는 슬로건으로 주택정책의 원칙을 바꿔야 합니다. 그리고 그 1주택은 품질이 떨어지고 외관상 구별되는 임대아파트여서는 안 되고 겉으로 구별되지 않는 평균적인 주택이어야 합니다. 즉 국가의 보조로 분양받은 기본 주택의 외관에는 거주자의 계급을 식별할 수 있는 낙인이 찍혀있어서는 안 됩니다.

'제3의 견해'를 인정하지 않는 정치체제를 개혁하라!

'3주택 소유 제한 및 법인의 주택소유 금지'는 제20대 대선에서 정의당의 공약이었고, 다만 앞에서 설명한 단계적 조치는 필자가 구체화한 아이디어입니다. 그런데 우리 정치체제에서 정의당은 절대로 대통령을 배출할 수 없는 정당이라는 점에서, 결국 위와 같은 정책은 앞으로 절대 실현될 수 없습니다.

    진보/보수라는 왜곡된 이분법으로 정당뿐 아니라 국민마저 양분되어, 민주당과 보수당이 적대적으로 공생하면서 10년을 주기로 지배권을 교환하고 있습니다. 이제 우리 체제는 미국과 마찬가지로 '제3의 견해'는 현실화할 수 없는 기괴한 체제가 되어 버렸습니다. 어찌되었든지 신규아파트 공급, 임대주택 확대 외에는 다른 방책이 없는 탓에 매 정부마다 대략 100만호 정도 추가될 것이고, 그중 상당수는 다주택소유 가구에 흡수될 것입니다. 920만 무주택가구는 청약통장에 기대어 망연한 꿈을 꾸거나 아니면 토요일에 있는 로또 추첨을 기다리는 것 외에 다른 방법이 없습니다. 적어도 집이 없는 시민이라면, 지금의 정치체제에 대해 의문을 가져야 합니다.

    개발독재 시대 이래에 지금까지 있었던 아파트 시행사업의 수익은 헐값에 내쫓긴 원주민들의 희생 위에 창조된 수익이었습니다. 그리고 정부와 건설업자의 담합으로 이루어진 주택가격이 그러한 수익을 뒷받침했습니다. 게다가 그렇게 형성된 주택가격은 '집을 소유할 수 없을지도 모른다'는 무주택자들의 공포감과 그러한 시장의 공포를 이유로 계속 투자를 감행하는 다주택자의 의지로 굳건히 지탱되었습니다. 여기에 주택시장의 활성화를 경기부양의 지렛대로 삼았던 보수당 정부의 일관된 정책 기조가 그 바탕에 깔려 있습니다.

    영화 '기생충'은 이층집과 반지하방의 공간적 구별로 자본주의 사회의 계급적 차별을 적나라하게 표현했다고 세계적으로 칭송받았습니다. 하지만 영화 '기생충'은 이 세계를 조금도 바꾸지 못하며, 그냥 팝콘처럼 소비될 뿐이었습니다.

차가운 도시에서 개발로 내몰린 토착민들을 냉담하게, 그러면서도 슬픈 연민의 손길로 그렸던 천재화가 손상기(1949~1988)가 그린 '난지도'와 '공작도시'라는 연작이 있습니다. 그중 어느 작품이 어쩌면 아파트 시행 사업으로 떼돈을 번 사업가의 침실에 걸려 있을지도 모릅니다. 표현의 자유가 억압된 시절이라면 비판만으로도 혁명적이지만, 표현의 자유가 허용된 체제에서의 비판은 그냥 '시장에서 유통되는 고급스러운 콘텐츠'로 전락하게 됩니다. 심지어 손상기 작품처럼 고가로 거래되는 것들은 더 철저하게 자본주의적으로 소비됩니다. 체제가 용인하는 비판은 비판자의 의도와 무관하게 어쩌면 반혁명적인 도구로 변질될 수도 있는 것입니다. 그러하기에 비판만으로는 부족하며, 새로운 제도를 창조해야 합니다.

'국민의힘'은 결코 소멸하지 않는다

　윤석열의 비상계엄 선포, 국회의 계엄 해제 및 윤석열에 대한 탄핵 결의에 뒤이어 2024년 12월 말 '국민의힘' 당은 탄핵 심판을 지연시키는 전술을 취하였습니다. 궐석인 헌법재판관 3인에 대한 한덕수 권한대행의 임명권한이 없다는 주장이 그것이고, 한덕수 권한대행에 대한 탄핵결의가 200석을 요한다는 주장이 그러한 전술의 일환이었습니다. 그러자 국민의힘의 이러한 태도는 윤석열의 내란사태에 동조하는 것이므로 국민의힘을 위헌정당으로 해산시켜야 한다는 주장이 제기되었고, 상당수 언론은 국민의힘이 앞으로의 총선에서 더 이상의 지지를 얻기 어려울 것이라고 보도하였습니다.

　그런데 18년 전에 미국에서 비슷한 사례가 있었습니다. 2007년 서브프라임 모기지 사태로 미국의 초대형 모기지론 대부업체들이 파산하면서 금융시장의 위기가 발생했고, 급기야 2008년 이후에는 미국만의 위기가 아닌 세계적인 금융위기로 이어졌습니다. 이를 수습하는 과정에서 미국 공화당 정부의 구제기금 대부분은 대기업에 지급되었고, 막상 영세업자와 저소득층 근로자들은 파산함으로써 모기지 사태로 인한 경제적 위험이 실질적으로 민간에게 전가되었습니다. 그런 상황에서 2008년 11월 4일 민주당 후보 버락 오바마가 공화당의 존 매케인을 꺾고 대통령에 당선되었고, 같은 날 실시된 하원 선거에서 민주당이 다수 의석을 차지했습니다. 그리고 많은 정치평론가가 2년 뒤의 하원 선거, 즉 중간선거에서 미국 공화당이 더 이상 의석을 차지하기 힘들 것으로 전망했습니다. 이에 대해서는 제2장 중 〈과두寡頭 독재로서의 양당체제〉에서 설명하였습니다. 그러나 이러한 예상을 뒤집고 2010년 11월 2일에 실시된 하원 선거에서 민주당은 종전보다 63석을 잃고, 공화당은 63석을 더 얻은 242석이 되어 압승을 거두고 다수당이 되었습니다.

이에 관한 보고가 토마스 프랭크의 『실패한 우파는 어떻게 승자가 되었나』(2013)라는 저작입니다. 프랭크는 승리의 원인으로 공화당의 보편적인 선거 전술을 설명하였는데, 만약 그의 분석대로라면 공화당이 언제나 승리해야만 합니다. 결국 그의 분석은 '공화당이 2010년도의 특별한 승리를 어떻게 얻었는가?'라는 의문에 대해 답하지 못했습니다. 왜냐하면 2010년 당시는 공화당이 세계적인 금융위기를 초래한 정책 실패를 겪은 지 2년이 채 되지 않았던 시점이기 때문입니다.

그런데 미국 정치를 통시대적으로 관찰하면 2010년 하원 선거에서의 공화당의 승리 원인을 쉽게 찾을 수 있습니다. 지난 100년 동안의 중간선거에서 집권당은 단 세 차례만 승리했고, 모두 패배했습니다. 경제 호황이나 특별히 유리한 정세에서만 가능했던 것입니다. 반대로 대통령 선거와 함께 치르는 하원 선거는 단 한 번의 예외 없이 모두 '대통령의 당'이 승리했습니다. 이것을 '코트-테일 이펙트'coat-tail effect라고 부릅니다. 우리 국회의원 총선거에서 후보들이 자당의 대통령 후보와 함께 찍은 사진을 선거운동의 전면에 내걸고 있는 현상이 바로 그것입니다.

세계적인 금융위기를 초래한 공화당의 정책 실패가 있었던 때로부터 채 2년이 지나지 않은 시점이었던 2010년 하원선거에서 미국 공화당은 보기 좋게 부활했습니다. 그것은 중간선거의 힘이었습니다. 그렇다면 중간선거에서 반대당, 즉 야당이 승리하는 이유는 무엇일까요? 그것은 집권당에 대한 유권자들의 견제 심리에서 비롯된 것이며, 근본적인 원인은 반대당 외에는 다른 대안이 없는 양당 체제로부터 기인하는 것입니다. 요컨대 양당 체제 아래에서 집권의 비결은 '자당自黨의 강화'가 아니라 '상대당相對黨의 실패'이기 때문입니다.

두 번째 이유는 대통령제가 정치를 인격화시키기 때문입니다. 유권자들은 모기지 사태 수습실패를 조지 W. 부시의 실패로 인식하였고, 공화당의 실패로 인식하지 않았던 것입니다. 박근혜가 탄핵되었던 것은 박근혜의 실패이지 자유한국당의 실패가 아니라고 인식함으로써, 박근혜 탄핵 후에 윤상현이 다시 국회에 입성할 수 있었던 것입니다.

2028년 4월 총선에서 국민의힘은 결코 소멸하지 않으며, 오히려 화려하게 부활할 것입니다. 설령 그들을 위헌 정당으로 해산하더라도 아무런 의미가 없습니다. 그들은 정강政綱으로 조직된 결사가 아니며, '그냥 그러~그러한' 사람들이 모인 집단에 불과하기 때문입니다.

2025년에 윤석열 탄핵에 찬성했던 일부 보수적 성향의 스윙 보터들도, 이후 이재명 대통령 시대에 실시되는 2028년 4월 총선에서는 다시 보수당에 표를 던질 것이기 때문입니다. 이들이 승리하는 원인은 우리 총선이 미국 중간선거의 특징을 가지고 있기 때문이며, 윤석열 탄핵사태의 책임은 윤석열이 쫓겨나는 것으로 끝났다고 인식될 것이기 때문입니다.

대한민국의 극우파는
왜 성조기를 들고 있을까

윤석열 대통령 탄핵반대 집회에 빠지지 않았던 것을 꼽으라면 성조기입니다. 2016년에 있었던 박근혜에 대한 탄핵반대 집회에서도 마찬가지였습니다. 그런데 윤석열에 대한 탄핵의 원인이 친미·반미의 문제가 아님에도, 그들이 성조기를 흔드는 것은 왜일까요? 윤석열 탄핵을 추진하는 한국 민주당과 시민들이 미국을 반대하는 집단이 아닌데, 왜 그럴까요? 더구나 윤석열 탄핵을 추진하는 민주당과 시민들이 북한을 추종하는 집단이 아니라는 사실을 미국 정부도 알고 있습니다. 2025년 1월 10일 제이크 설리번 미국 백악관 국가안보보좌관은 윤석열 대통령의 계엄령 선포에 대해서 "충격적shocking이었으며 그것이 잘못됐다wrong고 생각"했다면서, "폭력 없이 한국의 헌법적 절차에 따라 진행되길 바란다"고 연합뉴스와의 인터뷰에서 밝혔습니다.

대한민국 극우파들이 그들의 집회에서 성조기를 흔드는 것에 대해 두 가지 유형의 외신 보도가 있었습니다. 2025년 1월 6일자 미국 NBC 뉴스는 "윤 대통령 지지자들은 한국의 민주주의를 보호하기 위해선 미국의 지원이 중요하다고 보고 있으며, 미국에 대한 지지를 표명하기 위해 국기를 흔드는 것"이라고 보도했고, 2025년 1월 3일자 영국 가디언은 "미국이 일제강점기에 한국을 해방했고, 한국전쟁에서 한국을 북한으로부터 구하였다는 점에서, (윤 대통령 지지자들은) 미국을 기독교적 가치에 내재한 민주주의 수호자로 묘사한 것"이라고 표현하였습니다.

여기서 미국의 지원을 요청하는 행위라고 본 NBC 뉴스에 의한다면, 극우파의 프로파간다propaganda는 실패했습니다. 왜냐하면 미국은 윤석열을 지원하지 않을 것이기 때문입니다. 이렇게 바라보면 극우파의 성조기는 허무맹랑하고 우스꽝스럽기 짝이 없습니다.

그러나 NBC 뉴스의 시각은 틀렸습니다. 극우파들은 바보가 아닙니다. 요컨대 한국의 극우파들이 성조기를 흔드는 것은 자신들이 미국의 동맹자이며, 윤석열을 탄핵하려는 민주당과 그 무리는 미국에 반대되는 집단, 즉 북한을 추종하는 집단이라고 선언하는 정치 행위입니다. 극우파의 성조기는 미국에 대한 요청이 아닌 한국 보수층과 스윙보터에 대한 전략적 메시지입니다. 그리고 그 결과는 대단히 성공적이고 유효합니다.

한 가지 예를 들어보겠습니다. 2년 전에 윤석열에게 투표했다는 어떤 사업가와 2025년 1월 초순경에 시국에 대한 대화를 했는데, 이제는 윤석열에 반대하고 탄핵에 찬성한다고 말하는 것이었습니다.

윤석열의 계엄으로 인해 환율이 폭등하고 한국의 대외신인도가 극도로 나빠진 것이 가장 큰 이유였습니다. 그러더니 대뜸 "민주당은 왜 친북, 친중국 정책을 고집하느냐"고 공격하는 것이었습니다. 그래서 계엄 얘기를 하다 말고 갑자기 '친북, 친중국'이라는 말을 왜 꺼내느냐고 물으니, 대한민국의 미래가 함께 연결되어 있기 때문이라는 답이 돌아왔습니다. 탄핵이 마무리되면 곧바로 대통령 선거를 하니까, 민주당의 대외정책을 고려할 수밖에 없다는 답변이었습니다. 그래서 제가 민주당을 대표하는 사람은 아니지만, '친북, 친중국 정책'이라는 표현은 왜곡된 것이라고 지적했습니다. '친북 정책'이 아니라 한반도의 긴장을 완화하는 '평화 정책'이며, '친중국 정책'이 아니라 미국과 중국 사이에서 한국의 이익을 도모하는 '실리 외교정책'으로 생각한다고 답했는데, 그리 탐탁해 하지 않았습니다.

한국의 보수파는 유럽이나 미국의 보수파와 다릅니다. 예를 들어 유럽 극우정당들의 이론적 근거는 '자국주권론'自國主權論입니다. 이들은 소위 정치적 올바름, 즉 PC주의 Political Correctness보다는 민족주의와 배외주의 쇼비니즘, Chauvinism 그리고 보호무역을 지향하며, 이민/난민을 반대하는 정책을 취합니다. 요컨대 일반적인 보수파의 정책에 비춘다면 미국과 중국 사이에서 자국의 이익을 도모하는 것이 한국 보수파의 스탠스가 되어야 하지만, 한국 보수파는 '절대적 친미親美'를 '절대적 덕목'으로 삼고 있습니다.

국회에 종북 반국가세력이 있다는 윤석열의 주장을 옹호하면서

"간첩들이 너무 많다. 계엄 환영한다. 간첩들 다 잡아서 사형해달라"는 극우파의 거친 주장이 계엄에 반대했던 보수층과 스윙보터를 곧바로 설득하지는 못합니다. 그러나 약간의 시간이 흐른 뒤에, '미국의 절대적 동맹자'라는 극우파의 포지셔닝$_{positioning}$은 자신들로부터 떨어져 나갔던 보수층과 스윙보터 일부를 손쉽게 견인해 내었습니다. 왜냐하면 한국의 보수층과 상당수의 스윙보터에게 미국은 절대선$_{絶對善}$을 상징하기 때문이며, 그 이유는 앞에서 설명한 2025년 1월 3일자 가디언의 보도 내용대로입니다. 위와 같은 연유로 2024년 12월 6일자 여론조사에서 윤석열에 대한 지지층이 극우파 13%밖에 남지 않았다가(디지털타임스), 한 달이 채 지나지 않아 40%를 회복하게 된 것입니다.

그런데 그로부터 채 두 달이 지나지 않아 획기적인 사건이 벌어졌습니다. 2025년 2월 28일 미국의 트럼프와 우크라이나의 젤렌스키의 회담이 TV로 생중계되었습니다. 트럼프는 러시아의 불가침이나 우크라이나에 대한 미국의 보호에 관한 약속이 없이 전쟁을 종결하고, 미국이 들인 전쟁 비용에 관한 광물 협정만을 요구했고, 젤렌스키는 당연히 거절했습니다. 트럼프와 부통령 밴스는 "미국에게 감사해 하지 않는다"면서 젤렌스키에게 굴욕을 주었습니다. 회담은 결렬되었고, 그 뒤 미국 정부는 우크라이나의 정권 교체까지 시사하는 메시지를 냈습니다. 2025년 3월 2일 CNN 기자가 "트럼프 대통령이 젤렌스키의 사임을 원하느냐?"고 질문하자, 마이크 왈츠 국가안보보좌관은 "우리는 우리와 협상할 수 있고, 결국 러시아와도 협상해 이

2025년 2월 28일 트럼프는 러시아의 불가침이나 우크라이나에 대한 미국의 보호에 관한 약속이 없이 전쟁을 종결하고, 미국이 들인 전쟁 비용에 관한 광물 협정만을 요구했고, 젤렌스키는 거절했다. (이미지 : Daniel, Pixabay)

전쟁을 끝낼 수 있는 지도자가 필요하다"고 답했습니다. 마이크 왈츠 보좌관은 트럼프 대통령의 최측근으로 꼽히는 사람입니다.

CNN 기사가 나오자마자 대한민국 보수언론은 종전까지의 외교 전략을 수정해야 한다는 목소리를 냈습니다. 경향신문은 2025년 3월 4일자 〈'한·미동맹 맹신'에서 깨어날 필요 일깨운 미·우 회담〉 사설을 내고 "대통령 윤석열의 가치외교로 불화했던 북·중·러와의 관계 회복에 공을 들여야 한다"고 보도했습니다. 경향신문은 "미국의 이익을 위해서라면 동맹과 적국을 가리지 않는 트럼프식 미국 우선주의가 2차 세계대전 이후 유지되온 국제 질서의 근간을 무너뜨릴 것임을 확연히 드러냈다"면서, "이런 국제 질서의 변동이 한국만 비켜 갈 리 없다. 한국은 안보를 미국에 의존하고, 경제에서도 미국의 비중이 크다. 트럼프의 대외정책 기조가 지속되는 한 한·미 동맹만 믿고 있다간 낭패 보기 십상이다. 한·미 동맹을 절대시해 온 그간의 외교 방식에서 벗어나 국제 질서의 지각변동에 능동적으로 대비해야 한다"고 지적했습니다.

동아일보는 군사력 증강까지 주문했습니다. 2025년 3월 4일자 〈'우크라 굴욕'에 유럽 자강론… '美 한 발 뺀 한반도' 대비해야〉 사설에서 동아일보는 "우리가 지금껏 알던 미국은 없어졌음을 새삼 확인할 뿐"이라며 "미국이 우리에게 요구할 것은 비단 주한미군 주둔비용 협정의 재협상만이 아닐 것이다. 미국의 핵우산에 전적으로 의지하는 우리 처지에선 동맹 간 협력 기반을 굳건히 유지하면서도 미군 도움 없이 우리 군이 대북 방어를 온전히 책임질 수 있는 방위 태세와 군사력 증강을 이뤄야 한다"고 보도했습니다.

조선일보는 심지어 핵무장 필요성까지 거론했습니다. 2025년 3월 4일자 〈트럼프 對韓 메시지 나쁘지 않으나 최악에 대비를〉 사설에서 "소련 붕괴 후 우크라이나는 핵탄두 1,600여 기를 보유하고 있었지만, 1994년 미국·영국·러시아의 영토 보장 약속을 믿고 핵을 폐기했다. 지금 러시아는 물론 미국도 우크라이나를 함부로 대하고 있다"고 설명한 뒤 "트럼프가 한국의 안보·경제 역량이 필요한 만큼 한미 동맹을 강화할 기회는 있다. 그러나 최악의 상황에도 대비해야 한다. 스스로를 지키는 데 필요하다면 어떤 수단도 금기시해선 안 된다"고 지적했습니다.

'실리 외교 노선'을 '친중국, 친북 정책'으로 왜곡하고 '절대적 친미 전략'을 취했던 보수파의 외교 노선이 애초부터 전략적으로 어설펐던 만큼 너무나 쉽게 균열을 일으킨 것입니다.

극우파에 어떻게 대처해야 하는가

민주주의의 기본적인 작동 방식은 토론입니다. 그런데 극우 또는 극좌는 이러한 토론이 불가능한 집단입니다. 윤석열에게 구속영장을 발부한 서부지법 판사를 찾아 서부지방법원 7층까지 침입했던 극우 유튜버가 차은경 판사를 향해 "북한으로 가라"라고 외쳤습니다. 여기서 북한이 왜 나올까요? 김용현 국방부 장관의 변호인 유승수 변호사는 헌법재판관을 향해 "좌익 빨갱이"라고 불렀고, 서부지법 폭동 피의자들을 가리켜 "우리 애국 투사들"이라고 옹호했습니다. 도대체 헌법재판관들이 왜 빨갱이고, 사법부를 향해 폭동을 일으킨 자들이 어떻게 애국 투사가 될 수 있을까요? 우리는 이들과 합리적인 토론이 불가능하다는 사실을 새삼 깨닫지 않을 수 없습니다.

현재 대한민국 극우파를 이끄는 전광훈 목사를 비판하는 느헤미야 기독연구원장 배덕만 교수는 다음과 같이 말했습니다. "문재인 정부도 아니고 윤석열 정부 아래서 부정선거라면 윤 대통령이 책임져야 할 문제 아닌가? 더구나 중앙선거관리위원회 사무총장 김용빈은 윤 대통령이 임명한, 윤 대통령의 대학 동기이자 친구다. 그래서 사무총장 임명 때 민주당에서 '이제 선관위도 장악하느냐'고 비판까지 했다. 그런 선관위가 부정선거를 했다? 아무리 수개표하고 더블체킹하면서 전자개표기 쓴다 설명해봐야 안 믿는다. 이건 논리의 영역이 아니라 광기의 영역이다."(2025년 1월 31일자 한국일보 〈전광훈은 보수진영의 사채업자…한국보수가 부도났다는 뜻〉).

우리말로 '관용'으로 번역되는 '똘레랑스$_{\text{tolérance}}$의 원칙'은 서로 다르더라도 차별하지 않고 인정한다는 정신입니다. 그러나 똘레랑스는 똘레랑스를 인정한 자에게만 부여할 수 있습니다. 극우파가 주장하는 왜곡된 사실에 관한 표현의 자유는 인정될 수 없으며, 폭력의 선동은 허용될 수 없습니다. 따라서 사실관계를 명확하게 확정하고 엄격하게 사법적 처리를 단행해야 합니다. 여기서 더 중요한 것은 극우파가 합리적 보수층과 스윙 보터를 과대대표하는 현상을 막아내는 것입니다.

2012년에 있었던 제18대 대선에서 박근혜 새누리당 후보를 지지하는 연설이 있었는데, 서해대전에서 사망한 군인의 가족이었습니다. 연설의 내용은 북한을 비판하는 것이었습니다. 북한에 대한 비판을 민주당에 대한 공격으로 활용하는 전통적인 보수당의 스탠스에 따른 연설이었습니다. 중요한 것은 당시에 스윙보터들이 "여기서 북한이 왜 나와?"라고 반문하지 않았다는 점입니다. 그런데 지금은 달라졌습니다. 아래는 헌법재판소가 윤석열 대통령을 파면시키는 결정을 내린 2025년 4월 4일자 〈SBS뉴스 라이브 채팅창에서 파면결정에 반대하는 댓글〉입니다.

요로요로	공산주의여 대한민국에 오ㅗㅗ라
허슬리	중국 가즈아
K꼬레아	북한이랑 비슷해지겠네^^ 고맙다 인간들아
속슬속슬	민주당 지지하는 애들은 대체 무슨 생각인지 궁금함 전라도가 문제인듯
EK	제발 중국인들은 자기 나라로 돌아가주세요@대한민국에서 떠나주세요
_헤나	인민공화국 만만세
네네	이제 사회주의 중한민국이다
이송규	자유 없는 민주주의 공화국 드가자~
Hey	입법독재ㄷㄷ 무섭네 중국한테 먹히겠네
음악왕매콤이	홍콩이. 짝 이런과정으로 바뀌어버렸는데..ㅋㅋㅋ
PAN AM	우와. 중화인민공화국 되겠다. 나라망하겠다
Young	중국,북한,이재명을 위한 나라 ㅉ
Young	마약 신나게 들어오겠네 ㅠ 마약으로 한국 망치고 중국이 자연스럽게 흡수하겠노
엄준식	중국화되겠노
J love	중국을 찐 경험하는 날이 오겠구나
강정우	이제 공산당이네
호방둥이	이제 곧 대한중국 되겠네
인직띠	중대한민국

| 엘리팝 | 중국 속국화 ㅊㅋㅊㅋ |

| austin | 도대체 1찍은 중국이라는 논리가 어디서 나오냐 ㅋ |

상대방을 빨갱이로 몰아붙이는 극우파의 태도에 대해, "북한이 왜 나와?" "중국이 왜 나와?"라는 의문이 이제 제기되기 시작했습니다. 조금씩 상식이 복원되고 있습니다. 극우파가 보수층과 스윙보터를 과대대표 할 수 있었던 시스템은 바로 반공주의에 기반한 '적대적 양당체제'였으며, 적대적 양당체제를 만들었던 것은 '소선거구-단순다수대표' 선거제도였습니다.

그렇다면 극우파의 과대대표를 막으려면 어떻게 해야 할까요? 비례대표제의 확대입니다. 다양한 정당이 선택될 수 있는 구조를 만들면, 극우파는 몇 석 안 되는 소수당으로 전락할 것입니다. 그런데 몇 번을 강조했던 것처럼 대통령제를 폐지하지 않으면, 대통령제는 의회의 다당체제를 다시 양당체제로 수렴시킵니다.

제 4 장

대통령제와 비교한 의원내각제의 이해

정치란 무엇인가,
정치를 어떻게 바꿀 것인가

2025년 1월 29일 YTN은 ["법대로"만 외친 정치권…정치 실종이 불러온 비극]이라는 기사를 올렸습니다. 앵커는 "계엄 사태와 현직 대통령 구속 등 비극적 헌정사를 새로 쓰게 된 배경 가운데 하나로, 정치가 제 역할을 하지 못한 '정치 실종'이 꼽힌다"고 말했습니다.

이어서 기자는 "불과 0.73% 차이로 승부가 갈렸던 지난 2022년 대선 뒤 여야는 줄곧 평행선을 달려왔다"면서, "국회법과 다수결 논리를 앞세운 야당이 의사일정과 법안 처리를 밀어붙이면, 이례적이어야 할 재의요구, 즉 거부권을 여당이 건의하고 대통령이 행사하는 모습이 반복됐다"고 말했습니다. 그러면서 "헌법과 법률이 모든 걸 규정할 순 없는 만큼 그 해석과 적용을 두고 의견 대립이 불가피한데, 바로 이때 필요한 정치가 제 역할을 못 했다"고 지적했습니다.

YTN은 위 뉴스에서 "(국민의힘과 민주당) 모두 '법대로' 했다고 주장하지만, 대화와 양보, 타협을 위한 노력 대신 상대적으로 쉬운 길을 택한 건 아닌지 돌아봐야 한다"고 비판했습니다. YTN은 정치를 '대화와 양보, 타협을 위한 노력'으로 해석한 것입니다. 그렇다면 정치란 무엇일까요?

고등학교 사회 교과서를 보면, 정치의 의미를 '사회적 희소가치로 인하여 이해관계가 달라 발생하는 대립과 갈등을 해결하는 과정'이라고 적고 있습니다. 그리고 정치의 기능으로 '① 사회질서 유지, ② 이해관계 조정, ③ 규범적 기능, ④ 사회적 희소가치 배분, ⑤ 사회발전 보호'를 열거하고 있습니다.

하지만 이 같은 정의가 우리의 '현실 정치'와 동떨어져 있다는 생각을 지울 수 없습니다. 우리의 정치는 갈등을 해소하는 것이 아니라 오히려 갈등을 조장하는 중심에 서있기 때문입니다. 한편 한국민족문화대백과사전은 정치를 '국가의 권력을 획득하고 유지하며 행사하는 활동'이라고 정의하고 있습니다.

그런데 독일의 법학자였던 칼 슈미트 Carl Schmitt 는 그의 저작 『정치적인 것의 개념』에서 "정치란 친구와 적을 구별하는 것"이라고 정의하였습니다. 그의 철학을 법실증주의라고 부르고, 히틀러의 나치당을 적극 지지했던 그의 전력을 떠올리면, 정말 그 다운 정의定義가 아닐 수 없습니다. 여기서 슈미트의 정의를 결코 간과할 수 없는 이유는 정치란 본질적으로 권력투쟁이기 때문에 그렇습니다.

우리의 사회 교과서가 정치의 기능을 '갈등의 해소와 이해관계의 조정'이라고 정의한 것은 '정치가 그래야 한다'는 당위론적, 규범적 이상을 적은 것이며, 오히려 정치의 존재론적 실체는 '권력투쟁'

입니다. 요컨대 정치란 "동지와 적을 구별하고, 동지를 규합하여 권력을 획득하고 유지하는 행위"입니다. 이렇게 정치를 정의하는 순간, 2024년 12월 3일 윤석열의 비상계엄 선포 행위와 그 이후의 과정은 너무나 이해하기 쉬운 일련의 정치 행위입니다. 윤석열의 계엄선포는 아내 김건희의 주가조작 범죄, 자신의 선거 과정에서 연루된 부정한 행위들이 드러날 지경에 이르자, 위기에 몰린 권력을 유지하려는 그 나름의 지극히 합리적인(?) 정치 행위인 것입니다. 그렇다면 YTN의 표현처럼 '정치가 실종된 것'이 아니라, 오히려 '정치가 권력투쟁이라는 그 본연의 모습을 드러낸 것'이라고 표현해야 맞습니다.

여기서 '대화와 양보, 타협을 위한 노력'을 주문하는 YTN의 비판은 사건의 본질을 왜곡하는 것입니다. 정치인들에게 이러한 양보와 타협이라는 품성과 덕목이 부족한 탓으로 사태를 호도할 우려가 있기 때문입니다. 애초에 윤석열 사태는 우리의 헌법이 행정권력과 의회권력의 항시적인 대립을 예정한 시스템이었기에 발생한 사건입니다.

미국 건국의 아버지들, 즉 파운딩 파더스 Founding Fathers 는 대통령과 의회가 서로를 견제하도록 대통령제를 설계했습니다. 미국의 연방헌법 제정자들은 제임스 매디슨 James Madison 의 "야심은 야심으로 하여금 견제토록 만들어야 한다 Ambition must be made to counteract ambition"는 주장에 따라 입법부, 집행부, 사법부 어느 기관도 독주할 수 없게 만들었습니다(나필열 『의원내각제 채택의 필요성』 26). 파운딩 파더스는 대지주, 대금융가, 대자본가, 상인들로 이들은 정부로부터 영향을 받고 싶지 않았기 때문에, 의회로부터 견제를 받는 '작은 정부'를 계획했습니다. 나아가 이들은 의회가 평민들에 의해 장악되는 것도 원하지 않았기 때문에, 대통령이 의회를 견제하는 제도도 마련했습니다. 이로써 의회가 통제하지 못하는 영역에서는 '제왕적 대통령', 의회의 동의가 필요한 영역에서는 '무기력한 대통령'이라는 미국식 대통령제의 모순적 현상이 나타나게 되었습니다. '견제와 균형의 제도'라고 불리는 미국 대통령제의 실제 모습은 '교착과 전횡'입니다.

그런데 중요한 사실은 권력투쟁이 통치 엘리트들 사이의 문제이지, 지배받는 자들의 문제가 아니라는 점입니다. 그럼에도 현실의 통치 엘리트들은 진영을 형성하고서, 의회권력과 행정권력의 끊임없는 쟁투에 국민도 함께 소환하고 있습니다. 나라 전체가 항시적인 권력투쟁에 빠져 있고, 각각의 국민도 불가피하게 어느 한 진영에 속할 것을 불가피하게 강요받고 있습니다. 결국 통치구조를 바꾸지 않는 한 우리는 이러한 계속되는 내전 상태를 벗어나지 못할 것입니다.

그렇다면 우리는 어떻게 해야 할까요?
가장 먼저 행정권력과 의회권력의 항시적인 대립 상태를 해소해야 합니다. 몽테스키외의 3권분립은 '값싼 정부'를 지향했던 자유방임주의 시대의 한 견해에 불과하며, 결코 시대를 관통하는 절대적 도그마가 될 수 없습니다. 오히려 행정권력과 의회권력을 일치시켜 권력투쟁의 가능성을 없애 행정의 효율성을 높여야 합니다. 그리고 행정부의 권한 남용은 그 수장首長의 권한을 축소하고 내각의 권한 행사를 합의제로 운영함으로써 해결할 수 있습니다.

다음으로 권력투쟁의 기간을 단축하고 권력투쟁의 방법을 단순화시켜야 합니다. 권력투쟁의 기간이 길어지고, 그 방법이 복잡할수록 그 불이익은 국민에게 돌아가기 때문입니다. 대한상공회의소 SGI(지속성장이니셔티브)는 2025년 2월 4일 발표한 〈환율 급등 시나리오별 경제적 임팩트 및 대응〉 보고서에서 다음과 같이 분석했습니다. 윤석열 대통령이 12·3 비상계엄 선포 이후 형사재판과 탄핵심판 절차를 병행하는 가운데, 정치 불확실성이 장기화하면 환율이 1,500원대로 오르고 경제성장률은 1.3%대로 하락할 것이며, 불확실성을 조기에 수습하면 1,400원대 환율을 유지하고, 1.7%대 경제성장률을 전망할 수 있다는 것이었습니다. 윤석열의 비상계엄과 그로 인한 탄핵사태가 지연되면서 환율이 폭등하고 우리나라의 대외신인도가 떨어져 막대한 경제적 피해가 초래되었다는 사실에 비추면, 대통령의 파면이 빠르게 이루어지고 새로운 정부가 조속히 구성되었다면 그 같은 피해를 막을 수 있었을 것이라는 결론에 이르게 됩니다.

대통령제 국가에서는 의회의 2/3 이상의 동의를 얻어 대통령 탄핵을 결의하더라도 헌법재판소의 결정이 내려질 때까지 정치적 불안은 종결되지 않고 권력투쟁은 지속됩니다. 하지만 의원내각제 국가에서라면 의회의 과반수 동의에 의한 내각 불신임 결의로 권력투쟁은 종결되고, 총선을 실시해서 새로운 정부가 구성됩니다.

지금까지 주류 정치학은 정부의 변경이 상대적으로 쉬운 의원내각제를 정국이 불안정한 단점을 가진 체제라고 평가했으나, 정부 변경이 어려운 대통령제가 오히려 권력투쟁이 장기화할 수 있다는 문제가 드러났습니다. 즉 탄핵당해야 할 대통령에 대한 파면이 지체되는 것이 오히려 정치적으로 더 불안정하다는 사실이 경험적으로 증명되었습니다.

　정치를 '조정의 도구'로 사용하도록 피지배자가 통치 엘리트에게 강제하려면, 권력투쟁의 가능성을 최대한 제거하고, 권력투쟁의 기간을 단축하고 권력투쟁의 방법을 단순화시켜야 합니다. 바로 그러한 제도가 '의원내각제'임은 물론입니다. 이렇게 제도화함으로써 '투쟁鬪爭으로서의 정치'를 최대한 제거하고, '조정調整으로서의 정치'를 넓힐 수 있습니다. 이것은 피지배자의 이익을 위한 일이자, '이상적 체제로서의 민주주의'를 향해 나아가는 길입니다.

노무현의 '대연정大聯政 파동', 그 환상과 오류

2025년 1월 29일 YTN의 ["법대로"만 외친 정치권...정치 실종이 불러온 비극]이라는 기사를 앞서 언급하였습니다. YTN의 주장처럼 우리 정치에 대화와 양보, 타협을 위한 노력이 왜 실종되었을까요? 그런데 우리 헌정사에서 대연정大聯政, 즉 연립정부를 통한 합의정치를 시도했던 사례가 있었습니다.

노무현 전 대통령이 임기 후반에 들어섰던 무렵인 2005년 7월 열린우리당과 한나라당의 연립정부 구성안을 제안했는데, 이것이 이른바 '대연정 파동'입니다. 소선거구제(한 선거구에서 1명만 뽑는 선거제)에서 중·대선거구제(한 선거구에서 당선인이 2명 이상이 뽑히는 선거제)로 바꾸는 걸 한나라당이 동의해 준다면 내각을 구성할 수 있는 국무총리를 포함한 장관 임명권을 한나라당에 넘기겠다는 제안이었습니다. 노무현이 대연정을 제안한 공식적인 이유는 지역주의 타파였는데, 호남에서는 민주당 계열 후보들만 계속 당선되고 영남에서는 당시 한나라당 후보들만 계속 당선되는 지역주의 구도를 깨 버리자는 것이었습니다.

당시는 노무현에 대한 탄핵으로 민주당이 친노 계열의 열린우리당과 호남 출신 중심의 (구)새천년민주당으로 분열되었다가, 제17대 국회의원 선거에서 호남인들이 노무현의 열린우리당을 지지하여 다시 기반을 다지고 있었던 상황이었습니다. 그런데 노무현이 대연정을 제안하자, 열린우리당과 분리된 민주당의 대변인 유종필이 "노 대통령의 '2005년판 3당 합당' 시도"라고 비난하였습니다. 그리고 "만일 한나라당과의 연정이 성사된다면 과거 3당 합당 때처럼 호남(민주당)을 고립시키는 결과로 이어질 것"이라면서 "차라리 그럴 바에는 열린우리당을 탈당하고 한나라당에 입당하라"고 말했습니다. '대연정 제안'으로 인해 호남의 민심이 완전히 등을 돌려 노무현의 지지 기반이 완전히 붕괴하기에 이르렀습니다. 심지어 노무현 본인도 "폭탄은 저쪽을 향해 던졌는데, 오히려 우리편 등 뒤에서 터져 버렸다"고 말할 정도였습니다.

한편 한나라당의 당대표 비서실장이었던 유승민은 대연정 제안에 대해 "장난하는 것이냐?"며 냉소적으로 반응을 보였습니다. 당시 노무현 정부의 낮은 지지도와 미약한 정치적 기반으로 인해 제17대 대선에서는 정권교체 가능성이 높았기 때문에 선거를 통해 집권하면 된다고 생각했던 것입니다.

위와 같은 대연정 제안은 순전히 노무현 전 대통령의 머릿속에서만 나온 구상이 아니었고, 당시 실무진들이 유럽의 대연정과 동거정부를 연구한 결과를 채택한 것으로 알려져 있습니다. 그러나 노무현의 대연정 제안은 양 진영의 적대적 감정만을 확인시켰고, 참여정부의 토대였던 호남에서의 지지 기반만을 붕괴시켰습니다. 그로부터 12년 뒤인 2017년 박근혜 탄핵으로 이루어진 제19대 대선을 위한 민주당 경선에서 안희정 후보가 대연정을 제안했다가 사그라들었고, '대연정 이슈'는 더 이상 등장하지 않았습니다.

〈대통령제 아래에서의 연립정부 제안〉은 대통령제라는 통치구조를 제대로 이해하지 못한 무지의 산물입니다. 한 가지 예를 들겠습니다. 제20대 대통령 문재인이 당선된 이후에 청와대가 정의당 국회의원 심상정을 고용노동부 장관으로 입각하려 한다는 설이 돌았습니다. 그런데 이러한 하마평을 오히려 심상정 의원이 거부했습니다. 왜 그랬을까요? 고용노동부 장관은 현실적으로 차관급인 청와대의 고용노동수석보다 그 영향력이 약하기 때문이었고, 또한 언제든지 해임당할 수도 있기 때문이었습니다.

대통령제의 행정부는 '대통령 1인'이며, 모든 행정 권력은 대통령으로부터 파생됩니다. 따라서 대통령제의 행정 권력은 대통령과의 거리의 가까움에 비례합니다. 이러한 연유로 대통령과 가까운 비선 실세에 의한 국정농단의 가능성이 대통령제에 본질적으로 잠재되어 있습니다.

만약 우리 정치구조가 의원내각제이고 당시 정부가 민주당과 정의당의 연립내각이었다면, 민주당 출신의 문재인 수상이 연립정당 출신의 심상정 장관을 함부로 경질할 수 없습니다. 그러나 대통령은 의원내각제의 수상과 달리 장관을 수시로 해임하고 새로 선임할 수 있습니다. 결국 대통령제 아래에서 성립된 연립내각은 대통령의 자의에 따라 언제든지 깨질 수 있는 일시적이고 불안정한 체제입니다. 노무현 전 대통령이 지역주의를 타파하겠다는 생각을 가지고 진정으로 제안했을 것이라는 사실을 믿어 의심치 않지만, 그의 진의와 달리 〈대통령제 아래에서의 연립정부〉는 '정치적 쇼'가 될 수밖에 없습니다.

사실 애초부터 대통령제는 합의의 정치가 불가능한 제도입니다. 대통령제는 승자독식의 체제이기 때문입니다. 대통령제의 권력은 '대통령 1인'으로부터 파생되며, 대통령이라는 자리는 나눌 수 없기에 그러합니다. 스테판과 스카치는 『대통령제 민주주의의 실패』The Failure of Presidential Democracy 1994. Stepan and Skatch라는 그들의 저작에서 왜 대통령제가 비례적 다당체제의 의원내각제와 달리 대결적인adversary 특징을 가지는지 그 이유를 다음과 같이 지적했습니다.

대통령제에서는 연립 형태의 협력을 위한 유인이 훨씬 작다. 대통령이라는 자리는 나눌 수 있는 것이 아니다. 대통령은 자기 당이 아닌 다른 정당의 사람도 자기 내각의 일원으로 선택할 수 있다. 그러나 선택된 이들은 개인적으로 선택된 것이지 지속적이고 규율을 갖는 연립의 일원으로 선택된 것은 아니다 (강원택 『대통령제, 내각제와 이원정부제』에서 재인용, 142).

이에 대해 의원내각제의 수상 자리도 나눌 수 없지 않냐고 의문을 제기할 수 있습니다. 그러나 대통령제와 달리 의원내각제는 장관에게 고유한 권한과 지위를 보장하기 때문에, 설령 의회 다수당 대표가 수상의 자리를 차지하더라도 파트너 정당은 내각 일부를 분점하여 연립정부를 구성할 이익을 얻을 수 있습니다. 대통령제에서 야당 인사가 내각에 합류하는 것이 개인적 선택에 불과한 것과 달리 의원내각제에서 소수당 인사의 내각 참여는 오롯이 정당의 권한이자 정당의 선택인 것입니다.

설령 수상의 권력이 월등한 의원내각제, 즉 사르토리의 의원내각제 분류 중 첫 번째 형태인 〈First above unequals〉의 경우에도 마찬가지입니다. 예를 들어 이른바 '수상독재제'라고 불리는 영국의 의원내각제에서 의회 다수당이 단독으로 과반이 되지 못한 경우에 내각을 구성할 수 있는 우선권이 있으며, 이러한 경우를 '형 의회'Hung parliament라고 부릅니다. 아마도 목이 매달려 있는 것처럼 내각이 위태로운 상태에 있다는 표현으로 보입니다. 20세기 이후에 영국 총선에서 과반 의석 정당이 없는 형 의회가 등장한 때는 1929년, 1974년에 이어 2019년 총선이었습니다. 2019년 12월 총선에서 종전 집권당이었던 노동당을 제치고 보수당이 1당이 되었으나 과반을 얻지는 못했습니다. 그러자 노동당의 브라운 총리가 제3당인 자유민주당 및 다른 군소정당과의 연정을 추진하려고 시도하였고, 자유민주당의 닉 클레그 당수가 최다의석을 확보한 정당, 즉 보수당과의 연합을 표방함으로써 브라운의 시도는 무위로 돌아갔습니다. '수상독재제'라고 불리는 영국의 의원내각제에서도 연정파트너 정당의 내각 지위는 보장된다는 의미입니다.

박정훈 대령 사건에서 대한민국 대통령 윤석열은 국방부 장관 이종섭을 '이등병'처럼 다루었습니다. 그러나 의원내각제의 장관은 수상으로부터 독립되어 있고 고유한 권한을 지니게 됩니다. 내각의 장관이 자신의 업무 분야에서 독립적이어야만, 행정부 수반의 권한 남용을 제어할 수 있습니다. 그리고 내각의 장관이 고유한 권한을 지녀야만, 제3당을 내각에 유인할 수 있고, 그래야만 '적대의 정치'가 아닌 '연합의 정치'를 이룰 수 있습니다.

요컨대 우리에게 필요한 것은 행정 권력과 의회 권력을 일치시켜 권력투쟁의 가능성을 줄이고, 그 일치로 인하여 행정부 수반이 가지게 되는 권한 남용의 가능성은 권력 자체를 원천적으로 축소하는 것으로 방비해야 할 것입니다. 즉 사르토리의 의원내각제 분류 중 세 번째 형태 〈First among equals〉, 즉 수상의 권력을 조정자의 역할로 자리매김하고 장관에게 고유하고 독립된 권한을 부여하는 의원내각제가 제왕적 대통령의 부패와 탐욕으로 얼룩진 대한민국 헌정사의 대안이 될 것입니다. 오히려 이원정부제 또는 분권형 대통령제와 같이 대통령과 총리가 권력을 분점하는 구조는 '두 명의 황제'를 옹립하는 것으로, 이는 더 큰 갈등과 권력투쟁을 제도적으로 내재시키는 위험한 발상입니다. 권력투쟁은 오로지 선거기간에만 이루어지도록 단순화시켜야 하며, 선거에서 승리한 다수당이 다음 선거 때까지 책임정치를 이루도록 보장해야 합니다.

다시 한번 반복하면, 정치를 '갈등의 해소와 이해관계의 조정'의 도구로 사용하도록 피지배자가 통치 엘리트에게 강제하려면, 권력투쟁의 가능성을 최대한 제거하고, 권력투쟁의 기간을 단축하고 권력투쟁의 방법을 단순화시켜야 합니다. 덧붙여 '입법무효 국민투표'와 '입법발의 국민투표'와 같은 직접민주주의 제도를 헌법에 도입함으로써 통치엘리트의 부패와 무능을 제어해야 합니다. 그렇게 한다면 우리는 이상적 체제로서의 '민주주의 국가'에 다다를 수 있을 것입니다.

정치적 양극화를 어떻게 해결해야 하는가

먼저 '정치적 양극화'라는 단어를 규명해야 하는데, 이는 정당과 정치지도자, 즉 지배자 측면과 유권자, 즉 피지배자 측면으로 현상됩니다. 전자의 측면에서는 새로운 정치세력, 제3, 4당의 등장이 어렵고, 두 지배정당이 상대방을 토론과 협상의 대상으로 보지 않고 제거해야 할 대상으로 바라보는 적대적인 양상으로 나타납니다. 후자의 측면에서는 유권자들이 두 지배정당에 적극적으로 기속 되어, 자신의 지지 정당의 실패와 오류를 인정하지 않고 상대 정당을 무조건 적대하는 것에 더 나아가 지지자들 쌍방이 서로를 미워하고 분노하는 양상을 보입니다.

위와 같은 정치적 양극화의 주된 원인은 양당 체제이며, 대통령제는 이러한 양당 체제를 더욱 심화시킵니다. 대통령제는 제3, 4당의 등장을 어렵게 하는데, 왜냐하면 대통령제에서 제3, 4당은 대통령을 배출할 수 없기 때문입니다. 양당 체제 대통령제에서는 유권자들에게 자당自黨의 비전과 계획을 설득해서 대통령에 당선되는 것이 아니라, 상대당相對黨의 실패를 공격함으로써 당선되는 것입니다. 이른바

'○○○ 심판론'이 그것입니다.

　영국 내각제도 이러한 현상을 보이고 있는데, 단적으로 보수당-자유당 지배체제가 보수당-노동당 체제로 바뀌는 데에 100여 년이 걸렸습니다. 이러한 연유로 아런트 레이파르트는 그의 저작 『민주주의의 유형』에서 대통령제와 영국 내각제(웨스트민스터 모델)를 하나의 범주로 묶어 '대결적adversary 모델'이라고 이름 붙였습니다. 그리고 서유럽 의원내각제를 '합의제 모델'이라고 이름 붙였습니다. 대결적 모델을 만들어내는 주된 원인은 '소선거구-단순다수대표제'에 있는데, '소선거구-다수대표제'가 소수정당에 대한 지지를 사표死票로 만들기 때문입니다. 그러나 비례대표제를 확대해서 다당체제를 만들더라도, 대통령제를 혁파하지 않으면, 대통령제는 의회를 다시 양당 체제로 수렴시킵니다.

　예를 들어 스페인의 포데모스Podemos는 2015년에 처음 총선에 참여해서, 2020년에 사회노동당의 연립내각에 참여했습니다. 우리로서는 상상도 할 수 없는 사건입니다. 물론 검증되지 않은 세력이 갑자기 권력에 참여하는 것이 우려스럽다는 문제를 제기할지도 모릅니다. 그러나 우리의 현실을 보면, 이런 우려가 우습지 않나요? 도대체 '민정당-민자당-새누리당-자유한국당-국민의힘'이라는 이 정당이 무능하고 부패한 정당이라는 사실이 충분히 검증되었는데, 이들을 쫓아낼 방법이 없습니다. 제22대 총선에서 조국혁신당의 돌풍은 신선한 충격을 주었는데, 그것은 정치판을 갈아엎을 수 있다는 가능성을 보여주었다는 점입니다. 만약 우리에게 서유럽의 선거제도가 갖춰졌다면, 조국혁신당은 70~80석을 얻는 기염을 토했을 것입니다. 신생정당이 아직 능력을 갖추지 못할 수도 있습니다. 설령 그렇다고 하더라도, 만약 신생정당이 실패한다면 그다음 총선에서 안 찍으면 그만입니다.

요컨대 검증되지 않은 세력이 정치에 참여하는 것이 우려스럽다는 주장의 본질은 유권자들의 지적 수준을 과소평가하는 것이자, 민주주의를 불신하는 것입니다. 다양한 정치세력이 존재하게 되면, 현재의 집권당이 실패했다고 해서 반대당을 찍을 수밖에 없는 양당 체제의 딜레마에서 벗어날 수 있습니다. 그렇기에 지금 당장 의원내각제 개헌을 못하더라도, 반드시 비례대표제를 확대하는 선거법 개정을 이루어야 합니다.

권력을 어떻게 분산시킬 것인가

　박근혜 탄핵사태나 윤석열 탄핵사태와 같은 제왕적 대통령제의 문제점이 드러날 때마다 대통령의 권한 남용에 대한 대비책으로 대통령의 권력을 분산시켜야 한다는 주장이 제기되었습니다. 그 구체적인 방법으로 책임총리제 또는 이원정부제가 거론되고 있습니다. 대통령과 총리에게 권한을 배분한다는 아이디어입니다.

　대통령의 권한 일부를 이전받은 총리가 대통령에게 종속되지 않기 위해서, 책임총리제 또는 이원정부제 모두 의회가 총리를 임명해야 한다고 전제하고 있습니다. 그런데 대통령의 당이 의회의 다수당이면 대통령의 당이 지명한 총리는 실질적으로 대통령으로부터 독립적일 수 없습니다. 대통령과 총리가 충돌할 때 국민 전체로부터 신임을 얻은 대통령에 대해 총리가 저항하는 것은 정치적 명분을 가지기 어렵기 때문입니다. 더구나 의회 다수당이 대통령의 당이라면 대통령이 총리를 해임하더라도 의회가 이를 묵인할 것입니다. 앞서 설명했던 것을 반복하면, 프랑스 제5공화국 제2대 조르주 퐁피두 대통령은 전형적인 보수파인데 반해 샤방 델마스 총리는 진보적 입장이었고, 복지 정책을 두고 서로 마찰이 생겼습니다. 그러자 퐁피두는 1972년 델마스를 해임하고 자기 측근이 피에르 메스메르를 총리로 임명하였습니다. 제3대 대통령인 지스카르 데스탱 대통령도 임기 초 시라크를 총리로 임명했다가 경제정책에서 갈등이 생겨 시라크를 해임하고 레몽 바르를 총리로 임명했습니다. 결국 이원정부제의 대통령이 총리를 마음대로 해임할 수 없는 때는 대통령의 소속 정당이 의회의 소수당인 경우, 동거정부, 즉 코아비타시옹Cohabitation인 경우뿐입니다.

반면 대통령의 당이 의회의 소수당이면 여소야대 국회가 지명한 총리의 행정권은 대통령과 충돌할 수밖에 없습니다. 대한민국 20대 행정부를 예로 든다면, 대통령은 윤석열, 총리는 이재명이 되었을 것입니다. 당시 민주당이 의회 다수 의석을 차지한 것만으로도 행정권력과 의회권력의 쉼 없는 충돌이 있었는데, 민주당의 당대표가 총리로서 행정권 일부를 장악한다면 그 갈등은 더욱 격화되었을 것입니다. 이것은 권력의 분산이 아닌 권력투쟁을 제도적으로 내재시키는 것입니다. 게다가 대통령과 총리의 권한 남용도 방지하지 못하며, 끊임없는 갈등과 상호 간의 공격이 정권 내내 계속될 것입니다.

이러한 양상은 프랑스의 대통령제에서 이미 현실로 드러났습니다. 대통령의 당이 의회의 다수당일 때 총리는 대통령을 견제하지 못하며, 미국식 대통령제보다 더욱 강한 대통령의 권한이 행사되었습니다. 이 경우를 '하이퍼 프레지덴셜', 즉 과대 대통령이라고 지칭할 정도입니다. 반면 대통령의 당이 의회의 소수당일 때 의회 다수당이 지명하는 총리가 실질적으로 의원내각제로 운영하며, 이를 동거정부라고 부릅니다. 그러나 이 경우에 대통령과 총리의 권력 충돌이 잠재되어 있음은 물론입니다.

애초에 대통령제를 폐지하지 않는 한, 대통령의 권력을 결코 분산시킬 수 없으며, 또 다른 권력투쟁을 내재하게 됩니다. 차라리 행정부 수반의 권한 자체를 축소하고, 의회권력과 행정권력을 일치시키는 것이 권력 남용을 방지하고 행정의 효율성을 높이는 비책이 될 것입니다. 그러한 제도가 바로 의원내각제입니다.

'대통령은 내가 뽑으니까 믿을 수 있지만, 수상은 의회가 뽑으니 믿을 수 없다'는 생각의 오류

2025년 5월 14일 루마니아 대통령 선거 1차 투표에서 41%로 1위를 차지한 극우 민족주의 후보 제오르제 시미온에 비해 21%에 그쳤던 시민운동가 출신의 니쿠쇼르 단이 19일 결선투표에서 50%가 넘는 득표율로 극적인 역전승을 거두어 대통령에 당선되었습니다.

파리 소르본대학에서 수학 박사 학위를 받은 니쿠쇼르는 귀국 후 학계를 떠나 사회운동에 뛰어들었습니다. 스캔들도 없고 기득권과 거리가 먼 아웃사이더였던 그는 기성 정치권에 염증을 느낀 유권자들의 호감을 샀습니다. 과격하고 선동적인 언행을 펼쳤던 극우 후보 시미온과 다르게 정직하고 꾸밈없는 태도를 보였던 니쿠쇼르는 우리의 노무현이나 이재명을 떠올리게 하였습니다.

대한민국 국민의 대다수는 여전히 대통령제가 유지되어야 한다고 생각하는데, 그 이유는 위와 같이 국민이 괜찮은 사람을 대통령으로 직접 뽑을 수 있다는 점 때문입니다. 탐욕에 찌든 여의도의 국회의원들이 자기들끼리 뽑은 수상은 믿을 수 없다는 것입니다. 그리고 기성 정치권의 때가 묻지 않은 노무현, 이재명과 같은 사람을 지도자로 뽑으려면 국민이 직접 뽑을 수 있어야 한다는 것입니다. 같은 이유로 국회의원들끼리 해먹는 의원내각제는 더 믿지 못하겠다고 생각합니다. 2025년 4월 7일자 오마이뉴스에 제가 의원내각제 도입을 주장하는 기사를 올렸는데, 다음과 같이 반대하는 댓글이 붙었습니다.

ldar****

2025.04.07. 16:18

난 대통령보단 국회의원 카르텔을 더 불신한다. 대통령은 해임이라도 가능하지, 국회의원은 불체포특권, 면책특권, 잘못을 저질러도, 임기 다할 때까지 3심 대법원 심판 끝까지 끌어서 임기 누릴 것 다 누리고, 사실상 임기 중 해임이 불가능한데. 국민 손으로 직접 총리를 선출하지 않는 내각제는 국회의원 카르텔끼리 세습하면서 계속 해먹을려고, 무슨 망해도 우리 손으로 뽑고, 맘에 안들면 국민이 해임한다.

papa****

2025.04.08. 03:10

의원내각제는 더 심각해질 수 있다는걸 모르네~
일본을 보고도 그런 생각이 드는가?

그러나 위와 같은 생각에는 뿌리 깊은 환상과 오류가 있습니다. 깨끗하고 능력 있는 사람을 매번 지도자로 선택할 수 있다면 더할 나위가 없지만, 현실은 그렇지 않기 때문입니다. 예를 들어 노무현 다음으로 뽑힌 대통령이 이명박이었다는 사실을 떠올리면 쉽게 이해할 수 있습니다. 뿌리 깊은 양당정치는 유권자들 상당수를 두 개의 진영으로 갈라놓았고, 그로 인해 두 번의 민주당 대통령 뒤에는 어김없이 보수당 대통령이 선출되었습니다.

그런데 현재의 보수당이 기본적인 적격성을 갖추지 못했다는 데에 큰 문제가 있습니다. IMF 사태가 발생했을 당시에 현재의 보수당 세력은 모두 축출되었어야만 했습니다. 그들 대다수는 정권의 획득과 개인의 이익 추구를 동일시하는 이들로, 자신들에 대한 비판 세력을 빨갱이라고 운운하면서 20세기의 냉전이데올로기를 그대로 뱉어내는 비상식적인 집단입니다. 급기야 2024년 12월에 윤석열은 위헌적인 계엄을 선포하고 2차 내란을 감행하기에 이르렀습니다.

이 같은 보수당 세력이 계속 힘을 발휘하는 그 근저에 바로 대통령제가 있습니다. 이들은 새로운 대통령 후보를 수혈해서 민주당을 비판하면서 다시 집권을 해왔습니다. 중도층의 스윙 보팅이 가세한 결과입니다. 그렇다고 중도층을 비난할 수 없습니다. 현 집권당의 실패에 책임을 지울 수밖에 없기 때문입니다. 중요한 것은 새로운 정치세력의 성장을 차단하는 양당 체제를 더욱 강하게 만드는 것이 바로 대통령제라는 사실입니다. 예를 들어 비례대표제를 확대해서 다당체제를 구축했다고 하더라도, 대통령제는 의회를 다시 양당체제로 수렴시킵니다. 왜냐하면 유권자들의 전략적 투표 행동으로 인하여, 제1, 2당을 제외하고 제3, 4당의 대통령 후보는 당선될 수 없기 때문입니다. 단순다수대표제를 통해 양당체제를 구축하고 있는 영국과 미국을 비교하면 쉽게 알 수 있습니다. 그래도 의원내각제인 영국에서는 적은 의석의 제3당들이 그나마 명맥을 유지하고 있지만, 대통령제인 미국에서는 이미 제3당이 소멸한 지 오래입니다.

한편 대통령을 직접 뽑는다고 그를 통제할 수 있는 것이 아닙니다. 직선제는 권력 성립에만 작동하고, 권력 행사에 작동하는 장치가 아니기 때문입니다. 대통령을 직접 뽑는다고 그를 민주적으로 통제할 수 있다고 생각하는 것은 '공화주의적 환상'에 불과합니다. 오히려 직선제 대통령은 자신이 국민 전체로부터 직접 뽑혔다는 사실을 근거로 자신의 권력을 제한 없이 행사해 왔습니다. 이러한 역리逆理가 대한민국 정치사를 권한 남용의 오욕으로 점철케 하였던 것입니다. 이는 이스라엘에서 직선제로 선출된 수상이 그 권한을 남용했던 사례와 같은 맥락에 있습니다.

이스라엘의 수상 직선제의 실패

　대통령 중심제와 의원내각제를 구분하는 일반적 기준의 하나가 행정부 수반을 선출하는 방식이 다르다는 점입니다. 대통령제에서는 국민의 직접 선거로 대통령을 선출하고, 의원내각제에서는 의회의 다수당이 총리 또는 수상을 선출합니다. 그런데 의원내각제 국가인 이스라엘에서 총리를 직접 선출하는 선거가 1996, 1999, 2001년 등 세 차례에 시행된 적이 있었습니다. 국회의원 선거와는 별도로 총리를 국민이 직접 선출했는데, 다만 직선 총리에게 국가원수의 지위를 부여하지 않아, 상징적인 국가원수인 대통령은 간선제로 선출하였습니다.

　그런데 총리, 즉 수상을 직접 선거로 선출하자, 대통령제의 대표적 현상이 나타났습니다. 그것은 분점정부, 즉 여소야대로 인한 정국 불안이 나타났습니다. 국민투표에 의해 소수당 후보가 총리로 선출되고 그 총리가 내각을 구성한 뒤 정쟁이 발생하자, 의회 다수당이 내각을 불신임하고 총리가 의회를 해산하여 재총선을 실시함으로써 권력 갈등이 속출한 것입니다. 결국 이스라엘은 기존의 의원내각제

2001년 총리 직접선거를 마지막으로 이스라엘은 기존의 의원내각제로 회귀하였고, 총리직선제에 관한 논의에서 이스라엘의 사례는 유력한 부정적 근거로 기록됐다. (이미지 : PublicDomainPictures, Pixabay)

로 회귀하였고, 총리직선제에 관한 논의에서 이스라엘의 사례는 유력한 부정적 근거로 기록되었습니다. 영국과 일본에서도 총리직선제는 오래전부터 논의되었던 주제로, 일본에서는 '수상공선제'라고 부르고 있습니다.

한편으로 의회 다수당에서 수상이 선출된 경우와 달리 국민으로부터 직접 선출된 수상은 과도하게 권력을 행사하려는 경향을 보였습니다. 그 이데올로기적 근거는 일반적인 내각제의 총리와 비교하여 자신이 국민으로부터 직접 뽑혔다는 '민주적 정당성' 때문이었습니다. 결국 역사적으로 실패한 이 제도를 다시금 복원시키려는 정치인들의 속내도 여기에 있습니다. 2022년 총선에서 재집권에 성공한 이스라엘 총리 벤야민 네타냐후Benjamin Netanyahu가 자신의 개혁 정책에 드라이브를 걸기 위해 총리직선제 부활을 내걸었습니다. 또한 2022년 9월 총선에서 집권한 이탈리아 형제당의 대표이자 유럽보수개혁연합의 대표인 조르자 멜로니Giorgia Meloni 총리도 2023년 총리직선제 개헌안을 제시하고, 이 개헌안을 '모든 개혁의 어머니'라고 부르면서 행정부 수반의 권력 강화를 주창하고 있습니다. 원래 멜로니는 대통령제 개헌을 총선 공약으로 내세웠다가 집권 이후에 총리직선제로 개헌의 방향을 바꾸었습니다.

정리하면 총리직선제가 대통령제와 완전히 동일한 현상을 보인다는 것입니다. 국민으로부터 직접 뽑혔다는 이유로 총리가 권력의 강화를 시도한다는 점과 여소야대로 인해 행정권력과 의회권력이 충돌하는 사례가 나타난다는 점입니다.

설령 이탈리아가 대통령제로 개헌하거나 총리직선제로 개헌하더라도, 대통령 혹은 직선 총리가 과도하게 권력을 남용하는 폐해에 부딪혀 다시금 의원내각제로 회귀할 것입니다. 행정권력과 의회권력이 일치하지 않는 때에는 정쟁으로 사회적 비용을 낭비할 것이고, 대통령의 당과 의회의 다수당이 일치할 때는 대통령을 견제하지 못해 대통령에게 부여된 지나친 권한으로 인해 부패와 무능을 초래할 것입니다. 대통령이나 직선 총리를 국민이 직접 뽑는다고 해서 국민이 그를 통제할 수 있는 것이 아니기 때문입니다.

대통령이나 수상이 직접 뽑히는 순간, 그는 국민 전체로부터 직접 뽑혔다는 사실을 강조하며 의회보다 더 큰 권한을 행사하려고 합니다. 따라서 행정부 수반의 권한을 애초부터 제한함으로써 그 권한의 남용을 봉쇄해야 합니다. 요컨대 의회권력과 행정권력을 일치시키고, 행정부 수반의 권한은 제한하는 형태의 의원내각제가 대통령제나 총리직선제보다 월등히 우월한 권력구조임은 물론입니다.

의원내각제를 '통일주체국민회의'와 동일시 해서는 안된다

　박정희가 1972년 10월 유신을 통해 대통령의 선출 방식을 통일주체국민회의의 간선제로 바꾸었습니다. 그 뒤 12·12 쿠데타로 집권한 전두환의 5공 헌법도 같은 규정을 두었는데, 전두환이 이러한 헌법을 바꾼다고 하였다가 그대로 유지하였습니다. 그러자 시민들이 헌법을 그대로 둘 수 없다고 주장했던 것이 '호헌護憲 철폐'이고, 그로부터 1987년 6월 항쟁이 시작되었습니다. 우리 국민은 이같은 항쟁을 통해 '대통령 직선제'를 쟁취하였던 연유로 의원내각제에 대해 깊은 불신을 지니고 있습니다. 왜냐하면 우리 국민 중 상당수는 의원내각제를 통일주체국민회의에 의한 간선제와 같은 것으로 생각하고 있습니다.

　그러나 간선제의 대통령과 내각제의 수상은 명백히 다릅니다. 전자의 권한이 행정 권력 전부에 미치고 대통령이라는 한 사람이 모든 행정 권력의 근거가 되는 '1인 행정부'인데 반하여, 후자는 각부의 기본방침을 정하고 각부의 업무가 중첩되는 때에 그 조정자 역할을 하는 것으로 그칩니다.

분명히 간선제 대통령보다는 직선제 대통령이 좀 더 '민주적'이기는 하지만, 직접 뽑는다고 해서 대통령을 통제할 수 있는 게 아니라는 사실을 우리는 너무도 뼈저리게 겪었습니다. 오히려 전 국민으로부터 권한을 위임받았다는 사실은 대통령으로 하여금 권한 남용을 허용하게 하는 헌법적 근거가 될 뿐이었습니다. 따라서 직접 뽑았지만 통제할 수 없는 대통령보다는 간접적으로 뽑는 대신 권한이 축소된 내각제 수상이 피지배자의 입장에서 훨씬 낫습니다.

　그렇다면 의원내각제를 취하되 국민이 수상을 직접 뽑는 것은 어떤가라는 의문을 가질 수 있습니다. 앞서 살폈던 것처럼 '수상 직선제'를 채택했던 이스라엘에서 놀랍게도 대통령제와 동일한 현상이 일어났습니다. 의회 다수당과 수상의 당이 일치하지 않으면 여소야대로 인한 정국의 불안이 초래되었고, 의회 다수당과 수상의 당이 일치하게 되면 국민으로부터 직접 뽑혔다는 정치적 이유를 근거로 수상이 무소불위의 권력을 휘두르는 경향이 나타났습니다.

'의원내각제는 불안정한 정국을 초래한다'는 평가는 어떻게 생겨난 것일까

정치학 교과서나 헌법학 교과서에서 의원내각제의 대표적인 단점으로 지적하는 것이 '내각의 잦은 교체'와 그로 인한 '정국 불안'입니다. 그렇다면 의원내각제가 불안정한 정국을 초래한다는 이러한 평가는 어떻게 생겨난 것일까요?

그것은 의원내각제였던 프랑스 제3공화정에서 1871년부터 1940년까지 70년 동안에 무려 106개의 내각이 교체되었던 헌정사 때문이었습니다. 그 뒤 제4공화정의 의원내각제도 1945년 11월부터 1958년 6월까지 13년간 26개의 내각이 교체되었습니다. 제3공화정의 내각 평균수명은 8개월, 제4공화정은 6개월 정도로, 1년 이상 지속된 내각은 하나밖에 없었습니다. 제3공화국의 실패 원인을 의회의 우위와 행정권의 약화로 평가한 프랑스 제4공화국 헌법은 수상의 권력 강화를 통해 내각의 불안정을 극복하려고 했습니다. 그러나 제4공화정의 내각도 잦은 이합집산으로 교체되었고, 결국 프랑스 엘리트들은 '의회 우위의 의원내각제'가 실패했다고 결론을 내렸습니다.

그렇게 해서 강력한 행정권을 가진 대통령제를 제5공화국 헌법으로 기초하였던 것입니다. 여기에는 1940년 6월부터 4년여 동안 독일 나치의 지배를 받았던 역사적 경험도 한 원인이 되었습니다. 프랑스 정부가 강력하지 못했기 때문에 독일로부터 지배당했다고 프랑스 국민이 생각했던 것입니다. 그런 연유로 프랑스 국민이 대독 저항운동의 선두에 섰던 샤를 드골을 영웅적으로 추앙하였고, 그 결과 드골파가 당시 제5공화국 헌법에서 대통령제를 주도하였습니다.

그렇다면 과연 의원내각제는 실패한 제도일까요? 내각의 잦은 교체는 무엇 때문이었을까요? 정말 수상의 권력이 약했던 때문일까요? 제5공화국 헌법으로 의회해산권과 막대한 비상대권을 가지는 프랑스 대통령제는 과연 아무런 문제가 없을까요?

내각이 자주 교체되었던 원인을 프랑스 엘리트들은 수상의 집행권이 약했기 때문이라고 평가했는데, 이는 근원적인 것이 아니었습니다. 수상의 집행권이 약했던 이유는 의회의 다수 의석을 확보하지 못한 탓이었고, 당시에 의회의 다수 의석 확보가 불안정했던 근본적인 이유는 정당의 지나친 난립에 있었습니다. 예를 들어 프랑스 제4공화국 헌법은 공산당, 사회당, 인민공화운동파MRP 3당이 타협한 결과였는데, 헌법이 제정된 지 4개월 만에 공산당이 이탈함으로써 내각은 군소정당과 끊임없는 이합집산을 할 수밖에 없었습니다.

여기서 위와 같은 정당의 지나친 난립이 보편적인가 아니면 예외

19세기~20세기 중반까지의 프랑스 정당들은 엘리트 그룹이 수동적인 대중을 계몽하고 선도하는 전위주의前衛主義 결사체였다. (이미지 : Gerhard Bögner, Pixabay)

적 현상인가를 주목해야 합니다. 만약 정당의 난립이 보편적 현상이고 이를 막을 장치가 없다면, 의원내각제는 실패한 제도라고 볼 수밖에 없습니다. 그러나 정당의 난립이 예외적 현상이었다면, 의원내각제를 실패한 제도라고 생각한 프랑스 제5공화국 헌법 기초자들이 틀렸다고 결론내릴 수 있을 것입니다.

고등교육의 보편화로 유권자들의 정치적 자각이 확립된 21세기의 시각에서 볼 때, 하나의 정당은 그와 같은 사상과 세계관을 가진 일정한 유권자 그룹이 반영된 상부구조입니다. 예를 들어 2025년 극우 정당으로서의 국민의힘은 대한민국 극우파 10%를 정치적으로 반영하고, 그 외 20여%의 보수적 유권자들을 과대대표誇大代表하고 있는 결사체입니다.

그러나 19세기~20세기 중반까지의 프랑스 정당들은 엘리트 그룹이 수동적인 대중을 계몽하고 선도하는 전위주의前衛主義 결사체였습니다. 따라서 실제 유권자 대중은 분리되어 있지 않음에도 엘리트 그룹 자체는 끊임없는 분화를 거쳤는데, 그 대표적 사례가 사회당과 공산당의 분리입니다. 그런데 이러한 정치과정은 이미 오랜 역사를 거친 것이었습니다. 1789년 프랑스 혁명 이후 군주제를 철폐하고 의회를 소집한 이래, 공화주의자들 사이에 자코뱅파, 지롱드파, 에베르파 등 끊임없는 정치적 결사의 분화가 있었고, 그 권력투쟁은 상대를 처형하고 승자가 독식하는 적대적 대립의 과정이었습니다. 대중적 기반이 없는 엘리트들 사이에서의 이데올로기적 분열, 상대를 제거하는 적대적 정치문화가 정당의 난립을 가져온 배경이었습니다. 따라서 이러한 배경을 경계한다면, 정당의 난립을 걱정하지 않고 의원내각제라는 제도의 장점을 충분히 활용할 수 있습니다. 21세기 서유럽의 의원내각제 국가들이 프랑스 제3, 4공화정의 전철前轍을 밟지 않고 있다는 역사적 사실이 이를 증명합니다.

정당의 난립을 비판했던 이탈리아의 정치학자 지오반니 사르토리 Giovanni Sartori는 양당 체제의 장점을 지지하였는데, 양당 체제는 지금에 이르러 심각한 문제를 드러냈습니다. 두 개의 정당이 주기적으로 지배권을 교환함으로써, 권력을 과두적寡頭的으로 독점한다는 점입니다. 예를 들어 민주자유당-신한국당-한나라당-새누리당-자유한국당-국민의힘으로 이어온 대한민국의 보수당은 IMF 사태로 그 정치적 무능력과 부패가 드러나 정치판에서 축출되어야 할 세력임이 증명되었습니다.

그러함에도 이들은 민주당에 대한 적대적 감정을 국민에게 종용하고 그러한 적대적 감정을 활용하여 10년을 주기로 권력을 주고받아 왔습니다. 단순다수대표제 아래에서 유권자들의 전략적 투표 행동으로 인해 제3, 4당의 후보는 결코 대통령에 당선될 수 없기에, 장기적으로 제3, 4당은 소멸할 수밖에 없는 것이 대통령제의 본질적 특징입니다. 즉 대통령제가 유지되는 한 국민의힘 당은 결코 소멸하지 않으며, 거꾸로 이준석의 개혁신당이 소멸할 것입니다. 이준석은 국민의힘 후보가 되지 않는 이상 대통령에 당선될 수 없으며, 국민의힘 후보로 당선된 이상 개혁보수는 극우세력에게 잠식될 수밖에 없습니다. 즉 대통령제가 존속되는 한 개혁보수가 보수 유권자들을 대표하는 것은 불가능한 것입니다.

만약 의원내각제로 개헌한다고 가정한다면, 중도정당으로서의 민주당, 친노동을 표방하는 진보정당, 극우정당으로서의 국민의힘, 개혁보수당 정도가 유권자들로부터 표를 얻을 것이며, 그 외에 우려할 만한 정당의 난립은 없을 것입니다. 대통령 한 사람을 뽑는 선거에서는 당연히 전략적 투표 행동이 나타날 수 있지만, 전략적 투표 경향이 상대적으로 희석되는 국회의원 선거에서는 개혁보수당이 극우 정당을 서서히 앞서 나갈 수 있을 것입니다. 그리고 비례대표제를 확대하여 유권자들의 투표가치를 높인다면, 개혁보수당의 득세를 도울 수 있습니다. 개혁보수당의 성장이 중요한 이유는 민주당의 반대편에 합리적인 카운터파트counterpart가 존재해야 하기 때문입니다. 민주당이 오십년, 백년 집권할 수 없으며, 민주당이 실각한 때에 합리적이고 상식적인 정부가 들어서야 하기 때문입니다. 또한 민주당이 오류를 저지르고 정책적 실패를 거듭할 때, 민주당도 또 다른 정당으로 대체되어야 하기 때문입니다. 이준석이 과연 합리적 보수파인지 의문의 여지가 있습니다. 그의 정치적 언어가 차별적이고 혐오를 바탕에 두고 있어 신뢰하기 어렵습니다. 그러나 그가 실존적으로 '극우정당으로서의 국민의힘'으로부터 자신을 분리하고 있다는 점에서, 이 정당이 좀 더 보수적 유권자들을 포섭하도록 정치환경을 바꾸어야 합니다.

현재 대한민국의 대통령제가 위험한 이유는 민주당 대통령이 실각한 뒤에, 보수당 출신에서 합리적이고 상식적인 대통령이 나오기 어렵다는 데에 있습니다. 2025년 5월 국민의힘 의원 중 상당수가 또다시 한덕수 전 국무총리를 자신들의 대통령 후보로 밀었던 것을 보면, 이들이 미래에 저지를 행동을 예측하는 것이 그리 어려운 일이 아닙니다. 또한 2025년 6월 대선을 앞두고 친윤 인사가 개혁신당 이준석 후보에게 대선 이후 당권을 주겠다고 하면서 단일화를 제안했다는 설이 있었습니다. 이에 대하여 국민의힘 배현진 의원이 "한덕수 전 국무총리를 당권의 숙주로 삼아 보려던 친윤이 끊임없이 생존 숙주를 찾는 기생충이나 하는 짓"을 벌였다고 지적했습니다(2025년 5월 22일자 아시아경제 〈배현진 "당근 거래도 아니고 당권거래? 숙주 찾는 기생충들이나 하는 짓"〉). 같은 당 의원의 눈에도 그들은 '숙주를 찾는 기생충'으로 보였던 것입니다. 이들 집단의 근본적 특징은 권력의 획득과 개인적 이윤의 추구를 동일시하고 이를 당연하게 생각한다는 데에 있습니다. 그런 연유로 2035년에 당선될 보수당 대통령에 대해 또다시 탄핵사태가 예견되는 것입니다.

일본식 내각제와 서유럽의 내각제는 어떻게 다른가

우리 국민은 일본의 내각제를 부패한 정치체제로 혐오하며, 그것을 내각제 모델의 전부로 오해하고 있습니다. 2025년 4월 7일자 오마이뉴스에 제가 의원내각제 도입을 주장하는 기사를 올렸는데, 다음과 같이 반대하는 댓글이 붙었습니다.

papa****

2025.04.08. 03:10

의원내각제는 더 심각해질 수 있다는 걸 모르네~일본을 보고도 그런 생각이 드는가?

wang****

2025.04.07. 15:23

일본 꼬라지 보고도 내각제? 그들만의 리그가 될 텐데, 일본만이 아니라 내각제시스템 국가들 보면 지들끼리 되물림하고 걍 현대판 귀족체계지

yky5****

2025.04.08. 10:30

내각제해서 니들끼리 대통령 뽑고 맘대로 하게~!!! 대를 물려가며 정치하게~!!!!

도둑놈들~!!!! 내각제 반대한다~!!!!

cyjj****

2025.04.10. 15:10

국민들이 유사 민주주의 내각제 그리고 국회의 국개의원 군림, 절대 반대한다. 물타기 하고 있네

실제로 김종필과 박철언에 의해 추진되었던 내각제 개헌도 일본식 내각제였습니다. 그렇다면 일본식 내각제와 서유럽 내각제는 무엇이 다를까요?

일본식 내각제가 수상에게 과도한 권한을 부여한다는 차이점도 있지만, 근본적인 차별점은 선거제도에 있습니다. 아런트 레이파르트는 그의 저작 『민주주의의 유형』에서 일본식 내각제의 원형인 영국식 내각제를 대통령제와 같은 범주로 분류하고, 대결적 모델이라고 불렀습니다. 이 모델의 특징은 소선거구-다수대표제에 의한 양당 체제입니다. 이 선거제도는 유권자들 다수의 의사를 사표死票로 만들고 실제 득표율보다 과대 의석을 점유할 수 있게 합니다. 2005년 영국 총선에서 노동당은 전체 투표 중 불과 35.3%만 득표하고도 55.1%의 의석을 차지했습니다. 2017년 10월 22일 일본 중의원 선거에서 아베 신조의 자민당은 전체 표의 48%를 얻었음에도 전체 289

석 중 75%인 218석을 얻었습니다. 또한 소선거구-다수대표제에서는 제3당의 후보가 당선되기 어려워 적대적 양당 체제를 고착화시킵니다. 영국 정당사를 살피면, 보수당-자유당 체제에서 노동당-보수당의 지배체제가 되는 데에 100여 년이 걸렸습니다. 이는 소선거구-다수대표제가 새로운 정치세력을 억제하고 현재의 정치세력을 고착시킨다는 사실을 반증합니다.

쉽게 말해서 일본식 내각제의 가장 큰 문제는 현재의 지배체제를 교체하기가 너무 어렵다는 사실에 있습니다. 그런데 대통령제도 마찬가지로 부패한 지배체제를 교체하기 어려운 통치구조입니다. 그러한 주된 이유가 선거제도임은 물론입니다. 반면 비례대표제를 채택하여 다당체제를 구축한 것이 서유럽 의원내각제 모델입니다. 이 모델이 바람직한 이유는 제3당이 성장할 수 있는 경로를 갖추었다는 점입니다. 제3당이 성장할 수 있다는 것은 종전의 지배체제를 교체할 수 있다는 사실을 의미합니다. 기존 지배정당이 해결하지 못한 문제들을 비판하는 소수당이 유권자들로부터 신임을 얻어 제3당으로 의회에 입성하고, 연립정부의 파트너가 되어 정책 능력을 보인 뒤에, 새로운 수권정당으로 성장할 수 있게 되는 것입니다. 이렇게 함으로써 종전의 제1, 2당 대신에 새로운 제3당이 지배정당으로 대체되는 가능성이 제도화되는 것입니다.

이러한 연유로 소선거구-다수대표제를 혁파하고 비례대표제를 확대해야 합니다. 그래야 새로운 정치세력이 등장할 수 있고, 부패한 세력을 축출할 수 있습니다. 2025년 1~2월 다수의 국민의힘 의원들이 윤석열 탄핵에 반대했습니다. 이에 대해, 윤석열의 내란 행위에 동조하는 것이라면서 국민의힘을 위헌 정당으로 해산해야 한다는 주장이 있었습니다. 그런데 설령 헌법재판소가 국민의힘을 위헌정당으로 해산하더라도, 그들은 다른 이름으로 다시 결사할 것이며, 대한민국 정치사에서 쉽게 사라지지 않을 것입니다.

중요한 것은 극우파 10%가 보수적 유권자 전부를 대표하는 현상을 막아야 한다는 데에 있으며, 그렇게 하려면 보수층의 분화를 유도해야 합니다. 이를 위해서는 첫째, 비례대표제를 확대해서 합리적 보수층을 대변하는 정당이 의회에 입성할 수 있게 해야 합니다. 둘째, 진보-보수의 일대일 구도를 청산해야 합니다. 이렇게 하면 대한민국 극우파를 의회의 소수당으로 구축驅逐시킬 수 있습니다. 극우 정치세력은 결코 제거할 수 없는데, 그 이유는 그러한 생각을 가진 국민이 전체 유권자 중 10%를 차지하기 때문입니다. 이들은 박정희의 산업화 신화를 이데올로기로 신봉하며, 다른 의견과 다양한 토론 문화를 무질서로 이해합니다. 자신과 다른 견해를 가진 사람을 '반국가세력 또는 간첩'이라고 생각합니다. 그리고 가장 중요한 사실은 합리적인 보수층을 대표하는 정치세력이 없기에 극우파 10%가 보수층 전부를 과대대표하는 것입니다.

지역대표가 시민들의 의사를 직접 대변할 수 있다는 것도 근거가 박약한 환상입니다. 국민이 대통령을 직접 뽑는다고 해서 그를 통제할 수 없듯이 지역민들이 지역구 국회의원을 직접 뽑는다고 해서 그를 직접 통제할 수 없습니다. 보통선거권은 권력 형성과정에만 관여할 뿐, 권력 행사과정에는 작동할 수 없기 때문입니다. 오히려 지역대표제는 대중들의 영웅 숭배 현상만 강화합니다. 오히려 비례대표가 사표 없이 국민의 의사를 비례적으로 대표합니다.

소선거구-다수대표제를 폐지하고, 비례대표제를 확대하고, 일대일 구도를 혁파하는 방향으로 선거제도를 정비하면, 합리적인 보수층과 극우파를 분화시킬 수 있을 것입니다. 그리고 여러 정당이 다양하게 선택의 대상이 되면, 양당 체제에서 스윙 보터들이 반대당에 집중하는 현상이 사라질 것입니다. 그렇게 되면 2028년 4월 10일 선거에서 미국식 중간선거의 굴레에서 벗어날 수 있을 것입니다.

대통령제에서 제3당은
어떤 전략을 가져야 하는가

2025년 6월 1일자 프레시안에 박노자 오슬로대학교 교수가 〈박노자가 권영국 후보를 지지하는 이유〉라는 기사를 기고했습니다.

미국이나 한국과 같은 양당제 국가에서는 과연 양당이란 "최상위 10%"와 "나머지 90%"의 양당일까요? 전혀 그렇지 않다는 것을, 삼척동자도 알 것입니다. 미국에서 대자본은 보험에 가입하듯이 민주, 공화 양당에 다 정치 기부합니다. 한국 역시 대자본은 주류 양당과는 다 네트워킹이 돼 있는 상태입니다. 일부 특정 정책을 제외하면 주류 양당의 경제정책은 서로 다르지 않은 경우들이 많습니다. 예컨대 임기 말에 수정했지만, 박근혜 적폐 정권이 도입한 부동산 임대 사업자 등록제, 다주택 소유자인 임대 사업자를 위한 세제 혜택 등을, 문재인 정권도 초기에는 오히려 확대 시행하여 부동산 가격 폭등을 자초한 면이 있습니다. 촛불로 정권이 바뀌고 적폐의 수괴인 박근혜가 탄핵이 인용돼 재판을 받아 감옥에 갔어도, 양당 사이에 정권이 바뀌는 그 상황 속에서 부동산 정책의 흐름은 오히려 그대로 고스란히 이어진 것입니다. 그게 자연스러운 일이 아닐 수 없습니다. 주류 양당은 공통으로 "자본"의 이해관계에 우선순위를 두기 때문입니다.

박노자 교수는 양당제가 한국 정치 발전에 걸림돌이 될 것이기에 독립적인 민중정당이 절실히 필요하다고 주장합니다. 우리의 대통령제 역사 이래에 수많은 제3당이 있었습니다. 예를 들어 진보적 성향인 민주노동당, 통합진보당, 정의당 등의 정당이 있었고, 보수적 성향으로 자유민주연합, 바른미래당, 자유통일당의 정당 등이 있었습니다.

그런데 대통령제 아래에서 제3당의 후보는 결코 대통령에 당선될 수 없습니다. 유권자들의 전략적 투표행동Strategic voting, Tactical voting으로 인해 제1, 2당의 후보가 번갈아 대통령으로 당선되었습니다. 결국 제3당은 대통령제의 역사에서 장기적으로 소멸하는 운명에 필연적으로 서 있습니다.

예를 들어 민주당의 케네디와 공화당의 닉슨이 대결했던 1960년 미국 대통령 선거에서 사회노동당, 주권당, 입헌당 등의 후보가 있었습니다. 그러나 승자독식 구조인 대통령제는 민주당과 공화당만을 남겨 놓았고, 현재의 미국 국민 대부분은 위와 같은 정당이 있었다는 사실조차 기억하지 못합니다. 즉 단순다수대표제 아래의 대통령제는 필연적으로 양당 체제를 구축할 수밖에 없습니다. 따라서 설령 비례대표제를 확대하여 제3, 4당이 의회에 진입한다고 하더라도, 대통령제가 폐지되지 않는 한 제3, 4당은 장기적으로 소멸하고 의회는 다시 양당체제로 수렴하게 될 것입니다.

제21대 대통령선거를 하루 앞둔 2025년 6월 2일 권영국 민주노동당 후보는 "저에게 던지는 표는 '사표'가 아닙니다"라고 마지막 유세를 펼쳤습니다. 그러나 19대와 21대와 같은 다자대결이라면 제3당에 대한 투표는 '사표'死票, wasted vote가 되고, 제20대 대선과 같은 양당 대결에서라면 진보적 제3당에 던지는 표는 '사표가 아닌 적대적 투표'에 해당합니다.

정의당은 '민주당 2중대'라는 비판을 견디지 못했고, 끊임없이 독자적 정치세력화를 도모했습니다. 그런 연장선에서 정의당의 심상정 후보는 2022년 20대 대통령 선거를 완주하여 2.37%의 표를 얻었습니다. 20대 선거는 19대와 21대 선거와 같은 다자대결이 아닌 윤석열 국민의힘 후보와 이재명 민주당 후보의 양자 대결에 심상정 후보가 끼었던 선거였습니다. 당시 허경영 국가혁명당 후보나 김재연 진보당 후보는 논의의 대상이 되지 못합니다. 윤석열 후보가 48.56%, 이재명 후보가 47.83%로 0.73%의 차이로 윤석열 대통령 시대가 열렸습니다. 양당체제-대통령 선거의 '2기 집권 공식'에 의할 때, 〈1기 집권 뒤의 2기 정부〉의 득표율 차이는 2~3% 정도로 근소할 수밖에 없어서 심상정 후보가 얻은 표만큼의 차이로 민주당의 재집권이 이루어졌어야 했는데, 그 기회를 놓쳤던 것입니다. 심상정에 대한 투표 행위는 사표가 아니라 적대적 투표가 되었던 것입니다. 그 뒤 2024년 제22대 국회의원 선거에서 정의당은 단 한 석도 얻지 못했고, 결국 정의당은 예정되어 있었던 소멸의 역사에 접어들었습니다.

저는 박노자 교수의 양당체제 비판에 전적으로 동의합니다. 그러나 진보적 제3당은 정의당의 전철을 곱씹고 다음의 전략을 가져야 합니다. 우리 헌정사에서 대통령제가 폐지되기 전까지 '민주당 2중대'라는 비판을 두려워하지 말고, 민주당에 대한 '비판적 지지'의 태도를 견지해야 합니다.

2030년 제22대 대선에서 보수당은 반드시 단일 후보를 내세울 것이고, 민주당-보수당의 양자 대결이 벌어질 것입니다. 그때 권영국 후보가 또 완주한다면, 또다시 극우 대통령, 극우 정부의 성립에 일조하게 됩니다. 오히려 진보적 제3당은 선거제도에 있어서는 '비례대표제의 전면적 확대'를, 통치구조에 대해서는 '대통령제 폐지-의원내각제 개헌'을 〈제1강령〉으로 걸어야 합니다. 의원내각제로 개헌된 이후에 연립내각의 파트너로 현실정치를 시작하고, 그 과정에서 유권자들의 지지를 얻어서 제2당, 그다음에 제1당으로 발돋움하는 장기적 전략을 세워야 합니다. 그렇지 않고서 대통령제 아래에서 자신의 정당이 수권할 것이라고 꿈꾼다면, 그것은 '춘몽春夢'을 당의 정강으로 내세우는 것과 다르지 않습니다.

이러한 논리는 웨스트민스터 의원내각제 모델의 제3당에게도 적용됩니다. 영국, 캐나다, 일본 등과 같은 소선거구-다수대표제 체제의 의원내각제는 불가피하게 양당 체제를 구축할 수밖에 없어서 실질적으로 대통령제와 마찬가지의 특징들을 가집니다.

예를 들어 지난 100년 동안 영국의 내각은 보수당과 노동당이 번갈아 통치해 왔으며, 현재의 선거제도 아래에서라면 제3당인 자유민주당은 결코 단독으로 내각을 구성할 수 없으며, 제1당으로 도약할 수 없습니다.

따라서 웨스트민스터 모델의 제3당 역시도 '비례대표제의 전면적 확대'를 당의 최고 전략으로 삼아야 합니다. 게다가 비례대표제는 유권자의 투표 가치를 실질화하기 때문에, 통치엘리트에 대한 피지배자의 통제를 강화하는 수단이 될 것입니다. 따라서 장기적인 의미에서 통치구조의 진화 과정에서도 비례대표제 확대는 유의한 전략이 될 것입니다.

돌이켜 봅시다. 2022년 3월 9일 20대 대통령 선거에서 심상정 정의당 후보가 얻은 2.37%의 표가 대한민국 정치발전에 무슨 의미가 있었을까요? 2025년 6월 3일 21대 대통령 선거에서 민주노동당 권영국 후보의 0.98%의 득표가 민중들의 삶을 현실적으로 바꿀 수 있었는지 곰곰이 생각해 보아야 합니다. 만약 2030년 3월 27일에 있을 제22대 대통령 선거에서 민주노동당이 후보를 내고 20대의 심상정 후보처럼 완주한다면, 결국 극우 대통령, 극우 정부의 성립을 돕는 결과에 이를 것입니다. 요컨대 정의당이든 민주노동당이든 진정으로 양당체제를 끝내려 한다면, 대통령 선거에서 1~2% 득표하려고 발버둥 칠 것이 아니라, 대통령제 폐지와 비례대표제 확대 운동의 전면에 나서야 합니다.

제 5 장

민주주의를 어떻게 이룰 것인가

HOW CAN
DEMOCRACY
BE ACHIEVED

4년 중임 대통령제는
우리의 대안이 될 수 없다

　윤석열 대통령에 대한 헌법재판소의 파면 결정이 내려진 이후 2025년 4월 5일 우원식 국회의장이 개헌론을 수면 위로 올렸습니다. 주로 미국식 4년 중임 대통령제를 그 골자로 하는 것이었습니다. 만약 박근혜와 윤석열 탄핵사태를 반성하고 등장하는 개헌이라면, 응당 새로운 헌법은 이같은 탄핵사태를 막을 수 있어야 합니다.

　근대 이후에 과학이 모든 학문의 중심이 되었던 이유는 바로 '실험과 증명'에 있습니다. 실험을 통해 어떤 명제가 진리인가 아니면 거짓인가 여부를 증명할 수 있었기 때문입니다. 이러한 과학적 실험의 기초적 방법론은 하나의 변수만을 바꾸고 나머지 조건은 그대로 두어 결과와의 인과관계를 관찰하는 것입니다. 만약 둘 이상의 요소를 움직이면 어떤 변수를 실험 결과에 귀속시킬지 특정할 수 없습니다.

　따라서 2018년과 2024년의 상황에서 5년 단임제 대통령제를 4년 중임 대통령제라는 변수로 바꾸었을 때, 박근혜 탄핵사태와 윤석열 탄핵사태를 막을 수 있어야 4년 중임 대통령제가 우리의 대안이 될 수 있습니다. 만약 4년 중임 대통령제로 바꾸더라도 여전히 동일한 사태가 발발한다면, 4년 중임 대통령제가 이 실험의 중요 변수가 아니라는 결론을 내려야 합니다.

　4년 중임 대통령제가 우리의 대안이 되려면, 먼저 이 제도가 최순실과 김건희의 국정농단을 막을 수 있어야 합니다. 그러나 국정농단은 박근혜, 윤석열이라는 자연인의 품성에 기인한 것이 아니고, 헌법상 대통령이 '1인 행정부'라는 시스템의 본질적 특성으로부터 비롯된 것입니다.

　미국도 마찬가지입니다. 도널드 트럼프가 제2기 행정부 대통령으로 당선되고 나서 트럼프의 장남 도널드 트럼프 주니어가 제2기 각료를 사실상 지명했습니다. 2024년 11월 7일 트럼프 주니어는 폭스뉴스에 출연해서 "나는 정권 이양 과정에 매우 깊게 관여할 것"이라면서 "나는 누가 진짜 선수인지, 누가 대통령의 메시지를 실제로 실현할 것인지, 누가 정당하게 선출된 대통령보다 자신이 더 잘 안다고 생각하지 않는지 분명히 하고 싶다"고 말했습니다. 그러면서 "그런 사람들이 아버지의 내각과 정부에 있도록 확실히 할 것"이라고 덧붙였습니다. 트럼프 주니어는 아버지보다 똑똑한 척하는 사람은 각료로 뽑지 않겠다는 뜻으로 "대통령보다 자신이 더 잘 안다고 생각하지 않을 것"이라는 인사 원칙을 제시했습니다. 이는 '조용한 충성파'를 뽑겠다는 것으로, 백악관 비서실장으로 지명된 수지 와일스, 부통령으로 당선된 JD 밴스 연방 상원의원(오하이오) 모두 '조용한 충성파'로 분류되는 사람들이며, 트럼프 주니어의 적극적인 추천이 있었다고 합니다. 도대체 트럼프 주니어는 무슨 권한으로 각료의 인선에 관여하는 것일까요?

대한민국은 국민들이 앞장선 촛불혁명, 빛의혁명으로 두 명의 대통령을 탄핵했다.(이미지 : goljh710, Pixabay)

도대체 미국식 4년 중임 대통령제로 개헌을 하면, 과연 국정농단을 방지할 수 있는 것인지 우원식 국회의장에게 묻습니다.

4년 중임 대통령제는 박정훈 대령 사건을 막지 못합니다. 대통령 중심제의 대통령은 '1인 행정부'로 헌법상 모든 행정권한을 가지고 있습니다. 국방부 장관의 권한도 대통령의 권한으로부터 비롯되므로, 국방부 장관의 대통령에 대한 복종은 형식적으로 헌법에 부합합니다. 그래서 위와 같은 권한 남용은 언제든지 재현될 수밖에 없으며, 오히려 한 개인의 권한 남용을 헌법적으로 허용하는 대통령제라는 시스템에 문제의 원인이 있다고 보아야 합니다. 그러나 독일에서는 박정훈 대령 사건이 발발할 수 없습니다. 윤석열 대통령이 이종섭 국방부 장관에게 그랬던 것처럼 독일연방 수상은 일방적으로 국방부 장관에게 명령할 수 없습니다. 독일연방 수상은 독단적으로 결정할 수 없고, 다만 합의체로서의 연방 내각이 의견 차이를 조율해서 결정해야 하기 때문입니다.

또한 4년 중임 대통령제로 개헌한다고 하더라도, 명태균 게이트, 12·3 비상계엄 사태의 재발을 방지하지 못합니다. 이 사건들 자체가 한 개인에게 모든 행정 권력이 집중되어 있는 대통령제의 본질적 결함에서 발생한 일이기 때문입니다. 4년 중임제는 대통령의 임기를 연장하고, 레임덕을 조금 미루는 기능을 가질 뿐, 대통령의 권한 남용을 제도적으로 막지 못합니다. 4년 중임 대통령제는 박근혜, 윤석열 탄핵사태의 재현을 막지 못합니다. 박근혜, 윤석열이라는 개인의 권한 남용을 비난할 것이 아니라, 그러한 권한 남용을 허용하고 있는 대통령제 자체를 공격해야 합니다.

국회의원 몇몇이 합의하여 한두 달 만에 개헌안을 제출하는 것은 바람직하지 않습니다. 결국 국민은 형식적으로 투표에 임할 수밖에 없습니다. 더구나 개헌 논의에서 의원내각제에 대한 담론은 아예 빠져 있습니다. 제2공화국의 비운의 역사, 김종필과 박철언 등이 장기 집권의 시나리오로 의원내각제를 모의했던 음모의 역사, 이웃 일본의 내각제에서 보이는 부정적 사례 등으로 인해 의원내각제에 대한 나쁜 선입견이 있습니다. 그러나 가만히 돌이켜보면 의원내각제에 대한 지식이 턱없이 부족함을 알 수 있습니다. 설령 엘리트라고 스스로 자부하는 이들이라고 하더라도 의원내각제에 대한 지식은 정치학개론이나 헌법학개론 두 페이지 정도에 불과합니다.

    의원내각제에 대해 왜 정국 불안을 대표적 특징으로 분류하는지, 그럼에도 한국의 탄핵사태를 지켜보면 여소야대의 대통령제가 훨씬 더 불안정한 정치체제로 보이는 이유가 무엇인지, 서유럽의 내각제는 일본이나 영국과 달리 끊임없이 역동적으로 새로운 정치세력이 정치판을 갈아치우는지, 대통령과 마찬가지로 수상의 자리도 나눌 수 없는데 어떻게 내각제에서는 연립정부가 구성되는지 등등 그 이유를 아는 사람은 아주 적습니다. 단언컨대 미국식 4년 중임 대통령제 혹은 프랑스식 분권 대통령제 등 어떤 미사여구를 붙이더라도, 그 본질이 대통령제라면, 개헌은 개선改善이 아닌 개악改惡입니다.

총선-대선을 함께 치르는 대통령제는
최악最惡의 개헌이다

    2025년 4월 6일 우원식 국회의장이 제안한 '4년 중임 대통령제 개헌안'은 제21대 대통령의 임기를 2028년 총선 전까지로 단축하고, 2028년에 총선과 대선을 함께 치러서 새로운 대통령과 국회를 선임하자는 것이었습니다. 이는 7일 김동연 경기도지사가 우원식 국회의장의 개헌안에 동의한다고 하면서, "분권형 4년 중임제로 개헌을 추진하되, 2028년 총선과 대선을 함께 치러 제7공화국을 열어야 한다"고 주장함으로써 구체화 되었습니다. 그런데 정가에서 주장하는 총선-대선을 함께 치르는 대통령제는 아주 위험합니다.

    미국에서는 대통령 선거를 하면서 하원 선거를 한 차례 하고, 2년 후에 다시 하원 선거를 치릅니다. 전자의 경우에는 '대통령의 당'이 승리하는데, '코트-테일 이펙트' coat-tail effect의 결과입니다. 대통령 후보의 인기에 편승해서 그 코트 끝자락을 잡고 소속 정당 의원 후보들이 의회에 입성하는 현상을 빗댄 것입니다. 그리고 중간선거에서는 지난 100년 동안 집권당이 단 세 차례만 승리했고, 모두 패배했습니다. 경제 호황이나 특별히 유리한 정세에서만 집권당의 승리가 가능

미국식 대통령제는 실제로 '교착과 공전'의 제도에 불과하다. 이것은 파운딩 파더스가 예정했던 결과물이다. (이미지 : Karlee Heck, Pixabay)

했던 것입니다.

 이런 과정을 통해서 미국 대통령은 만성적인 여소야대에 시달리는데, 이것은 미국 헌법의 기초자들Founding Fathers이 예정했던 것입니다. 이러한 여소야대 현상을 '분점정부', 즉 Divided Government 나뉘어진 정부라고 부르는데, 이렇게 설계된 이유는 파운딩 파더스가 대통령과 의회 누구도 압도적인 권력을 행사하는 것을 원치 않았기 때문입니다. 1787년 필라델피아에 모여 미국 헌법을 기초한 55명의 파운딩 파더스는 부유한 대지주이거나, 금융가, 대상인, 해운업자, 주지사 등이었습니다. 당시 미국 사회의 특권층에 속했던 그들은 변화보다는 현상유지를, 적극적이고 능동적인 정부보다는 소극적이며 질서

유지에 치중하는 야경국가Night-watch State를 선호했던 것입니다. 그래서 의회를 통과한 법률안에 대해 대통령이 거부권을 행사할 수 있고, 의회는 대통령을 탄핵할 수 있게 하며, 법원으로 하여금 위헌법률 심사권을 보유하게 한 것입니다.

그러나 행정명령의 영역에서는 의회가 대통령을 전혀 견제할 수 없습니다. 결국 미국식 대통령제는 행정명령의 영역에서는 '제왕적 대통령', 입법의 영역에서는 여소야대로 인한 '무기력한 대통령'이라는 모순된 현상을 안고 있습니다. 요컨대 '견제와 균형'의 제도라고 불리는 미국식 대통령제는 실제로 '교착과 공전'의 제도에 불과합니다. 이것은 파운딩 파더스가 예정했던 결과물입니다.

요컨대 총선-대선을 함께 치르는 대통령제로 개헌하자는 주장이 의미하는 바는 대통령의 당선과 함께 다수당으로서의 집권당을 출범시키자는 것입니다. 코트-테일 이펙트를 통해 '대통령의 당'을 승리하게 하려는 것입니다. 그래서 미국식 대통령제가 안고 있는 여소야대로 인한 '무기력한 대통령'으로부터 벗어나려는 것입니다.

그런데 만약 대통령이 훌륭한 사람이고, 그의 당이 괜찮은 정당이라면, 이 제도가 얼마나 좋겠습니까? 그러나 그 반대라면, 4년의 임기가 끝날 때까지 그 무능과 부패를 막을 수 없습니다. 아주 쉬운 가정을 해보겠습니다. 지난 2022년 3월 9일에 대통령 선거와 국회의원 선거를 함께 치렀다면 20대 대통령에 윤석열, 국회 다수당은 국민의힘이 되었을 것입니다. 만약 그랬다면, 김건희의 개인적 비리 말고도, 양평고속도로 변경, 대왕고래 프로젝트 등등 막대한 재정적 부담을 가지는 부정부패를 민주당이 막을 수 있었을까요?

2025년 4월 8일 MBC '손석희의 질문들'에 출연한 유시민 작가가 윤석열 탄핵사태에 대해 "대통령이라는 막강한 자리와 윤석열이라는 말도 안 되는 캐릭터의 잘못된 만남에서 시작된 불행"이라고 진단하고서, "2년 반 만에 수습해 다행"이라고 말했습니다. '2년 반'만에 수습할 수 있었던 원동력은 의회 다수당이 민주당이었기에 가능했던 것입니다. 그러나 총선-대선을 함께 치르는 순간, '대통령의 당'이 다수당이 되는 것이며, 우리는 제2의 윤석열을 막지 못합니다.

만약 총선-대선을 함께 치르는 대통령제 개헌을 할 거라면, 미국과 같이 국회의원 임기를 2년으로 해서 중간선거 제도도 같이 도입해야 합니다. 그렇지 않으면 대통령의 전횡을 막지 못합니다. 그런데 굳이 이렇게 할 바에는 지금과 별반 다르지 않습니다. 왜냐하면 앞서 살폈듯이 지금 우리의 국회의원 선거제도가 실질적으로 중간 선거적 특징을 가지고 있기 때문입니다.

결국 이렇게 되면 굳이 헌법을 개정할 이유가 없어지게 됩니다. 특히나 4년 중임으로 바꾼다고 해도 대통령의 임기를 연장하고, 레임덕을 조금 미루는 기능을 가질 뿐, 대통령의 권한 남용을 제도적으로 막지 못하기 때문입니다. 이렇게 다시 미궁에 빠지는 이유는 개헌론으로 '미국식 대통령제'만을 고집한 탓입니다. 미국식 대통령제는 야경국가를 전제로 소극적인 정부를 계획했던 플랫폼이며, 국민경제의 한 축으로서의 정부를 계획하고 복지행정을 기획해야 하는 현대의 적극국가 시스템에 맞지 않습니다. 따라서 미국식 대통령제의 구상과 달리, 행정권력과 의회권력을 일치시키는 것은 너무나 필요한 전제입니다. 문제는 이렇게 될 때 발생하는 행정부 수장의 권한 남용을 어떻게 제한하느냐입니다.

분권형 대통령제도 정답이 아닙니다. 왜냐하면 그 이름처럼 결코 분권적이지 않기에 그러합니다. 프랑스의 경우에 대통령의 당이 의회 다수당이면, 실제로 총리를 대통령이 임명하며, 강력한 대통령제로 운영됩니다. 한편 대통령의 당과 의회 다수당이 다르게 되면, 의회가 임명하는 총리가 권한을 행사하는 의원내각제로 운영되고 이것이 동거정부입니다. 그러나 이 경우에 총리와 대통령의 권력투쟁이 현실화 될 수 있으며, 일반적인 여소야대 대통령제의 갈등보다 더 극렬한 이중권력 상태가 됩니다.

2022년 프랑스 대선에서 에마뉘엘 마크롱이 재임에 성공했는데, 국민의회 선거에서는 집권당인 르네상스가 속한 '함께하는 시민연합'이 전체 577석 중 245석에 그쳐 과반 의석을 확보하지 못했습니다. 코트테일 이펙트가 적용되지 않고 마크롱 1기 정부에 대한 중간평가를 받은 셈입니다. 애초에 마크롱은 1차 투표에서 27.85%밖에 얻지 못했습니다. 그렇다면 왜 마크롱이 낙선하지 않고 재임할 수 있었는지 의문을 가질 수 있습니다. 그것은 결선투표제의 결과였습니다. 1차 투표의 1위 마크롱과 2위 국민연합의 마린 르펜이 결선에서 붙었고, 극우파의 집권을 견제하려는 다수의 좌파 성향 유권자들이 마크롱에게 전략적 투표를 던진 결과입니다. 극우파를 떨어뜨리는 전략적 투표는 프랑스 대선에서 계속 반복되고 있는 현상입니다. 결국 여소야대 상황에 빠진 마크롱은 2024년 6월 의회를 전격 해산하고 다시 총선을 치렀습니다. 그러나 어떤 정당도 단독 과반을 차지하지 못한 '헝 의회 Hung Parliament' 상황이 되었습니다. 마크롱은 제1야당에서 총리를 지명하지 않고 여당과 중도 보수 진영에서 지지를 받았던 미셸 바르니에 총리를 임명했으나, 결국 불신임당했습니다. 이후 중도 우파의 프랑수아 바이루 총리를 임명했으나, 계속 불신임 압박을 받았습니다.

행정권력과 의회권력을 일치시키기 위해 프랑스 헌법은 대통령에게 의회해산권을 부여했습니다. 그러나 의회해산권을 발동해도 집권당이 다수당이 되지 못했다는 것은 유권자가 그 집권당을 신뢰하지 못한다는 것입니다. 그렇다면 정부가 교체되어야 함에도, 임기가 보장된 대통령제에서는 불가능한 일입니다. 결국 대통령의 임기가 끝날 때까지 의회와 정부의 갈등이 제도 자체에서 예정되어 있습니다.

이렇게 불안정한 정국은 바로 프랑스 제5공화국 헌법으로부터 유래하는 것입니다. 강원택 교수는 통치구조의 우열을 구분할 수 없다고 하면서, 프랑스가 제5공화국에서 "지금껏 정치적 안정을 누리고 있다"고 주장했는데(『대통령제, 내각제와 이원정부제』 218), 결코 동의할 수 없습니다. 프랑스 대통령제가 미국식 대통령제보다 훨씬 더 나

뽑니다. 만약 윤석열에게 의회해산권이 부여되어 있었다고 상상해 보면, 쉽게 그 답을 내릴 수 있습니다.

행정권력과 의회권력을 합리적으로 일치시키는 통치구조는 의원내각제입니다. 의회 다수당이 내각을 구성하되, 대한민국 역사에서 오랫동안 반복되었던 대통령의 권한 남용을 막기 위해 수상의 권한을 대폭 제한하는 것입니다.

의원내각제를 수상의 권한을 중심으로, 사르토리가 세 가지 형태로 구분했습니다. ① 각료들의 권한이 동등하지 않고 수상은 누구보다 우위에 있는 형태 first above unequals, ② 각료들의 권한이 동등하지 않은 가운데 수상이 그들 중 으뜸인 형태 first among unequals, ③ 수상이 상호 동등한 권한을 갖는 각료들 가운데 으뜸인 형태 first among equals.

우리 역사에서 대통령이 권한을 남용했던 트라우마를 고려해서 세 번째 형태의 의원내각제를 제안합니다. 독일연방기본법 제65조가 대표적인 예가 될 것입니다. 이에 의하면, 수상은 정치의 기본방침을 결정하고 그 기본방침의 범위 내에서 각 장관은 독자적으로 자기 책임하에 소관 사무를 관리합니다. 다만 장관 사이에 중첩된 업무에 관한 의견 불일치가 있으면 정부, 즉 내각이 결정합니다.

우리에게 가장 중요한 이슈는 현 정부의 문제점이 극명하게 노정되었을 때, 의원내각제는 의회의 결의로 내각을 불신임할 수 있다는 점입니다. 그러면 수상이 의회를 해산하고, 총선을 치러 새로운 정부를 구성할 수 있는 것입니다. 지금처럼 수많은 사람들이 광장에 나와

'퇴진하라, 파면하라'라고 외치지 않아도 의회의 의결만으로 충분하고, 헌법재판소가 엉뚱한 결정을 내리지 않을까 노심초사하지 않아도 되는 것입니다.

그 이름이 무엇이든지 그 본질이 대통령제라면 최순실, 김건희의 국정농단은 재현될 수밖에 없고, 박정훈 대령 사건을 막을 수 없으며, 명태균 게이트, 12·3 계엄은 다시 발발할 수 있습니다. 지금 우리의 정치는 오직 권력투쟁만이 논쟁되고 있습니다. '투쟁으로서의 정치'에서 국민의 삶을 더 윤택하게 하고 더 행복하게 하는 '계획으로서의 정치', '행정으로서의 정치'로 바뀌어야 합니다. 그러기 위해서는 최대한 갈등의 요소를 줄여야 합니다. 즉 행정권력과 의회권력을 일치시켜야 합니다. 그와 더불어 행정부 수장의 권한을 대폭 줄여 그 남용을 막는 장치도 함께 설계되어야 합니다.

한 인간에게 행정권력 전부를 독점시키고, 그 권한 남용이 반복되고 있습니다. 이렇게 어리석은 제도를 너무나 당연하게 여기는 지금의 상황은 아이러니가 아닐 수 없습니다.

대통령제를 폐지하지 않으면
윤석열 사태는 10년 후에 재현된다

'2기 집권'이라는 미국식 대통령제의 역사적 패턴으로 볼 때, 2030년 대선이 양당 대결로 치러진다면 민주당 후보가 2~3%의 근소한 차이로 당선될 것입니다. 그 뒤 양당 대결로 치러지는 2035년 대선은 상당한 차이로 보수당 후보가 대통령으로 당선될 것입니다.

당장 2026년 6월 3일에 실시되는 제9회 전국동시지방선거에서는 이재명 대통령에 의한 코트테일 효과로 민주당이 압승할 것입니다. 그리고 그 뒤 2028년 4월 12일에 실시될 국회의원 선거는 미국식 중간선거와 같은 특징을 보일 것입니다. 각 지역구의 보수당 후보들은 2025년 6·3 대선에서 확인되었던 득표율 41.15%, 총선거인의 약 32%에 해당하는 1,439만 명의 보수당 적극 지지자들에 전적으로 의존할 것입니다.

따라서 민의를 폭넓게 경청하고 새로운 정책을 개발하는 것이 아니라 민주당에 대한 적대감을 강조하는 데에 급급할 것입니다. 그것만으로도 보수당은 2028년 4월에 종전보다 의석을 늘리고, 윤석열 정부 아래에서 학습했던 대로 탄핵을 남발하고 민주당 정부를 거세게 공격할 것입니다. 그 시점의 이재명 대통령은 집권 후반기의 노무현 전 대통령처럼 대통령의 무력감을 통렬하게 느낄 것입니다.

분명 보수당은 대외적으로 혁신을 외칠 것이지만, 실제로는 특기할 정책적 개혁이나 인적 쇄신없이 2035년에 화려하게 부활하여 집권할 것입니다. 앞서 살폈던 것처럼 보수당의 집권은 자당의 강화가 아니라 민주당의 실패로부터 기인합니다. 이러한 근본적 원인이 '적대적 양당체제'에 있음은 물론입니다. 대통령제라는 시스템 아래에서 극우파 정당이 보수적 유권자 전부를 과대대표하고, 새로운 얼굴의 후보를 숙주로 삼아 정치판에서 기생해 왔던 지금까지의 대통령 선거의 역사가 재현될 것입니다.

2035년에 재집권하는 보수당 대통령과 그 정부는 민생을 혁신하는 데에 중점을 두는 것이 아니라, '잃어버린 10년'을 운운하면서 윤석열이 했던 것처럼 민주당을 공격하는 것에 급급할 것입니다. 왜냐하면 그들에게 애초부터 장기적인 국가 발전계획이 없기 때문이고, 그러한 연유로 윤석열이 그랬던 것처럼 차기 권력을 창출하는 것에 집중할 수밖에 없습니다. 게다가 2035년에 당선된 보수당 대통령의 부정부패는 필연적으로 이어질 것입니다. 그들은 권력의 획득과 개인적 이익 추구를 동일시하고 당연하게 생각하는 집단이기 때문입니다. 결국 2036~2037년에 또다시 대통령의 비리를 밝히라는 시위가 확대되고, 어김없이 탄핵사태가 이어질 것입니다.

따라서 2036~2037년경에 벌어질 보수당 대통령에 대한 탄핵사태가 개헌할 수 있는 절호의 기회입니다. 적어도 이때에는 단지 민주당 정부의 수립으로 끝내서는 안 되고, 반드시 대통령제를 폐지하고 의원내각제로 통치구조를 바꿔내야 합니다. 만약 이때 개헌을 통해 대통령제를 폐지하지 못하면, 우리는 '뫼비우스의 띠'처럼 반복되는 굴레에 또다시 빠지게 될 것입니다.

김웅진 교수는 『현대정치학강의』에서 "양당체제와 다당체제 중 어떤 것이 이론적 우위성을 가진다고 판단하기 어렵다"고 하고, 강원택 교수는 『대통령제, 내각제와 이원정부제』에서 "각종 통치형태에 대한 정치적 효과의 우위나 좋고 나쁨을 객관적으로 구분한다는 것도 불가능할 뿐만 아니라 바람직한 일도 아니다"라고 말하였습니다. 또한 최장집 교수는 헌법을 포함한 제도는 정치에 종속되는 변수로 "우리 사회가 나아가야 할 비전을 설정하고 이를 실천하는 권력을 창출하고 구체적인 정책과 프로그램들을 형성하고, 이를 둘러싼 갈등과 차이를 조절해 가는 것이 모두 정치가 해야 할 일"이라고 주장합니다.

그러나 우리는 지금까지의 역사적 경험을 통해 각 통치구조의 우열을 가늠할 수 있으며, 군주제와의 비교를 통해 이를 검증할 수 있습니다. 즉 군주제적 특징을 가장 많이 가지고 있는 통치구조를 열등하고 후진적인 체제로 단정지을 수 있습니다.

① 먼저 군주제는 군주라는 한 개인이 행정권력 전부를 독점함으

로써 그 자신이 권력을 남용하거나 그로부터 신임을 받은 자로 하여금 국정을 농단케 할 가능성을 가지고 있습니다.

한편 ② 일관되고 장기적인 정책과 국가계획을 정당적 차원에서 실행하지 못하고, 군주 개인의 진퇴로 정치의 성장과 쇠퇴를 할 수밖에 없어, 정치를 개인화시키고, 연속적인 책임정치를 실현하지 못합니다.

또한 ③ 군주 개인에 대한 대중의 숭배와 복종을 초래하여 영웅주의와 전체주의로 변질될 위험을 지니고 있습니다. 이러한 군주와 가장 유사한 공화주의 체제의 통치엘리트는 '세습되지 않는 군주'(monarque sans l'heredite, 마르셀 모라비토 『프랑스 헌법의 역사』)로서의 '대통령'입니다.

결국 ④ '공화적 군주로서의 대통령'은 권력 남용을 빈발하고 사회적 갈등을 초래하여 '조정으로서의 정치'보다 '투쟁으로서의 정치'를 조장하고, 국민을 진영으로 나누어 항시적으로 적대하게 만듭니다.

요컨대 의원내각제를 도입하여 행정권력과 의회권력을 일치시켜 권력투쟁의 가능성을 없애 행정의 효율성을 높여야 합니다. 그리고 수상의 권한을 축소하고 내각의 권한 행사를 합의제로 운영하게 함으로써 권한 남용을 방지해야 합니다. 나아가 권력투쟁의 방법은 선거로 단순화시키고, 권력투쟁의 기간은 선거기간으로 단축하여, 정부를 수립한 이후부터 실각할 때까지는 최대한 권력투쟁 없이 국정을 집행할 수 있도록 보장해야 합니다. 항시적으로 권력투쟁이 존재하는 대통령제는 오히려 국민에게 이롭지 않습니다. 왜냐하면 권력투쟁의 기간이 길어지고, 그 방법이 복잡할수록 정치는 낭비되고, 그로 인한 불이익은 국민에게 귀속되기 때문입니다.

이 글이 예언서가 아니기에 2036~2037년에 꼭 탄핵사태가 벌어진다고 단정지을 수는 없습니다. 그러나 만약 2035년에 당선되는 보수당 대통령이 용케 집권을 마무리한다면 그 뒤인 2040년에 당선되는 두 번째 보수당 대통령에게 이 같은 사태가 벌어질 가능성은 아주 농후합니다. 요컨대 통치자의 선의에 의존하기보다는 통치자가 타락하지 않고 민의에 충실하도록 국민이 그들을 강제하는 제도를 마련하는 것이 훨씬 더 현명한 대처입니다.

저항권을 직접민주주의로 발전시켜야 한다

저항권이란 국가권력의 불법적인 행사에 국민이 저항할 수 있는 권리를 말합니다. 대한민국헌법에는 명시적 규정이 없는데, "불의에 항거한 4·19 민주이념을 계승하고"라는 전문의 규정을 저항권의 규정으로 보는 견해가 있으며, 헌법재판소는 저항권을 헌법상의 권리로 인정하였습니다(헌법재판소 1997.09.25. 97헌가4 결정). 한편 독일연방기본법은 제20조 제4항에서 저항권에 관한 명시적 규정을 두고 있습니다.

독일연방기본법 제20조 (헌법원칙, 저항권)
① 독일연방공화국은 민주적이고 사회적인 연방국가이다.
② 모든 국가권력은 국민으로부터 나온다. 그것은 선거와 투표, 그리고 입법, 행정 및 사법의 특수한 기관을 통해 국민에 의해 행사된다.
③ 입법은 헌법적 질서에, 행정 및 사법은 법률 및 권리에 구속된다.
④ 모든 독일인은 이러한 질서를 폐지하려고 꾀하는 자에 대하여 다른 시정이 불가능할 때에 저항권을 가진다.

우리나라도 헌법을 개정할 때 저항권을 명시적으로 규정해야 합니다. 다만 저항권이란 부당한 정부를 폐지하고, 새로운 정부를 세우는 권리로서, 공화주의적 권리에 불과합니다. 결국 저항권을 주장하는 광장의 정치는 '직접민주주의'가 아니라 '대의제의 변형물'입니다. 자칫 잘못하면 영웅주의와 전체주의로 변질될 여지도 있습니다. 전광훈 목사의 광화문 광장이 직접적인 사례입니다. 따라서 더 이상 저항권을 행사할 필요가 없는 제도를 헌법화해야 합니다. 그것이 의원내각제임은 물론입니다. 의원내각제가 도입되면 물리적 투쟁 없이도 제도 내에서 부당한 정부를 실각시키고, 총선을 통해 새로운 정부를 구성할 수 있으므로 저항권은 실정법적 의미를 가지지 못할 것입니다.

더구나 직접민주주의, 즉 시민발의와 입법무효 국민투표 제도가 입헌된다면, 더더욱 저항권은 헌법적 의미를 가지지 못할 것입니다. 스위스의 시민들이 시위를 하지 않는 이유를 새겨보면, 쉽게 이해할 수 있습니다. 다시 말해서 직접민주주의가 제도로서 헌법에 규정된다면, 헌법의 절차에 따라 개혁을 이룰 수 있으므로, 더 이상 물리적 투쟁이나 혁명에 의존할 이유가 없어지는 것입니다. 이제는 더 많은 정보의 개방과 공유, 그것을 기반으로 더 심도 있게 토론하는 문화를 정착하는 것이 더 중요한 계기가 될 것입니다.

조희대 코트의 5·1 사법쿠데타와 법원 개혁

2025년 5월 1일 이재명 대통령 후보에 관한 공직선거법위반 사건에 관하여, 대법원이 항소심의 무죄 판단을 파기하고, 서울고등법원에 유죄 취지로 환송했습니다. 심리에 관여한 12명의 대법관 가운데 조희대 대법원장을 비롯한 10명이 파기환송 의견을 냈고, 2명만 반대 의견을 내놓았습니다. 반대 의견을 냈던 오경미·이흥구 대법관은 "문제 되는 표현이 사실을 드러낸 것인지 의견이나 추상적 판단을 표명한 것인지 단정하기 어려운 경우에는 원칙적으로 의견 표명으로 보는 것이 그 동안 선거의 공정과 선거운동의 자유 사이에서 표현의 자유를 확장하기 위해 노력해 온 대법원 판례의 흐름에 부합한다"면서 "(유죄 취지 파기환송은) 죄형법정주의나 '의심스러울 때는 피고인에게 유리하게'라는 형사법 기본 원칙에 반한다"고 밝혔습니다.

이 판결의 가장 큰 문제는 절차 진행이 이례적으로 너무나 빨랐다는 점입니다. 4월 22일 2부에 배당된 사건을 2시간 만에 전원합의체로 돌리고, 통상 한 달에 한 번 열리던 합의 기일을 이틀 간격으로 두 차례나 열어 사건이 접수된 지 9일 만에 판결을 선고했습니다. 결과적으로 대법원이 유력한 대선후보에게 부정적 낙인을 찍어 정치에 개입한 것입니다. 만약 '이재명의 개인 비리'가 심판의 대상이었다면, 대법원이 6·3 대선에서의 유권자 권리를 존중하기 위해 신속한 판단을 할 필요가 있었다고도 볼 수 있습니다. 그러나 판결의 대상은 '선거법과 표현의 자유'에 관한 법리였고, 재판 중간에 선거법의 해당 조항 개정이 논의되었습니다. 만약 해당 조항이 개정되었다면 면소 판결의 대상이 될 상황이었습니다.

어떤 이는 대법원이 파기자판을 하지 않고 하급심에 책임을 떠넘긴 것이고, 결국 이재명 후보의 대선 출마에는 직접적인 영향을 줄 수 없었다고 말합니다. 그러나 당시 상황은 그렇게 녹녹치 않았습니다. 대법원의 판결선고 직후 다음 날 서울고법에 사건이 접수되었고 담당재판부가 곧바로 지정되었으며, 첫 변론기일까지 공표되었습니다. 법원이 절차를 강행하면, 6월 3일 대선 투표일 전에 이재명은 후보 자격을 박탈당할 수도 있었습니다. 그렇게 되면 당시 제21대 대통령 선거의 후보등록일이 5월 11일까지였기 때문에, 민주당은 아예 후보를 등록하지 못하게 됩니다. 어쩌면 조희대 대법원장이 하급심에 책임을 떠넘긴 것처럼 외견상 꾸미고, 민주당의 후보 자체가 없는 대선을 계획한 것일 수도 있습니다.

그러자 민주당이 조희대 대법원장에 대한 탄핵을 경고했고, 법원의 재판에 대한 헌법소원 및 대법관 증원을 추진하겠다고 선언했습니다. 시민들 또한 대법원의 정치 개입에 거세게 항의했습니다. 대법관들이 6만 쪽이 넘는 재판기록을 이틀 만에 다 읽을 수 있는지 의문을 제기하고, 적어도 그 전자기록을 열람했는지 로그기록을 공개하라는 서명운동이 시작되었습니다. 운동이 시작된 지 이틀 만에 100만 명을 돌파하였고, 로그기록 공개 요구에 관해 대법원은 상고이유를 제한하는 규정, 사후심이자 법률심인 상고심 특성 등을 고려할 때 "상고심 특성으로 인해 (대법관들이) 1쪽에서 6만 쪽까지 기록을 하나도 빼지 않고 다 읽어야 판결할 수 있는 것은 아니다"라고 답변했습니다(2025년 5월 4일자 연합뉴스〈"6만쪽 다 읽었나 답변하라"…'이재명 판결' 기록검토 논란〉). 이러한 시민들의 거센 열기에 서울고등법원은 변론기일을 추정하고 재판을 중지하였습니다. 조희대 코트의 정치 개입에 대한 반론으로 대법관 증원, 비법조인 대법관 등용 등의 방법이 제기되었습니다. 그러면서 유시민이나 김어준 등이 대법관으로 임명되어야 한다는 주장도 나왔습니다.

비슷한 시점에 조희대 코트의 이례적 판결로 인한 정치 개입에 대한 현직 판사들의 비판이 나왔고, 2025년 5월 26일 전국법관대표회의가 개의되었습니다. 안건은 의장인 김예영 서울남부지법 부장판사가 제안한 두 건이 일단 상정됐는데, 첫 번째는 '민주국가에서 재판독립은 절대적으로 보장돼야 할 가치임을 확인함과 동시에 그 바탕인 재판의 공정성과 사법의 민주적 책임성을 준수하기 위해 노력할 것을 밝힌다'는 안건이었습니다. 두 번째는 '특정 사건의 이례적 절차 진행으로 사법 독립의 바탕이 되는 사법에 대한 신뢰가 흔들린 것을 심각하게 인식하고 개별 재판을 이유로 한 각종 책임 추궁과 제도 변경이 재판독립을 침해할 가능성에 대해 깊이 우려한다'는 것이었습니다. 다만 대선을 8일 앞둔 시점이어서 정치적 중립성 논란으로 번질 우려가 있어 대선 이후에 회의를 다시 열기로 했습니다.

그 뒤 이재명 민주당 후보가 대통령으로 당선된 뒤인 2025년 7월 1일 법관대표 90명이 참석하여 다시 전국법관대표회의가 열렸는데, ① 대법원판결이 중립성, 정당성의 의심을 불러 사법 신뢰에 부정적 영향을 끼쳤다는 제1안건에 대해 찬성 34, 반대 56명, ② 법관 탄핵, 청문 등 사법부 독립의 심각한 침해로 재발 방지를 촉구해야 한다는 제2안건에 대해 찬성 23, 반대 67명으로 안건 모두 부결되었습니다. 회의는 세 부류의 견해로 나뉘었는데, (1) 사법신뢰가 훼손되었다는 입장을 표명해야 한다는 의견그룹, (2) 재판독립을 침해할 우려가 있다는 입장을 밝혀야 한다는 의견그룹, (3) 입장의 표명을 자제해야 한다는 의견그룹이 있었습니다.

위 사태는 법원의 개혁을 어떻게 해야 하는지를 극명하게 드러냈으며, 이를 통해 우리 사회 각 조직의 민주화를 어떻게 해야 하는지 그 방향을 가늠하게 했습니다.

먼저 [대법원의 2025년 5월 1일자 이재명 판결]의 성격을 확정 짓고 넘어가야 합니다. 민주당의 법관 탄핵과 재판소원 등의 경고에 대해 사법부 독립을 침해했다는 법관대표회의의 두 번째 그룹의 의견은 사태의 인과因果를 역전시킨 궤변입니다. 법관에 대한 탄핵은 헌법이 예정하고 있는 조치이며, 재판을 헌법소원의 대상으로 삼을 것인지는 순전히 입법부의 재량에 달려 있습니다.

나아가 사태의 본질은 조희대 코트가 비상식적이고 이례적인 절차로 내린 판결이 선거에 영향을 미칠 가능성이 있어 사실상 정치에 개입하였다는 점입니다. 또한 이재명 관련 사건들이 윤석열 검찰의 조작으로 기소되었다는 점까지 고려하면, 조희대 코트의 판결은 사실상 비상계엄 뒤에 이어진 내란 사태로까지도 볼 수 있습니다. 이에 아래에서는 '조희대의 5·1 사법쿠데타'라고 부르겠습니다.

그렇다면 이같은 일련의 사태의 재발을 어떻게 막을지를 고민하고 이를 제도화해야 합니다. '비법조인 대법관 등용'이라는 아이디어를 먼저 살피겠습니다. 만약 민주당 대통령이 유시민이나 김어준을 대법관으로 임용한다면, 나중에 보수당 대통령은 전광훈이나 전한길을 대법관으로 임용할지도 모릅니다. 문제의 본질은 대법관이 법조인가 비법조인가에 있지 않고, 그를 누가 임명하느냐에 있습니다. 즉 제왕적 대통령이 임명하는 제왕적 대법원장이 지금의 사태를 촉발한 것입니다. 조희대 대법원장을 윤석열 대통령이 임명했기 때문에, 조희대가 충성을 다했던 거라는 유치한 논리를 주장하려는 게 아닙니다. 조희대는 쫓겨난 주군에게 충성을 다할 만큼의 의리 있는 무사가 아닙니다.

윤석열이 극우적 편향성을 가진 조희대라는 사람을 대법원장으로 선택했다는 것이 사태의 핵심입니다. 조희대의 정치적 편향성이 5·1 사법쿠데타를 감행하게 한 것입니다. 지금까지 역대 대통령은 상식적인 인물보다는 자신의 정치적 성향에 당파적으로 부합하는 인물을 우선하여 대법원장으로 임명해 왔습니다. 그리고 그 대법원장은 다시 비슷한 성향의 대법관을 임명함으로써 이들을 제왕적으로 지배해 왔습니다. 단적으로 2025년 4월 22일에 배당된 사건의 판결을 9일 만에 선고하는 것에 대해, 대법관 12명 중 9명이 유죄 취지의 파기 의견을 그대로 따랐다는 사실이 이를 증명합니다.

'제왕적 대법원장'의 문제는 이명박 대통령이 임명했던 양승태 대법원장으로부터 촉발된 〈2017년 판사 블랙리스트 사건〉으로 처음 공론화되었습니다. 대법원장의 제왕적 권한은 인사권에 있습니다. 그는 헌법과 법원조직법에 따라 법관 3,000명의 임명권과 승진, 전보의 권한을 갖고 있으며, 재임용 여부도 결정합니다. 예를 들어 출세가 보장되는 영장전담판사를 법원장이 정하고, 법원장은 대법원장이 임명하며, 대법원장은 대통령이 임명함으로써 제왕적 대통령제가 완성됩니다. 예를 들어 18대 대선에서의 원세훈 국정원장의 댓글 공작 사건에 관하여 서울중앙지법 이범균 부장판사가 "정치 개입은 맞지만, 대선 개입은 아니다"라는 기괴한 논리로 국정원법위반 유죄, 선거법위반 무죄로 집행유예를 선고한 적이 있었습니다. 이에 대해 김동진 부장판사가 '지록위마'라고 비판하고, "고등법원 부장판사 승진심사를 목전에 두고 입신영달에 중점을 둔 판결"이라고 지적했습니다. 그 뒤 이범균은 고등법원으로 승진했고, 김동진은 징계를 받았습니다.

독일은 '법원장 호선제'에 의해 판사들이 판사회의 운영위원을 선출하여 판사운영위원회를 구성하고, 다수결로 주요 보직을 선출합니다. 그렇기에 법원장은 대법원장이 아닌 일선 법관들의 눈치를 보게 되고, 평판사들의 재판을 지원해야 하는 자신의 역할에 충실하게 됩니다. 미국도 '전국법관대표회의'와 '연방법관대표회의'가 상시 기구로 설치되어 하부에 상임위원회를 두고 인사권을 행사합니다.

요컨대 법원장과 대법원장을 평판사들의 선거로 뽑는다면, 행정부 수장과 대법원장의 유착을 끊을 수 있습니다. 또한 법관에 대한 승진, 전보의 인사 권한을 '전국법관회의'에 부여한다면, 더 이상 평판사들이 법원장이나 대법원장의 눈치를 보지 않아도 되므로 그들의 집단지성이 독단적이고 비상식적인 판결에 제동을 걸 것입니다.

대법관과 법원장을 판사회의에서 뽑되, 그가 지금까지 선고했던 판결문을 그 평가의 대상으로 삼아야 합니다. 판사들의 판결문을 공론의 장으로 올려, 과거의 판결이 언제든지 다시 평가될 수 있다는 사실을 각인시켜야 합니다. 만약 어떤 판사가 법률의 문언을 넘어 부당하게 판결했다면, "법관은 헌법과 법률에 의하여 그 양심에 따라 독립하여 심판한다"는 헌법 제103조 뒤에 숨지 못하게 하여야 합니다.

예를 들어 윤석열에 대한 구속영장에 관해 서울중앙지방법원 형사제25부의 재판장 지귀연 판사가 구속기간을 '시간'으로 계산하여야 한다고 판단하고 구속을 취소했습니다. 이 결정이 서가에 묻혀서는 안 되고, 향후 지귀연에 대해 평가할 때 계속 심판의 대상으로 삼아 공론의 장에서 논의되도록 해야 합니다.

형사소송법 제66조는 "시時로 계산하는 것은 즉시부터 기산하고,

연 또는 월로 정한 기간은 연 또는 월 단위로 계산한다"고 규정하고 있습니다. 한편 "구속기간은 2개월로 한다"는 제92조 및 "10일 이내"라는 제202조와 제203조에 의할 때에 구속기간은 '월月' 또는 '일日'로 정해졌습니다. 중요한 것은 제214조의2 체포와 구속의 적부심사 제4항에 규정된 48시간은 심사를 위한 기간으로, 당연히 시간으로 계산해야 합니다. 하지만 제13항에 있는 "구속기간에 산입하지 아니한다"는 부분은 구속기간에 관한 것이므로 '날'로써 계산해야 합니다. 또한 구속영장심문에 관한 제201조의2에는 '시간'에 관한 규정이 아예 없으므로, 설령 33시간 7분이 소요되었다고 하더라도 2일이 불산입되어야 합니다. 이것은 법률 해석의 가장 기본인 문언적 해석에 따른 것입니다. 지귀연은 법률의 문언을 넘어서 내란죄 주범의 구속을 풀어준 것입니다. 이렇게 법률의 문언을 넘은 해석은 명백히 위법한 행위로서, 그러한 행동을 헌법 제103조로 정당화할 수 없습니다.

앞서 예로 들었던 이범균 부장판사의 판결도 마찬가지입니다. 원세훈 국정원장의 댓글공작 사건에 관하여 "정치 개입은 맞지만, 대선 개입은 아니다"라고 하면서 국정원법위반 유죄, 선거법위반 무죄로 집행유예를 선고한 판결도 일반적인 논리법칙을 파괴한 기괴한 판결이 아닐 수 없습니다.

이것은 비단 정치적인 사건에만 국한된 것이 아니고, 일반적인 사건의 판결에도 비일비재합니다. 따라서 이렇게 법률의 문언이나 일반적인 논리법칙을 명백하게 벗어난 판결을 선고한 판사, 중대한 절차적 위법을 저지른 판사에 대한 징계를 제도화해야 합니다. 판사에게는 그러한 불이익이 없기에 온 국민이 보고 있는데도 이 같은 판결을 선고하고, '헌법과 법률에 의하여 양심에 따라 독립하여 심판'하였다고 뻔뻔하게 주장하는 것입니다. 사법권의 독립은 절대군주의 자의적 권력 행사로부터 국민을 보호하기 위해 요청되었던 근대의 역사적 결과물이었습니다. 그런데 절대권력이 사라지고 사법권이 신성불가침의 영역이 되면서, 법관의 권한 남용을 3심 제도만으로 제어하기가 어렵게 되었습니다. 이제 법관의 자의와 독단으로부터 국민을 보호할 필요가 대두된 것입니다. 적어도 법률의 문언이나 일반적인 논리법칙을 중대하고 명백하게 위반한 경우, 재판에서 중대한 절차적 위법을 저지른 판사에 대해서는 그에 대한 제재가 부여되어야 합니다.

한편 대법관과 법원장 등 판사를 국민이 뽑는 제도는 옳지 않습니다. 2025년 6월 1일 멕시코에서 세계 최초로 '판사 직선제'가 실시되었습니다. 국민이 직접 대법관과 연방판사를 포함한 판사 전원을 투표로 선출했습니다. 투표율은 13% 정도로 아주 저조했고, 결국에는 집권당에 친화적인 후보가 다수 당선되어 사법의 정치화를 초래하게 되었습니다. 멕시코의 한 평론가는 "이번 판사 직선제는 사실상 집권당에서 정한 판사를 국민이 추인하는 절차에 불과했다"라고 비판했다고 합니다(2025년 6월 25일자 법률신문〈판사 직선제〉). 판사의 업무는 법률을 적용하는 것으로, 그에게 요구되는 것은 공정한 시각, 논리적 정합성 그리고 상식적인 형평의 기준입니다. 이러한 기준은 정치적 당파성으로 흔들려서는 안 됩니다. 지금까지의 대법원장이 정치적 편향성을 가졌던 것이 문제라는 점에서, 대법관과 법원장을 국민이 뽑게 되면 각 정당과의 친화 여부로 선출될 가능성이 있어서 아주 위험합니다.

2025년 7월 1일자 법관대표회의는 참석 판사 90명 중 조희대 지지파 23명, 개혁파 34명, 중도파 33명으로 분류되었습니다. 이런 결과를 보면, 판사회의를 법원 민주화의 주체로 제안하는 것에 대해 의구심을 가질 수도 있습니다. 그러나 애초에 안건 자체가 조희대가 초래한 사법쿠데타에 대한 정치적 입장을 묻는 것이었습니다. 향후 판사회의는 법관으로서의 논리적 정합성과 형평을 지니는 인물로 대법관을 뽑는 역할을 하게 될 것이고, 그 밖에 대법원장이 전권을 행사했던 인사와 보직을 비권력적으로 대체하는 역할을 하게 될 것입니다. 그렇게 되면 제왕적 대통령이 임명했던 제왕적 대법원장의 그림자를 법원에서 걷어낼 수 있을 것입니다.

한편 검찰의 수사권은 원칙적으로 박탈하고 경찰의 수사에 대한 감시권 및 기소권만을 부여하되, 경찰의 불기소가 부당한 경우에 한하여 예외적 수사권을 행사할 수 있도록 해야 합니다. 각 지검의 검사장 및 검찰총장의 임명도 '평검사회의'에 의해 선출하는 방식을 제안합니다. 미국과 같이 주민들이 직접 뽑는 것은 위험한데, 왜냐하면 업무의 특성상 법규의 준수와 형평이 핵심이므로, 정당의 당파성을 가지는 것은 오히려 위험하기 때문입니다.

검찰개혁의 방향 :
보완수사권과 보완수사요구권 논쟁

　2025년 9월 4일 연합뉴스는 "노만석 검찰총장 직무대행이 최근 '검찰개혁'의 핵심 쟁점으로 떠오른 검찰 보완수사 폐지와 관련해 '보완수사는 검찰의 의무'라며 사실상 반대입장을 밝혔다. … 노 대행은 '적법절차를 지키면서 보완 수사를 통해 실체적 진실을 밝히는 것은 검찰의 권한이 아니라 의무'라고 강조했다. 그러면서 '현재에는 현재 상황에서, 미래에는 미래의 상황에서 국민을 범죄로부터 지키기 위해 우리의 의무를 다하자'고 덧붙였다."라고 보도했습니다.

　위 기사는 언론기관이 기본적으로 가져야 할 객관적인 정보제공의 기능을 상실했습니다. 위 기사는 마치 [보완수사권과 보완수사 폐지]가 대립하는 것처럼 보도함으로써, 보완수사 폐지를 입법하는 쪽에 경찰의 수사권 남용 또는 부실 수사에 대한 대비책이 아예 없는 것처럼 오인하게 하였습니다. 그러나 그렇지 않습니다. 더불어민주당 검찰개혁특별위원회의 입법안은 '사법경찰관에 대한 검사의 보완수사요구권'을 유지하고 있습니다.

보완수사권과 보완수사요구권 논쟁에서 올바른 답을 찾으려면, "검찰개혁이 왜 제기되었는가?"라는 물음으로 시작해야 합니다. 2025년 9월 기준의 형사소송법은 '제197조 사법경찰관리'에서 경찰의 수사권을 규정하고, 제197조의2에서는 '검사의 보완수사요구권'을, 제197조의3에서는 아래와 같이 '검사의 시정조치요구권'을 규정하고 있습니다.

형사소송법 제197조의3 [시정조치요구 등]
① 검사는 사법경찰관리의 수사 과정에서 법령위반, 인권침해 또는 현저한 수사권 남용이 의심되는 사실의 신고가 있거나 그러한 사실을 인식하게 된 경우에는 사법경찰관에게 사건기록 등본의 송부를 요구할 수 있다.
② 제1항의 송부 요구를 받은 사법경찰관은 지체없이 검사에게 사건기록 등본을 송부하여야 한다.
③ 제2항의 송부를 받은 검사는 필요하다고 인정되는 경우에는 사법경찰관에게 시정조치를 요구할 수 있다.
④ 사법경찰관은 제3항의 시정조치 요구가 있는 때에는 정당한 이유가 없으면 지체없이 이를 이행하고, 그 결과를 검사에게 통보하여야 한다.
⑤ 제4항의 통보를 받은 검사는 제3항에 따른 시정조치 요구가 정당한 이유 없이 이행되지 않았다고 인정되는 경우에는 사법경찰관에게 사건을 송치할 것을 요구할 수 있다.
⑥ 제5항의 송치 요구를 받은 사법경찰관은 검사에게 사건을 송치하여야 한다.

　위 조항은 사법경찰관의 위법, 인권침해, 수사권 남용이 있을 때

검사가 이를 시정할 수 있다는 것입니다. 그렇다면 검사가 법률을 위반하고, 인권을 침해하며, 수사권을 남용할 때는 누가 시정할 수 있을까요? 바로 여기에 현 사태의 본질이 있습니다. 지금까지 검사의 위법, 인권침해, 수사권 남용을 감시하는 주체가 없었고, 이를 시정할 수 있는 제도가 없었습니다. 더구나 검사가 기소권마저 가지고 있었기 때문에 이들이 완벽하게 증거를 조작해서 기소하면 증거로 판단하는 법원은 유죄를 선고했고, 설령 증거가 있더라도 기소하지 않으면 법원은 범죄자는 물론 검사도 통제할 수 없었습니다. 전자의 사례가 '이화영 대북송금 사건'이고, 후자의 사례가 '김건희 도이치모터스 주가조작 사건'입니다.

법무부와 대검찰청이 '검사의 보완수사권 유지'를 요구하는 명분은 '경찰의 수사권 남용'입니다. 경찰이 수사를 하면서, 사건을 조작해서 억울한 사람에게 혐의를 뒤집어씌우거나 범죄를 저지른 사람에게 혐의가 없다고 종결할 수 있습니다. 다만 경찰의 수사권 남용은 검사에 의해서 감시되고 보완될 수 있으며, 앞으로도 그럴 것입니다. 하지만 '검찰의 수사권 남용'은 지금까지 통제된 적이 단 한 번도 없었습니다. 그런데 그 장본인인 검사들이 '경찰의 수사권 남용'을 운운하는 것은 아이러니가 아닐 수 없습니다.

따지고 보면 검찰이 이같이 수사권을 남용했던 근저에는 검찰의 비정상적인 특권이 자리하고 있었습니다. 아주 오랜 시절부터 지역 유지들로 구성된 범방(범죄방지위원회) 위원들이 젊은 나이의 검사들에게 '영감님, 영감님'이라고 부르면서 일상적으로 접대를 해왔고, 그런 특권적 접대 속에서 청년 검사들의 정의감은 서서히 무뎌졌습니다. 분명 모든 검사를 비난할 수는 없습니다. 그러나 지금의 핵심은 단지 누군가를 비난하는 것에 있지 않고, 권한을 가지는 자들의 권한 남용을 어떻게 방지해야 하느냐에 있습니다. 예를 들어 위헌적인 비상계엄을 선포한 윤석열 개인을 공격하는 것보다 그러한 권한 남용을 허용하는 지금의 헌법과 제도를 수정하는 것이 더욱 중요한 일인 것과 마찬가지입니다.

앞서 언급했던 형사소송법 제197조의3 [검사의 시정조치요구권] 제5, 6항에 의하면, 검사의 시정조치 요구가 이행되지 않았을 때 검사는 사건 송치를 요구할 수 있고, 송치된 사건을 직접 수사할 수 있습니다. 여기서 우리는 〈검찰개혁에 관한 사고 실험思考 實驗〉을 시도할 필요가 있습니다. 즉 A, B 두 개의 조건이 존재하는 경우 A라는 조건은 그대로 두고, B라는 조건을 바꾸었는데 결과 X가 그대로 반복되었다면, X라는 결과의 원인은 A이고, B는 원인이 아니라고 결론내릴 수 있습니다. 만약 형사소송법 제197조의3이 그대로 유지된다면, '이화영 사건'과 '김건희 사건'은 다시 발생할 것입니다. 즉 경찰이 혐의가 없다고 종결지으려 했는데 그 피의자를 검찰청으로 잡아다가 증거를 조작해서 억울한 사람을 몇 년씩 감옥에 썩힐 수도 있고, 반면 혐의가 있는데도 사건을 검찰청으로 송치하도록 한 다음 불기소로 방면할 수도 있는 것입니다.

요컨대 현재 요구된 검찰개혁의 원인이 검사에게 '기소권과 함께 직접수사권이 겸유兼有되어 있다'는 것이므로, 직접수사권의 본질을 가지는 보완수사권은 유지되어서는 안 됩니다. 만약 꽤 시간이 흐른 후에 '검사의 보완수사요구권'만으로 '경찰의 수사권 남용'을 통제하기 어려운 사태가 누적된다면, 그때에는 '검사의 보완수사권'을 예외적으로 보충해야 할 것입니다. 적어도 미래의 검사들은 지금보다 덜 특권적이고 더 정의로울 것이기 때문입니다. 그러한 검사들에게라면 '예외적 보완수사권'을 부여할 수도 있을 것입니다. 역사는 직면한 과제를 해결하면서 나아가는 불가피한 과정이며, 그 속에서 사람도 조금씩 진보할 것이기에 그러합니다.

표현의 자유와 제한,
그리고 언론의 민주화를 어떻게 이룰 것인가

　미국 수정헌법 제1조는 종교, 집회, 청원의 자유와 더불어 "표현의 자유를 제한하는 어떠한 법률도 만들 수 없다"고 규정하고 있습니다. 표현의 자유가 민주주의 기본권 가운데서도 '우월적 지위'를 지니는 시민권이란 인식은 수정헌법 제1조가 비준된 1791년 이후 전 세계에 큰 영향을 미쳤습니다. 그런데 미디어오늘의 2025년 5월 30일자 〈표현의 자유에 대한 오해와 편견〉이라는 글에서, 이진순 성공회대 교수는 234년 전의 미국 수정헌법 제1조의 표현의 자유에 관한 관념이 21세기에 그대로 유지될 수 없다는 지적을 하였습니다.

　수정헌법 1조가 제정되던 당시에는 언론이 상업적 비즈니스로 인식되기보다는 공공의 이익을 위해 작동하는 '제4부'로 간주되었고, 따라서 표현의 자유 제한 금지는 시민의 이익을 위한 것이었지만, 미디어산업의 성장과 함께 표현의 자유를 명분 삼아 탈규제와 무한팽창의 이익을 전유한 것은 미디어 빅테크 기업이라는 것이다. 표현의 자유는 현실에서 평등하게 작동하지 않는다. 자유방임주의는 시장을 붕괴시킨다. 평등하지 않은 '의견 시장'에서 평등하지 못한 시민이 평등한 발언의 권리를 누리게 하려면 적절한 규율과 지원이 필요하다. 대규모 산업자본이나 금융자본이 함부로 언론사를 소유하지 못하도록, 정치권력이 언론 보도의 방향을 좌우지하지 못하도록, 소외된 계층이 미디어를 통한 발언권과 감시권을 잃지 않도록, 때론 지원하고 때론 규제하는 게 평등한 표현의 자유에 한발 다가서는 방법이다.

(중략) 상황이 이러한데 언론계 스스로의 자정노력에 맡기라는 자율규제론은 과도하게 낭만적이고 결과적으로 친시장적이다. 중대재해처벌법은 위헌이니 기업이 알아서 예방에 주력하도록 하자는 주장과 무엇이 다른가? 자율규제로 해결되지 못하니 법적 규제가 필요한 것이다. 자의적 규제의 위험을 피하려면 민관협력적 거버넌스를 어떻게 구축할 것인가를 고민해야지, 국가 규제를 무조건 악마화해선 안 된다. 표현의 자유를 신성불가침의 성역으로 삼으면서 규제를 배격하는 논리는 오히려 표현의 자유를 위축시킨다. '표현의 자유'와 '공공의 이익'은 우리가 항상 동시에 고려해야 하는 양대 가치이다.

고전경제학의 자유시장 원리를 차용하여 관념화된 의견의 시장 marketplace of ideas이 '평등한 시장'이 아니고, 21세기에 표현의 자유를 구가하는 주체는 19세기에 언론의 자유를 주장했던 '시민'이 아니라 '미디어 빅테크 기업'이라는 지적은 대단히 의미심장합니다.

그런데 권력의 부정과 비리를 비판했던 여러 언론사에 대해 윤석열 정부의 방통위와 방심위가 제재를 가하고, 윤석열의 12·3 비상계엄이 정당했다는 취지로 중국 스파이 99명이 미국 정보기관에 체포되었다는 허위기사를 반복적으로 배포한 신문사 스카이데일리에 대해서는 아무런 규제를 가하지 않은 상황은 어떻게 이해해야 할까요?

어떤 정부가 들어서는가에 따라 규제기관의 인적 구성은 친정부적 인사로 재편되며, 그들에 의해 이루어지는 정부의 규제는 결코 공공의 이익에 부합하지 않고 당파적으로 운영되었습니다. 이렇게 친정부적 인사로 구성된 규제기관이 존재하는 한, 그렇게 이루어진 편파적인 정부의 규제를 시민이 통제하는 것은 실질적으로 불가능합니다.

언론의 위기는 무엇일까요? 그것은 정권, 정당 또는 사주가 이슈를 결정하고 팩트를 왜곡하고 기사의 내용을 바꾸는 것입니다. 표현의 자유와 언론의 위기는 동전의 양면처럼 맞물려 있는데, 남용된 표현의 자유가 바로 언론의 위기를 초래합니다. 이러한 언론의 위기를 만들어내는 주체에 정권과 정당이 존재한다는 점에서 왜곡된 표현의 자유를 바로잡을 주체로 정부를 상정하는 이진순 교수의 제안은 난센스가 아닐 수 없습니다.

위에서 이진순은 언론계의 자율규제론을 지나친 낭만주의라고 비판했는데, 오히려 이것이 본질적인 해법입니다. 자율규제가 낭만적인 이유는 자율규제 기구가 아무런 힘이 없기 때문입니다. 따라서 언론계의 자율규제 기구에 일정한 집행력을 부여한다면, 낭만주의는 현실주의로 비약할 것입니다. 중요한 것은 규제기관의 인적 구성을 정부가 낙점하는 것이 아니라 언론사 구성원들의 총의적 결정에 의해야 한다는 점입니다. 그래야 지금까지 정부가 주도했던 규제기관의 편파성을 극복할 수 있을 것입니다.

〈2025년 조희대 코트의 5·1 사법쿠데타〉에 대해, 민주당의 일부 인사가 '대법관 100명 증원' 또는 '비법조인 대법관 선임' 등의 제안을 하였습니다. 대법원장과 대법관이 정치적 편파성을 가졌던 중요한 동기가 대법원장을 대통령이 선임했다는 사실로부터 비롯된 것이어서, 여전히 대법원장과 대법관을 대통령이 선임한다면 '대법관 100명 증원' 또는 '비법조인 대법관 선임' 등은 대법원의 정치적 편향성을 극복하는 방안이 될 수 없습니다. 마찬가지로 미디어 규제기관의 인적 구성을 대통령이 행사하는 것으로부터 규제기관의 정치적 편향성이 출발하는 것이므로, 이러한 규제기관의 선출을 민주화해야만 이러한 편향에서 벗어날 수 있습니다.

결국 사회 전 영역에서의 민주주의는 각 조직에서의 민주주의가 실현되는 것으로 시작해야 합니다. 각 조직의 구성원들이 주체가 되어 그 조직의 민주화를 끌어내는 것이 가장 자연스러운 민주화가 될 것입니다. 앞에서 예를 들었던 것처럼 법원의 개혁, 법원의 민주화는 법원이라는 조직의 권한 행사에 관하여 평판사들에게 그 주도권을 주는 것으로 출발하는 것처럼, 마찬가지로 언론의 민주화는 그 언론기관의 구성원들에게 주도권을 부여하는 것으로 시작해야 합니다. 정권, 정당 또는 사주社主 누구도 이슈의 결정과 기사의 내용에 영향을 미칠 수 없게 해야 합니다.

  이런 제안에 대해, "그렇다면 그 구성원들이 독단을 부리는 것은 어떻게 통제할 수 있나요?"라고 질문할 수 있습니다. 그들이 독단을 부릴 수 있다는 가능성을 부인할 수 없습니다. 그렇지만 법원의 민주화에 관하여 평판사들의 집단지성을 신뢰해야 하는 것처럼, 언론의 민주화 역시 언론인들의 집단지성을 믿어야만 가능합니다.

  이런 제안에 대해 무책임하다는 반론이 있을 수 있습니다. 그러나 우리가 간과해서는 안 되는 것 두 가지 있습니다. 첫째, 민주주의라는 개념 자체가 그 구성원의 지성과 주체성을 인정하는 것으로 출발한다는 점. 둘째, 각 조직은 그 집단만의 로고스$_{logos}$를 갖고 있다는 사실입니다. 결코 부인할 수 없는 법원 판사들만의 로고스는 '논리적 정합성'과 '형평'입니다. 어떤 판사가 어떤 정치인에 대해 유죄판결을 내렸을 때, 그 지지자는 그 판사를 꼴통이라고 부르고, 그 반대자는 구국의 영웅이라고 부릅니다. 그렇지만 그 판사들은 '논리적 정합성과 형평'이라는 규범의 무게에 끊임없이 짓눌렸을 것입니다. 그렇다고 해서 그 집단에 비상식적인 일탈자가 없다는 뜻은 아닙니다.

  분명 판사들 역시도 바로 직전 선거에서의 자신의 투표성향으로부터 벗어나기는 어렵습니다. 그럼에도 그들은 '논리적 정합성과 형평'을 갖추지 못한 경우에는 함부로 판결문을 쓰지 못하는데, 바로 이것이 판사들을 구속하는 로고스입니다. 요컨대 '논리적 정합성과 형평'이라는 로고스를 판사들의 집단지성으로 확립하는 방안을 마련해야 합니다. 그것은 부장판사 승진, 법원장 선임, 대법관 선임을 할 때에 그들이 과거에 썼던 판결문의 '논리적 정합성과 형평'을 공론의 장에서 토론하는 것으로 달성할 수 있습니다. 과거에 자신이 썼던 판결문으로부터 결코 벗어날 수 없다는 사실을 각인시킴으로써, 그들을 통제하는 것입니다.

그렇다면 언론인을 구속하는 로고스는 무엇일까요? 예전에 황우석 사태 당시에 국익을 위해 진실을 밝히는 것이 옳지 않다는 주장이 있었습니다. 그때 이영희 선생이 "적어도 언론인에게 있어서는 진실이 국익보다 우선한다"고 말한 적이 있었습니다. 거짓을 기반으로 하는 국익이란 얼마 지나지 않아 파도에 휩쓸려 허물어질 모래성과 같습니다. 요컨대 언론인을 구속하는 로고스는 '진실을 왜곡하는 것에 대한 경계심'입니다. 가장 훌륭한 언론은 진실, 즉 '팩트'를 그대로 보도하는 것이기 때문에, 언론의 민주화는 언론인들의 이러한 집단지성에 의존해야 합니다. 만약 가짜뉴스를 규제하는 국가기관을 설치하는 것으로 해결하려 한다면, 이는 헌법이 금지하는 검열이 될 수밖에 없습니다.

매번 정권이 바뀔 때마다 정권의 낙하산 사장이 방송사를 장악하는 상황이 반복되었습니다. 그런데 만약 평판사회의 또는 전체법관회의와 같이 각 방송사와 언론사의 최고기관으로 평기자회의 또는 전체기자회의를 설립한다면, 현재의 언론 위기를 해결하는 그 시작이 될 것입니다.

지금까지 KBS와 MBC에서 정권으로부터 낙하산으로 내려온 많은 사장에 대해 방송사 직원들의 퇴진 운동이 있었습니다. 그 이유는 방송사 사장에게 지나친 권한이 집중되었고, 그들이 그 권한을 남용했기 때문입니다. 따라서 방송사와 언론사 사장을 정권이나 정당이 정하는 게 아니라 구성원들의 직접 선거로 선출하고, 그 권한이 남용되었다는 이의가 제기되면 '전체기자회의'에서 사장의 권한 행사를 취소할 수 있게 하는 것입니다. '구성원의 전체회의'라는 그 형식 자체가 민주주의를 표상하기도 합니다. 풀리지 않는 매듭, 즉 '고르디우스의 매듭'은 그 본질에 입각하여 단칼에 잘라버려야 합니다. 여기서 본질이 '민주주의'임은 물론입니다.

12·3 비상계엄과 시민의 승리

2024년 12월 3일 오후 10시 27분 대한민국 대통령 윤석열은 "파렴치한 종북 반국가세력을 일거에 척결하고 자유 헌정질서를 지키기 위해"라고 하면서 비상계엄을 선포했습니다. 윤석열이 말한 종북 반국가세력이 민주당을 비롯한 야당 국회의원임은 물론입니다. 그러자 이를 해제하려는 국회의원들이 여의도 국회의사당으로 집결하였고, 윤석열의 지시를 받은 김용현 국방장관이 707특임대 197명과 제1공수 특전여단 277명, 수방사 211명, 총 685명을 국회에 보내 국회의원들을 막았습니다.

이러한 계엄은 대한민국헌법 제77조 제1항이 규정한 '전시, 사변 또는 이에 준하는 국가비상사태'라는 요건을 갖추지 못했다는 점에서 위헌이었습니다. 심지어 국회가 폐회 중일 때에는 계엄을 통고하기 위해 대통령이 국회에 집회를 요구하여야 합니다(계엄법 제4조 제2항). 즉 대통령은 계엄 아래에서도 국회의 집회를 보장해야 함에도, 국회의 계엄 해제 결의를 막으려고 했습니다. 또한 계엄 시행 중에도 국회의원은 현행범인 경우를 제외하고는 체포, 구금될 수 없음에도

(계엄법 제13조), 정치인들과 언론인들에 대한 체포 명단을 작성하고 그 실행에 착수했습니다. 또한 계엄사령관의 권한이 행정사무와 사법사무에 제한되고 입법사무는 포함되지 않는 점에서(계엄법 제7조), 윤석열의 계엄 선포는 다툼의 여지 없이 형법상 내란죄 및 군형법상 반란죄가 성립합니다. 그리고 대한민국 국민 모두가 이 과정을 유튜브로 지켜본 '목격자'로 소송법상 '증인'에 해당합니다.

일반적인 쿠데타가 정권을 탈취하는 기습적 정치행위라면, 이 사건은 이미 권력을 쥐고 있는 세력이 더 큰 권력을 얻거나 권력을 재생산하기 위해 벌이는 친위쿠데타self-coup였습니다. 1936년 일본 제국주의시대 황도파의 2·26 사건과 1993년 옐친의 러시아 의회해산 등이 대표적인 친위쿠데타의 사례입니다.

우리 역사를 살피면, 1954년 이승만의 사사오입 개헌, 1956년 김일성의 8월 종파사건, 1972년 박정희의 10월 유신, 1980년 전두환의 5·17 내란에 이어 2024년 윤석열의 12·3 비상계엄이 대한민국 역대의 친위쿠데타로 기록되었습니다. 이로써 이승만→김일성→박정희→전두환 다음으로 윤석열이 한반도의 독재자로서의 역사적 명성과 자격을 얻게 되었습니다.

비상계엄이 해제된 이후 윤석열은 비상계엄 발동 당시 국회를 장악하려는 시도가 없었기에 내란에 해당하지 않는다고 변명했습니다. 그는 계엄군이 국회 본회의장을 점거하려 하지 않았다며 "국회의원과 국회 직원 등은 신분증 확인을 거쳐 국회 출입이 이뤄졌다"고 말했습니다. 그러나 '12·3 비상계엄 특별수사본부'가 발표한 김용현 전 국방부장관의 공소사실에 의하면, 계엄 당일 윤 대통령이 "총을 쏴서라도 문을 부수고 들어가 국회의원들을 끄집어내라"라고 지시했습니다. 또한 홍장원 국가정보원 1차장이 공개한 체포 명단에는 여야 주요 정치인들이 포함되어 있었습니다. 게다가 조지호 경찰청장은 특별수사단 조사에서 박안수 당시 계엄사령관의 요청에 따라 계엄 당일 오후 11시부터 국회를 통제했다고 밝혔습니다. 더구나 윤석열은 장기적인 상황에 대비하여 예비병력도 계획했습니다. 곽종근 전 특전사령관에 따르면 계엄이 선포된 3일엔 수도권 지역의 특전사 병력을 먼저 동원한 다음, 4일엔 후방의 7공수여단과 13공수여단 등 병력을 추가로 서울에 투입할 계획이 있었습니다. 이들 후방 부대는 각각 전북 익산, 충북 증평에 주둔하고 있었고, 당일엔 핵심 대상만을 장악하고 이후 대대적인 병력 증원을 계획했던 것입니다.

한편 윤석열은 선관위에도 297명의 계엄군을 투입했는데, 계엄과 관련된 담화에서 선관위의 개표 조작과 부정선거 때문에 계엄을 선포한 것이라고 그 동기를 밝혔습니다. 그는 "투표함 검표에서 엄청난 가짜 투표지가 발견되었고, 선관위의 전산시스템이 해킹과 조작에 무방비이고, 정상적인 국가기관 전산시스템의 기준에 현격히 미달"했다고 말했으며, 또한 "발표된 투표자 수와 실제 투표자 수의 일치 여부에 대한 검증과 확인을 거부한다면, 총체적인 부정선거 시스템이 가동된 것"이라고 주장했습니다.

그러나 2025년 1월 15일자 미디어오늘에 의하면, 2024년 총선 이전에 있었던 국정원 점검에서, 국정원이 중앙선거관리위원회의 보안이 취약하다고 주장했던 것은 이례적으로 망을 개방한 특수한 상황에서 이뤄졌던 때문이라고 밝혔습니다. 설령 그렇다고 하더라도 해킹에 취약점이 있다는 사실만으로 해킹으로 인한 부정선거가 일어났다고 증명된 것이 아닙니다. 더구나 선관위는 지난 총선 전 국정원 지적 사항에 보완 조치를 했고 외부 전문가들로부터 검증을 받았다고 발표했습니다. 선관위 선거정보시스템 보안자문위원회의 위원장을 지낸 김승주 고려대 교수는 거듭 해킹에 의한 부정선거 음모론이 사실과 다르다고 강조했습니다. 윤 대통령이 이날 제기한 '가짜 투표용지' 주장에 관해 선관위는 "과거 여러 차례 선거소송 재검표에서 정규 투표지가 아닌 가짜 투표지는 발견되지 않았다"고 밝혔습니다.

작가 한강은 1980년 5·18 광주의 계엄군에 대해 '사람이 어떻게 다른 사람을 그렇게 잔인하게 죽일 수 있었을까?'라고 슬퍼했으며, 다친 사람들을 살리기 위해 서로 피를 나누어 주겠다고 줄을 선 시민들을 보고서, '폭력과 아름다움이 공존하는 시대'였다고 표현했습니다. 무려 40여 년의 시간이 흐른 2024년 12월 3일 비상계엄이 선포되었고, 노벨문학상을 받기 위해 스웨덴에 있었던 작가 한강은 또다시 계엄을 목격했습니다. 12월 6일 스톡홀름에서 열린 노벨문학상 수상 기념 기자회견에서 그녀는 "2024년 겨울의 상황이 다른 점은 모든 것이 생중계되어서 모두가 지켜볼 수 있었다"면서, "맨몸으로 장갑차 앞을 막았던 분도 보였고 맨손으로 무장한 군인을 껴안으며 제지하는 모습, 총을 들고 다가오는 사람 앞에서 버티려는 모습, 군인들이 갈 때는 아들들한테 하듯이 소리치는 모습을 봤다"고 말했습니다. 이어서 "젊은 경찰분들, 군인 분들의 태도도 인상 깊었다"면서, "아마 많은 분이 느끼셨을 것 같은데, 예기치 못한 상황에서 판단하려고 하고, 내적 충돌을 느끼면서 최대한 소극적으로 움직이고 있다는 느낌을 받았다"고 말했습니다. 그녀가 보았던 것은 우리가 함께 보았던 것들이었습니다.

작가 한강이 5·18 광주를 다룬 소설 『소년이 온다』 전반부에 이런 장면이 있습니다. 계엄군에게 무참하게 살육당한 친구 정대를 전남도청의 시체 더미에서 찾고 있던 소년 동호가 이렇게 말합니다.

"군인들이 죽인 사람들에게 왜 애국가를 불러주는 걸까? 왜 태극기로 관을 감싸는 걸까? 마치 나라가 그들을 죽인 게 아니라는 듯이"라고 동호는 의아해했습니다.

그러자 함께 시체를 닦던 누나가 이렇게 대답했습니다.

"군인들이 반란을 일으킨 거잖아, 권력을 잡으려고. 그 사람들을 어떻게 '나라'라고 부를 수 있어"라고.

맞습니다. 그들은 '나라'가 아니며, 소년 동호가 함께 했던 광주의 시민들이 '진짜 나라'였습니다. 1980년 소년 동호와 정대의 슬픈 죽음이 우리의 시민들을 강인하게 만들어 2024년 장갑차와 계엄군의 총을 막아섰고, 시민들 앞에 선 계엄군들을 주저하게 했습니다. 과거의 역사가 현재에서 살아 꿈틀대면서 시민들의 승리를 이룬 것입니다. 그리고 작가 한강의 표현처럼 "내적 충돌을 느끼면서 최대한 소극적으로 움직였던" 계엄군들도 '공동의 승리자'였습니다.

계엄권의 삭제

윤석열의 비상계엄 선포를 보면서, 과연 21세기 대한민국에 계엄이란 제도가 필요한 것인지 의문이 들었습니다.

미국의 경우 연방헌법에 계엄령Martial Law이라는 단어는 없으나, 제1조 제9절에 "반란과 침략"이 있는 경우에 인신보호영장Habeas Corpus을 중단할 수 있다고 규정하고 있으며, 다만 그러한 권한을 의회에 부여하고 있습니다. 미국 역사상 남북전쟁 당시에 링컨이 계엄령을 선언하였던 것이 처음이자 마지막이며, 그때에도 의회는 영장의 중단을 인정하지 않았습니다.

독일과 일본은 과거 군국주의의 잔재에 해당하는 규정들을 모두 삭제하였기 때문에, 계엄이나 국가비상사태를 선포할 헌법적 근거가 없습니다. 또한 스웨덴, 스위스 등 의원내각제를 채택하고 있는 서유럽의 선진국들도 계엄 규정 자체를 두고 있지 않습니다. 대통령제 국가인 프랑스도 비상계엄령을 대통령이 아닌 국무회의가 발하게 되어 있고, 계엄기간이 12일을 초과하는 경우에 의회로부터 연장 승인을 받아야 합니다(프랑스헌법 제36조).

우리의 계엄 선포는 국무회의의 심의사항에 불과하지만, 프랑스의 경우에는 국무회의의 의결사항에 해당하는 것이어서, 그나마 대통령의 독단을 막을 수 있는 제도적 장치를 마련하였습니다. 그리고 대다수 정치적 후진국들, 즉 중국, 대만, 시리아, 이집트, 이란, 필리핀, 미얀마 등이 헌법에 계엄 규정을 두고 있습니다.

실제로 계엄은 비상사태를 극복하는 수단이 아니라, 쿠데타의 수단으로 사용되었던 전례가 압도적으로 많습니다. 1963년 시리아 바트당의 계엄령은 2011년까지 무려 48년 동안 지속되었으며, 이집트의 1967년 계엄령은 1980년까지 계속되었습니다. 1978년 이란의 계엄령, 필리핀 마르코스의 1972년 계엄령, 두테르테의 2017년 계엄령, 폴란드의 1981년 계엄령, 아르메니아의 2020년 계엄령, 미얀마의 2021년 계엄령 등 그 사례를 셀 수가 없습니다.

계엄령을 선포했던 나라들의 면면을 보듯이, 2024년 대한민국이 위 국가들과 동렬에 서게 되었습니다. 정말로 부끄러울 따름이며, 단 한 명의 인명 피해도 없었다는 사실에 안도할 뿐입니다. 다만 반드시 짚고 넘어가야 할 것은 윤석열의 쿠데타 모의가 엉성해서 실패한 것이 아니라는 점입니다. 윤석열과 김용현은 오랜 기간 치밀하게 계엄을 준비했으며, 단지 시민들이 막아설 것을 예측하지 못했을 뿐입니다. 즉 숱한 시민들이 계엄군의 총부리와 장갑차를 막아섰기에 계엄군들이 주저했던 것이고, 그로 인해 국회가 비상계엄 해제를 결의할 시간을 갖게 되었던 것입니다. 2024년 12·3 비상계엄의 실패는 전적으로 시민들의 승리였습니다.

만약 시민들의 지적, 민주적 소양이 높은 경우라면, 설령 전시 상황이라고 하더라도 굳이 계엄 제도가 필요하지 않습니다. 계엄의 핵심은 영장 없는 체포와 언론 통제로 요약됩니다. 설령 전시 상황이라고 하더라도 형사소송법이 긴급체포와 긴급압수수색 제도를 인정하고 있으므로, 계엄법에 따른 '영장 없는 체포'를 인정할 필요가 없습니다. 나아가 전시 상황이라고 하더라도 언론자유를 규제할 정당성은 결코 인정할 수 없습니다.

요컨대 현행 헌법을 개정할 때 제77조 계엄 규정은 반드시 삭제해야 하며, 독일연방기본법 제87a조 제3, 4항과 같이 국민의 신체와 재산을 보호하기 위한 경우에만 군대를 동원할 수 있다는 규정으로 대신해야 합니다.

독일연방기본법 제87a조 (군대의 설치, 병력수, 배치 및 임무)

② 방위 이외의 목적으로 병력을 설치하고자 할 때는, 헌법에 그것이 명문화된 경우에 한한다.

③ 군대는 방위상의 긴급사태 및 긴장 상태에서 방위 임무를 수행하는 데에 필요한 범위 내에서 민간의 재산을 보호하고 교통규제의 임무를 대행할 권한을 가진다. 이 밖에 방위상의 긴급사태 및 긴장 상태에서 경찰 조치를 지원하기 위해서도 민간의 재산의 보호를 군대에 맡길 수 있다. 그 경우에는 군대는 관할관청과 협력하여야 한다.

④ 연방 또는 주의 존립 및 자유 민주적 기본 질서에 대한 절박한 위험을 방지하기 위하여 연방정부는 헌법 제91조제2항의 전제와 같은 경우나 경찰력 및 연방국경수비병력이 충분하지 못할 경우, 민간인의 재산을 보호

하기 위하여 또는 조직적 무장폭도들과 대항하기 위하여 경찰 및 연방국경방위대를 지원할 목적으로 병력을 동원할 수 있다. 병력의 동원은 연방하원 또는 연방상원의 요청이 있을 때에는 이를 중지하여야 한다.

민주주의 리터러시

　2025년 2월 28일, 2기 트럼프 정부가 러시아-우크라이나 전쟁을 끝맺기 위해 젤렌스키 우크라이나 대통령을 초청하여 회담을 가졌고, TV 생방송으로 중계가 되었습니다. 처음에는 서로 예의를 갖추다가 중반 이후에는 설전을 벌였고, 결국에는 파국에 이르렀습니다. 이러한 회담의 결렬은 사실 예정된 것이었습니다. 왜냐하면 친러시아 성향의 트럼프가 우크라이나가 받아들일 수 있는 최소한의 보장책도 없이 젤렌스키에게 종전을 강요했기 때문입니다. 이 전쟁을 러시아가 시작한 것이기에, 우크라이나로서는 재발을 방지할 수 있는 보장을 요구할 수밖에 없었습니다. 러시아가 다시는 침략하지 않겠다고 약속하거나 미국이 우크라이나를 나토에 편입시켜 러시아의 재침을 예방할 수 있는 조치가 필요했던 것입니다. 이러한 예방책 없이 트럼프는 지금까지 미국이 들인 전쟁 비용을 회수할 목적으로, 젤렌스키에게 광물 협정만을 요구했습니다.

　젤렌스키가 이러한 요구를 거절하자, 트럼프는 젤렌스키에게 "당신은 더 이상 카드가 없다"라고 비아냥거렸습니다. 이에 젤렌스키가

"나는 지금 카드놀이를 하는 게 아니다"라고 반박했습니다. 그러자 J.D 밴스 미국 부통령이 젤렌스키에게 "당신은 미국에 감사해 하지 않는다"라고 다그쳤습니다.

여기까지의 회담을 보았을 때, 저는 감정적으로 젤렌스키에 동조했습니다. 왜냐하면 전쟁을 벌여 우크라이나의 영토를 침탈한 러시아가 옳지 않다는 PC~Political Correct, 정치적 올바름~주의, 수백만의 사람들에게 생명을 빼앗고 고통을 가한 전쟁은 옳지 않다는 공정과 공평의 감각, 그리고 약자에게 기우는 감정적 래디컬리즘이 저를 지배하기 때문이었습니다.

그런데 그다음에 트럼프가 던진 말에 저는 갑자기 사고가 멈추어 버렸습니다. '카드놀이를 하고 있지 않다'는 젤렌스키에게 트럼프는 "당신은 수백만의 목숨과 세계 3차대전의 발발 가능성으로 도박을 하고 있다"고 윽박질렀습니다. 사실 그 같은 경고를 푸틴에게 던져야 합니다. 왜냐하면 전쟁을 일으킨 장본인이 푸틴이기에 그러합니다. 그러나 푸틴은 그 같은 경고를 무시할 것이고, 경고를 무시한 푸틴을 지금의 국제사회가 응징하지 못합니다. 그리고 푸틴을 응징하려는 순간, 세계 3차대전을 각오해야만 합니다.

따라서 힘의 논리가 지배하는 지금의 국제질서에서 정치적 올바름~PC~만을 주장하는 것은 너무나 순진하다고 트럼프가 공격한 것입니다. 게다가 많은 미국 국민이 트럼프의 자국 이기주의와 쇼비니즘~chauvinism~에 환호할 거라는 생각에, 더욱 심한 무력감을 느꼈습니다.

그러나 바로 다음 날인 2025년 3월 1일, 뜻밖에도 다시 희망을 발견했습니다. 미국 전역에서 우크라이나 지지 시위가 벌어졌기 때문입니다. 영국 일간지 가디언에 의하면, 버몬트주 웨이츠필드에서 수백 명의 시위대가 J.D 밴스 부통령의 방문을 반대하는 시위를 벌였습니다. 밴스 부통령이 가족과 함께 스키 여행을 위해 버몬트주를 찾을 예정이었다가, 2월 28일 TV로 생중계된 정상회담을 지켜본 사람들이 시위에 나서서, 밴스의 방문을 막아섰기 때문입니다. "버몬트는 우크라이나를 지지한다"와 "트럼프와 J.D 밴스는 국제적 망신"이라고 적힌 팻말을 들고 항의했고, 연대의 의미로 우크라이나 국기를 흔들었습니다. 한 시위대는 버몬트 퍼블릭 라디오에 "어제 그들이 한 일은 선을 넘은 것"이라고 말했습니다.

한편 뉴욕과 로스앤젤레스, 보스턴 등 미국의 다른 도시에서도 수백 명이 우크라이나와 젤렌스키 대통령에 대한 지지를 표하는 시위에 나섰습니다. 소셜네트워크SNS에 올라온 동영상을 보면 수백 명의 시위대가 파란색과 노란색으로 이뤄진 우크라이나 국기를 등에 걸치고 뉴욕 타임스퀘어에 모였고, 로스앤젤레스 카운티에서는 친우크라이나 성향의 군중이 트럼프 행정부의 '실세'인 일론 머스크가 이끄는 스페이스X 시설 앞에서 집회를 열었습니다.

돌이켜보면 설령 인류문명의 일부가 여전히 야만적이고 원시적이라고 하더라도, 만약 인류의 다수가 '공정과 공평의 감각', 근본주의에 입각한 '정치적 올바름'PC주의를 선택한다면, 그러한 민주주의를 통해 인류는 조금 더 '진보'할 것입니다.

결국 인류문명의 미래는 민주주의를 통해 조금씩 진화해 나갈 것입니다. 그러나 민주주의는 본질적으로 '숫자'에 지배됩니다. 민주주의 또는 민주적인 결정은 형식과 절차에 관한 것이며, 그 형식 자체는 가치중립적입니다. 따라서 다수의 민중이 야만적 극단주의에 동조하고, 종교적 광신을 추종한다면, 그러한 다수의 결정도 민주적인 결정이 될 것입니다. 그것이 우리 인류가 20세기에 경험했던 전체주의입니다.

결국 민주주의는 다수 대중이 어떤 세계관을 가지는지, 그리고 정책과 제도를 어떻게 이해하는지라는 그들의 이해력문해력, 즉 민주주의에 관한 리터러시Literacy에 의존될 수밖에 없습니다. 즉 대중의 리터러시가 확보되지 않은 민주주의, 진보적 세계관을 갖추지 못한 민주주의는 결코 이상적인 체제가 될 수 없으며, 곧바로 야만적 전체주의로 변질될 것입니다.

인류문명의 방향

칼 세이건Carl Edward Sagan의 『코스모스Cosmos』(1980)의 제12장에는 '은하대백과사전'이라는 독특한 제목 아래 흥미로운 가설이 등장합니다. 유럽인들이 18~19세기에 아메리카 대륙을 밟았던 태도를 두 가지 형태로 나누고서, 이로써 지구를 방문하는 외계문명의 태도를 추론했습니다.

프랑스혁명이 발발하기 전, 루이16세가 파견한 태평양 원정대의 라 페루스 백작은 1786년 7월경에 알래스카 해안에 도착했습니다. 라 페루스는 아메리카 원주민 중의 하나인 틀링지트 족族에게 평화적이고 우호적으로 다가갔습니다. 그러나 1882년 라틴 아메리카를 침략한 스페인의 에르난 코르테스는 아스텍 문명을 철저히 파괴해 버렸습니다. 우주의 시각에서 볼 때 지구 문명은 스페인에 점령당한 아스텍보다 훨씬 더 후진적인 문명일 것이라고 칼 세이건은 전제하였습니다. 그런데 지구 문명이 외계인으로부터 공격당하지 않고 아직 건재한 것에 관하여, 칼 세이건은 이렇게 의문을 던집니다.

우리가 겪어 본 문화 간 갈등의 음울한 실상(스페인의 아스텍 침략-인용자)이 범은하적 규모에서도 통용되는 것이라면, 지구를 침공한 외계인들은 우리의 세익스피어나 바흐나 베르메르와 같은 이들에게 일시적 경의는 표할지 몰라도 지구 문명은 바로 끝장내 버릴 것이다. 그렇지만 아직 이런 일은 없었다. 그렇다면 외계인들이 원하던 바가 코르테스가 아니라 라 페루스와 같이 철저하게 우호적이었단 말인가? (614)

그러면서 세이건은 다음과 같이 추론을 이어갑니다. 어느 은하계의 지적 생명체가 자원이 고갈되어 식민 행성을 개척하기 위해 팽창하는 정책을 취할 수 있고, 만약 그랬다면 그 과정에서 다른 문명과 서로 충돌하는 갈등을 당연히 겪었을 것이라고 가정합니다.

그런데 그러한 충돌의 과정에서 두 문명은 공멸했을 수도 있고, 만약 살아남았다면 그들은 평화적으로 공존하는 선택에 이르렀을 것이라는 가설입니다. 왜냐하면 자신의 태양계를 넘어 다른 은하에서 식민 행성을 개척하려고 했다면, 그 문명의 기술 수준도 대단히 높았을 것이기에, 그들이 공존을 선택하지 않았다면 공멸했을 것이기 때문입니다. 즉 공격적 성향의 문명이 일시적으로 승리를 거두고 식민 행성을 개척할 수는 있습니다. 그러나 언제가 자신보다 더 우월한 문명을 만날 것이고, 여전히 공격적 성향을 유지한다면 더 우월한 문명으로부터 멸망 당할 것입니다. 따라서 자신의 태양계와 은하계를 넘어 광막한 공간과 영겁의 시간을 지나왔다면, 위와 같은 공격적 성향을 지닐 수 없다는 것이 세이건의 추론입니다.

지구 문명이 악의에 찬 외계문명과 만났을 때 어떻게 하면 좋을까 하고 걱정할 필요조차 없다. 그들(외계문명-인용자)이 살아남았다는 사실 자체가 동족이나 다른 문명권과 잘 어울려 살 줄 아는 방법을 이미 터득했음을 입증하기 때문이다. 스스로를 다스리고 남과 어울려 살 줄 모른다면 그렇게 오랜 세월을 견뎌 낼 수 없었을 것이다. 우리가 외계문명과의 만남을 두려워하는 이유는 우리 자신의 후진성(스페인의 아스텍 침략-인용자)에서 유래한 것이다. 우리의 공포감은 우리 자신의 죄의식을 반영하는 것이다. 우리는 우리가 과거에 저지른 잘못을 잘 알고 있다. 인류의 역사에서 한 문명이 그보다 약간 선진적인 문명에게 철저하게 파괴당하는 야만적 상황을 우리는 여러 차례 목격했다. 콜럼버스와 아라와크 족의 만남이 그랬고, 코르테스와 아스텍이 그랬다. 우리는 저들도 우리와 같을 것이라고 믿기 때문에 외계문명과의 조우를 두려워하는 것이다(620~621).

외계인이 지구를 침략하는 줄거리의 SF는 여러 번 반복되었습니다. 팀 버튼Tim Burton 감독의 〈화성 침공〉Mars Attacks, 1997이나 탐 크루즈가 주연한 스티븐 스필버그 감독의 〈우주전쟁〉War of The Worlds이 그 예입니다. 칼 세이건은 이런 상상이 '지구인들의 후진성', 즉 17~18세기에 있었던 유럽인들의 아메리카 침략 역사에 대한 죄의식으로부터 비롯되었다고 지적하고 있습니다. 그래서 지구인들이 외계문명과의 만남을 두려워한다고 평가했습니다. 다만 아직도 이 지구에 야만적인 행태가 여전히 벌어지기는 하나, 평화와 공존의 필요성을 조금씩 확인할 수 있습니다. 왜냐하면 지구인들 역시도 두 차례의 세계대전을 거치면서 적대적 충돌이 공멸에 이를 수도 있다는 위험을 느꼈기

천문학자 칼 세이건이 쓴 책 『코스모스Cosmos』는 미국 랜덤하우스에서 1980년 10월 12일 출간되었다. 한국엔 2004년 번역 출판됐다.
칼 세이건의 『코스모스』(1980)의 제12장에는 '은하대백과사전'이라는 독특한 제목 아래 흥미로운 가설이 등장한다. 유럽인들이 18~19세기에 아메리카 대륙을 밟았던 태도를 두가지 형태로 나누고서, 이로써 지구를 방문하는 외계문명의 태도를 추론했다.

때문입니다.

우리 은하계의 지름이 10만 광년이고, 우리와 가장 가까운 은하계인 안드로메다는 무려 253만 7천 광년 떨어져 있습니다. 어느 먼 은하계의 한 태양계에 있는 지적 생명체는 자신의 태양계를 넘어서고 다시 자신의 은하계를 벗어날 즈음에는 문명의 충돌이 공멸에 이를 것이라는 사실을 학습할 수밖에 없다는 것이 칼 세이건의 추론이며, 만약 그러한 공존을 학습하지 못한다면 그 문명은 몰락한다는 것이 그 결론입니다.

우주의 지적 생명체의 문명이 계속 진화하려면 '평화적 공존'을 지향해야 한다는 세이건의 가설을 증명하기는 어렵습니다. 더구나 지구인들은 아직도 자신의 태양계를 벗어나지도 못하고 있습니다. 그런데 지구인들이 태양계를 지나 우리 은하계를 넘어서 또 다른 은하계에 접근할 수 있을 정도의 광막한 공간에 다다른다면, 그 영겁의 시간 동안에 다른 문명과의 충돌을 해결하는 과정을 거쳐야만 생존할 수 있으리라는 추론은 충분히 합리적입니다.

심지어 이러한 평화가 강한 상대에 대해서만 성립하는 것이 아니므로, 상대가 약하고 열등한 경우에도 성립하는 평화는 상대에 대한 '존중과 배려'를 전제할 수밖에 없습니다. 그리고 공존, 즉 '함께 살아가는 것'이 그러한 평화의 실천적인 이념이 될 것입니다. 이것이 지구인들보다 앞선 우주의 지적 생명체가 가지고 있는 문명의 방향이고, 우리 인류문명이 진화해 가는 이정표가 되리라는 견해는 대단히 설득력 있는 가정입니다.

호주의 외교관으로 이라크 유엔 무기 사찰 기구인 UNSCOM 위원장을 역임했던 리처드 버틀러Richard Butler가 그의 저작 〈Fatal Choice : Nuclear Weapons and the Illusion of Missile Defense〉(치명적인 선택 : 핵무기와 미사일 방어의 환상, 2001)에서 이렇게 적었습니다.

"as long as any country possesses nuclear weapons, other countries will seek to acquire them"(어떤 국가가 핵무기를 보유하는 한, 다른 국가들도 핵무기를 획득하려 하게 된다.)

그는 핵보유국들이 자신은 핵무기를 보유하면서 다른 나라에 비핵화를 요구하는 것이 핵 비확산 노력의 가장 큰 장애물이라고 강조했습니다. 핵을 보유한 미국이 자신의 안보를 위해 핵 보유를 정당화하는 반면에, 다른 나라의 안보에는 핵무기가 필요 없다고 주장하는 것은 공평하지 않다는 것입니다. 미국이 버틀러를 싫어했던 것은 당연합니다. 어쨌든 그의 노력에도 불구하고 전 세계의 국가들은 지구 문명을 공멸에 빠트릴 핵무기를 평화라는 명분으로 앞다투어 개발하고 있습니다.

그런데 버틀러의 주장대로 핵무기가 모두 사라진다면, 이 지구에 평화가 도래할까요? 아닙니다. 핵무기가 사라지면, 재래식 무기에 의한 '힘의 질서'로 재편될 것입니다. 이것이 '버틀러의 패러독스paradox'입니다. 오히려 모든 국가가 핵무기를 보유하게 될 때 '약육강식의 국제질서'가 '평화적 공존 체제'로 바뀔지도 모릅니다. 이른바 '핵무기의 역설The Irony of nuclear weapons'입니다. 소련 붕괴 후 우크라이나는 세계 3위 규모의 핵보유국이었는데, 핵탄두 약 1천700발, 대륙간탄도미사일ICBM 170여 발을 보유했습니다. 지구를 몇 번 파괴할 수 있는 양이었습니다.

우크라이나는 1994년 12월 5일 헝가리 부다페스트에서 비핵화를 내용으로 하는 '부다페스트 안전 보장 각서'를 체결했습니다. 각서 체결에는 우크라이나와 러시아, 미국, 영국, 벨라루스, 카자흐스탄 등이 참여했습니다. 핵을 포기하는 대신 우크라이나의 독립·영토 보전을 국제사회가 약속한다는 내용이었습니다. 핵보유국인 러시아와 미국은 이 각서 체결로 '아마겟돈'을 피할 수 있게 됐다면서, 우크라이나에 찬사를 보냈습니다. 우크라이나는 핵탄두와 ICBM을 모두 러시아에 넘겨 1996년 6월 비핵화를 완료했습니다(2022년 2월 13일자 연합뉴스 〈핵무기의 역설…우크라 "포기하지 않았더라면" 한탄〉).

그로부터 26년이 지난 2022년 러시아가 우크라이나를 침략했습니다. 우크라이나의 안전을 보장한다던 부다페스트 각서에는 위반자에 대한 강제조항이 없었습니다. 2022년 러시아의 우크라이나 침공은 '핵무기의 역설'을 반증反證, disproof한 역사적 사건이 되었습니다. 평화를 위해 핵무기가 필요하다는 기괴하고도 어리석기 짝이 없는 '핵무기의 역설'을 이제는 부정할 수 없게 되었습니다. 어쩌면 지구인들은 '평화적 공존의 가치'를 깨닫지 못하고, 이 태양계를 넘어서지도 못한 채 이 행성 안에서 자멸할 것만 같습니다.

그러한 점에서 2022년 러시아로부터 침략당한 우크라이나에 대해 지지를 표현하는 것은 단순한 도덕주의 혹은 순진한 PC political correct 주의가 아니라, 인류문명이 진화하는 방향에 부합하는 행동입니다. 아직도 자국보다 후진적인 나라를 공격하거나 자기보다 약한 사람을 차별하고 멸시하는 일이 자연스럽게 행해지고 있습니다. 러시아의 우크라이나 침략이 그렇고, 난민들을 추방할 것을 주장하는 유럽 우파 정당들이 그러합니다. 그리고 장애인과 여성에 대한 혐오의 말을 자랑스럽게 꺼내는 한국의 극우파들이 그러합니다. 이와 같은 야만적 극단주의가 우리를 '자기 파괴의 몰락'으로 치닫게 할 것이라고 칼 세이건은 우리에게 경고했습니다.

우리와 같은 문명의 운명은 결국 화해할 줄 모르는 증오심 때문에 자기 파괴의 몰락으로 치닫게 되는 것은 아닌가 걱정된다. 하지만 우주에서 내려다본 지구에는 국경선이 없다. 우주에서 본 지구는 쥐면 부서질 것만 같은 창백한 푸른 점일 뿐이다. 지구는 극단적 형태의 민족 우월주의, 우스꽝스러운 종교적 광신, 맹목적이고 유치한 국가주의 등이 발붙일 곳이 결코 아니다. (632)

유럽을 비롯한 세계의 극우 정당이 빠른 속도로 성장하는 것에 대해, 사람들은 의아해합니다. 그러나 그 이유는 간단합니다. 극우파가 확산시키는 혐오와 차별의 감정은 인간의 본능에 내재하는 원시적 야만성으로부터 비롯된 공격성입니다. 그러한 원시적 감정을 자극하는 것만으로도 타인에 대한 공격성은 쉽게 전염될 수 있습니다. 더구나 극우파가 공격하는 대상은 강자가 아니라 약자이기에, 그로부터 전염된 많은 대중이 그러한 차별과 혐오를 쉽게 선택하는 것입니다. 그에 반해, 진보의 의제, 즉 '평화적 공존'은 자신의 이익을 희생하고, 자신의 감정을 절제해야 하기에 그 선택이 쉽지 않습니다. 그리고 그러한 진보의 의제를 선택하기 위해서는 '자신이 왜 희생해야 하는지' 그리고 '왜 절제해야 하는지' 그 이유를 깨달아야만 하기에, 그 전파가 훨씬 더 어렵습니다.

칼 세이건이 『코스모스Cosmos』 서문에서 아내 앤 드류얀을 위해 썼던 문구 일부를 인용하면서, 끝을 맺겠습니다.

"공간의 광막함과 시간의 영겁에서 행성 하나와 찰나의 순간을 공유"하는 "너무나 특별한" 동시대의 인류에게 호소합니다. 혐오와 차별을 멀리하고 서로에 대한 존중과 배려를 나누고, 함께 살아가는 공존의 방식을 우리의 딸과 아들에게 가르칩시다. 그 이유는 세이건이 우리에게 조언한 것처럼, '자기 파괴의 몰락'을 피하기 위해서입니다. 그래야 우리 인류가 살아남을 것이기 때문입니다. 그리고 이러한 '평화적 공존'의 가치관은 민주주의 리터러시$_{Literacy}$의 토대가 될 것입니다.

제6장

통치구조의 진화

어떤 공화정이 독재로 타락하는가

칼 마르크스Karl Marx의 『루이 보나파르트의 브뤼메르 18일』(Der achtzehnte Brumaire des Louis Bonaparte)(1852)에 나오는 유명한 구절이 있습니다.

"Hegel bemerkt irgendwo, daß alle großen weltgeschichtlichen Tatsachen und Personen sich sozusagen zweimal ereignen. Er hat hinzugefügt: das eine Mal als Tragödie, das andere Mal als Farce."

"헤겔은 어딘가에서 모든 위대한 세계사적 사실과 인물은 두 번 반복된다고 지적한 바 있다. 그는 덧붙였다. 한 번은 비극Tragödie으로, 다른 한 번은 희극(Farce)으로."

마르크스의 문장으로 수없이 인용되었지만, 사실은 헤겔의 문장이었습니다. 나폴레옹 보나파르트가 제1통령에 당선되고 쿠데타를 통해 종신 통령이 된 다음에 1804년 황제로 즉위한 사실에, 크게 실망했던 마르크스가 '나폴레옹의 타락'을 비극Tragödie이라고 표현했습니다. 그런데 그 뒤 그의 조카 루이 보나파르트마저도 대통령에 당선된 후 쿠데타로 대통령 연임제한을 폐지하고 종신 통령이 된 다음 1852년 12월 2일 또다시 황제로 즉위하여 제2제정을 선포하자, 마르크스는 헛웃음을 지으며 이제는 희극$_{\text{Farce}}$이라고 받아들였던 것입니다. 열렬한 공화주의자였던 루드비히 판 베토벤$_{\text{Ludwig van Beethoven}}$도 그의 〈교향곡 제3번〉의 초고 제목을 '보나파르트$_{\text{Buonaparte}}$'라고 쓰고, 유럽의 해방자 나폴레옹에게 〈교향곡 3번〉을 헌정하려고 했습니다. 그러다가 나폴레옹이 프랑스 황제로 즉위한 1804년 5월 14일 분노를 참지 못하고, 악보의 제목을 너무 세게 지운 나머지 원고 제목 페이지에 구멍이 뚫렸다고 합니다. 그리고 2년 뒤인 1806년 위 악보를 출간하면서 "어느 영웅을 회상하며 작곡했다"는 문구를 적었고, 그런 연유로 〈교향곡 3번〉이 '영웅'으로 불리게 되었습니다.

그러나 '타락한 혁명의 역사'는 두 번이 아니고, 수도 없이 반복되었습니다. 그렇게 반복된 '타락한 혁명'은 결코 '희극'이 아니었으며, 인민에게는 언제나 처절한 '비극'이었습니다. 공화주의 혁명이 독재로 타락한 역사는 나폴레옹 이전에 이미 두 번씩이나 존재했습니다. 영국 청교도혁명 후에 크롬웰 독재가 있었고, 프랑스 1789년 혁명 후에 자코뱅 독재가 있었습니다. 그러고 나서 나폴레옹과 루이 보나파르트의 제정$_{\text{帝政}}$이 있었고, 그 뒤 러시아 혁명은 볼셰비키 독재로, 다시 스탈린 독재로 종결되었습니다. 그다음 마오쩌둥의 중국공산당 독재, 북한의 김일성 독재가 성립되었습니다. 실제로 러시아, 중국 혁명은 '공화주의 혁명'에도 미치지 못했습니다. 공화주의 혁명이란 인민이 직접 통치자를 선출하는 체제를 말하는데, 혁명 이후 러시아, 중국은 공화주의는커녕 '세습되지 않는 차르$_{Tsar}$, 세습되지 않는 황제 체제'를 구축했습니다. 심지어 북한은 '세습 군주제'를 완성하였습니다. 독일의 히틀러도 힌덴부르크 대통령 사후에 그 지위를 계승하고 총통에 올랐습니다. 이승만도 불법적으로 헌법을 개정하여 종신 집권을 노리다가 하야했으며, 박정희도 유신헌법으로 종신 통령에 즉위했다가 10·26의 총탄에 사라졌습니다. 10년의 집권 기간을 정하고 평화적인 정권 교체를 완성했던 덩샤오핑의 헌법을 파괴한 시진핑은 종신 주석에 올랐지만, 정부 교체 시스템을 상실한 중국 정치는 그 혼돈의 초입에 들어갔습니다. 그런데 이러한 '공화제 아래에서의 왕$_王$의 역사'는 단지 과거의 기록에 그치지 않으며, 우리 가까이에 여전히 계속되고 있습니다.

미국 백악관은 2025년 2월 19일 왕관을 쓴 트럼프 사진을 X(트위터)에 게시하고, "혼잡통행료는 이제 죽었고, 맨해튼과 모든 뉴욕 시민이 구원받았다. 왕 만세$_{Long\ Live\ The\ King}$"라는 문구를 올렸습니다(미국 백악관 X(트위터) 게시물). 전임 바이든 정부가 뉴욕 맨해튼 중심부에 혼잡통행료를 도입한 것을 트럼프가 취소했다는 사실을 홍보한 것입니다. 그 전날 트럼프는 트루스소셜에 "조국을 구하기 위한 행위는 불법이 될 수 없다"는 글을 올렸는데, 위 문장은 황제로 즉위한 프랑스 나폴레옹의 발언을 인용한 것입니다(2025년 2월 20일자 중앙일보 〈절대군주 트럼프? 이번엔 왕관 쓰고 스스로 '왕'이라 불렀다〉).

한편 지난 2021년 10월 1일 MBN 제5차 방송토론에 참석한 윤

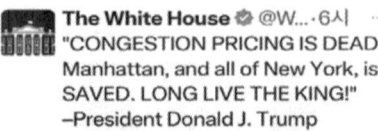

미국 백악관은 2025년 2월 19일 왕관을 쓴 트럼프 사진을 X(트위터)에 게시했다. (출처 : 미국 백악관 X)

석열은 손바닥에 임금 왕자를 그린 모습이 방송에 나와 화제가 됐습니다.

공화주의란 인민이 통치자를 선출한다는 체제이지만, 그 사상적 바탕에는 "우월한 자가 열등한 자들을 통치한다"는 엘리트주의가 깔려 있습니다. 따라서 통치자가 '왕이 되려는 권력의지'를 가지게 되면, 쉽게 공화정을 변질시킬 수 있었던 것입니다.

그러나 모든 공화정이 군주정으로 타락하는 것이 아닙니다. '독재 혹은 군주정'으로 타락하는 공화정은 바로 '1인 행정부 체제'입니다. 영국 청교도혁명 이후에 성립한 크롬웰의 호국경 체제, 프랑스혁명으로 성립한 프랑스 통령 정부, 그리고 지금의 대통령제가 그 예입니다.

임기제 통령으로 당선되었다가 쿠데타로 연임제한을 폐지하고 종신 통령이 되었던 나폴레옹 보나파르트, 루이 보나파르트, 히틀러, 이승만, 박정희 그리고 윤석열이 등장할 수 있는 배경에는 바로 '1인 행정부 체제'가 있습니다. 사르토리와 아런트 레이파르트가 이름 붙인 〈Primus Solus〉, 즉 〈으뜸가는 유일한 국가원수〉의 체제입니다. 왜냐하면 이들 체제 모두 '1인 행정부'라서, 통령제에서 군주정으로 쉽게 전이transformation될 수 있었던 것입니다. 분명 '1인 행정부 체제'에서 자신의 권력을 남용하지 않았던 통치자들이 있었지만, 통치자의 선의와 개인적 인품에 의존하기보다는 권력의 남용 가능성을 제도적으로 봉쇄하는 게 옳습니다.

따라서 '합의제 행정부'인 의원내각제는 결코 독재 또는 군주정으로 타락할 수 없습니다. 의원내각제가 독재로 변질되려면, 히틀러Adolf Hitler의 총통 체제 또는 무솔리니Benito Mussolini의 대원수 체제와 같은 '1인 행정부 체제'로의 정립이 선행되어야 합니다. 그런 연유로 이탈리아의 조르자 멜로니 총리나 이스라엘의 벤야민 네타냐후 총리와 같이 의원내각제 국가에서 권력을 강화하려는 야심가들이 대통령제 개헌이나 총리 직선제 개헌을 주장하는 것입니다. 그렇기에 의원내각제로 통치구조를 바꾸게 되면, 대통령제 또는 총리 직선제 등 그 명칭의 여하를 불문하고 '1인 행정부 체제'로 다시 헌법을 개정하는 것을 금지한다는 문구를 명시해야 합니다.

독재의 조건

2025년 8월 독일의 정치학자 마르첼 디르주스Marcel Dirsus가 『독재자는 어떻게 몰락하는가』How Tyrants Fall: And How Nations Survive라는 저작을 발표했습니다. 윤석열의 대통령 당선, 윤석열과 김건희의 비리 게이트 폭로, 비상계엄, 친위쿠데타의 실패 그리고 윤석열과 김건희의 구속이라는 일련의 과정은 한 독재자의 드라마틱한 몰락을 연출하였고, 우리는 이러한 몰락을 대단히 고통스럽게 지켜보았습니다. 이런 시점에 〈독재자는 어떻게 몰락하는가?〉라는 질문은 대단히 의미심장합니다.

2025년 3월, 스웨덴 예테보리대학교 산하 민주주의다양성 연구소V-dem가 2024년에 이어 2년 연속으로 한국을 '독재화 진행 국가Autocratization Country'로 평가했습니다. 특히 한국은 2025년에 들어 '자유민주주의' 지위가 박탈되며, '선거민주주의' 나라로 분류되었습니다. 연구소가 정의한 자유민주주의 국가는 "시민적 자유 보호, 법 앞의 평등, 행정부에 대한 사법·입법적 통제"가 보장되는 국가입니다. 위 연구소가 발표한 〈민주주의 보고서 2025〉에 따르면, 2024년 기준으로 22년 만에 권위주의 정권이 집권한 국가가 91개로 민주주의 국가(88개)보다 더 많다고 집계했습니다. 동유럽의 헝가리와 폴란드에서는 2010년대부터 권위주의가 진행되었고, 이탈리아, 프랑스, 독일 등 서유럽 여러 나라에서도 지난 2~3년 사이 극우 정당이 부상하고 있으며, 미국 역시 다시 트럼프 정부가 들어서며 민주주의가 후퇴하고 있다고 지적하고 있습니다. 그렇다면 굳건하게 보이는 독재자의 권력은 언제 어떤 계기로 무너지는가? 그들이 몰락할 때 어떤 일이 벌어지는가? 마르첼 디르주스Marcel Dirsus는 『독재자는 어떻게 몰락하는가: 국가는 어떻게 살아남는가』에서 위 질문을 다루며, 현 민주주의의 새로운 가능성을 모색하였습니다(『독재자는 어떻게 몰락하는가』 책소개, 출판사 아르테).

그런데 〈독재자는 어떻게 몰락하는가?〉라는 현상을 분석하는 것보다 〈독재는 어떻게 시작하고 어떻게 완성되는가?〉라는 질문이 우리에게 더 의미 있는 게 아닐까요? 왜냐하면 더 이상 독재가 생겨나지 않도록 하는 게 더욱 중요하기 때문입니다. 따라서 우리는 〈독재의 조건〉을 밝힘으로써, 그 조건을 제거하여 더 이상 독재가 발붙이지 못하게 해야 합니다.

독재는 독재자 개인의 비정상적인 권력의지가 바탕에 있지만, 그것이 시작되고 완성되기 위해서는 두 개의 외부적 조건이 필요합니다. 첫째, 〈어떤 공화정이 독재로 타락하는가?〉라는 질문에서 밝혔던 것처럼 통치구조 조건이 필요합니다. 즉 '1인 행정부'라는 체제가 전제되어야만 독재가 성립할 수 있습니다. '합의 행정부 체제'의 독재는 이제껏 존재한 적도 없고, 성립할 수도 없습니다. 예를 들어 스웨덴 내각제의 엘란데르Tage Fritjof Erlander 사회민주당 정부는 1946년부터 1969년까지 23년간 집권했습니다. 그러나 그 시기 엘란데르와 사민당 정부를 향해 어느 누구도 "장기 집권이다, 독재다"라고 비난한 적이 없습니다. 오히려 엘란데르의 사민당 정부는 세계 복지국가의 표준모델을 만들었던 '스웬덴 민주주의의 황금기'로 평가되고 있습니다.

두 번째로 '영웅숭배 현상'과 '영웅숭배의 체제 내재화'라는 조건이 있어야 독재가 성립될 수 있습니다. 1804년 나폴레옹 보나파르트의 황제 즉위에 관한 국민투표가 있었는데, 찬성이 3,521,675표, 반대가 2,579표였습니다. 나폴레옹이 강압적 방식으로 황제가 된 게 아니고, 프랑스 국민의 열렬한 지지 속에 즉위했던 것입니다. 그의 조카 루이 보나파르트도 제2제정을 묻는 국민투표를 1852년에 실시했는데, 찬성 7,824,189표, 반대 253,145표로, 97%라는 압도적인 결과였습니다. 1934년 8월 19일에 히틀러가 실시한 〈총통직 신설에 관한 국민투표〉에는 유권자 45,552,059명의 95.7%인 43,568,886명이 참여했고, 그 중 88.1%인 38,394,848명이 전폭적으로 찬성하였습니다. 박정희가 종신 통령을 목적으로 개정한 유신헌법 역시 1972년 11월 21일 유권자 15,676,395명의 91.9%인 14,405,369명 중 91.5%인 13,178,223표의 찬성으로 가결되었습니다. 지금까지의 역사는 대중의 열렬한 환호 속에 독재가 성립했다는 사실을 증명하고 있습니다. 요컨대 대중의 숭배는 통치자의 비정상적인 권력의지를 부추기고, 그를 독재자로 타락하게 하였습니다.

그리고 독재자들은 자신의 적敵을 설정하고 '적敵에 대한 반대'와 '대중을 도취시키는 승리의 이데올로기'를 유포하여 진영을 구축함으로써 자신에 대한 숭배를 더욱 심화시켰습니다. 1804년 나폴레옹은 프랑스 주변의 영국, 프로이센, 오스트리아, 러시아를 적으로 설정하고, 유럽정복을 통한 유럽 패권주의로 프랑스 국민을 사로잡았습니다. 히틀러는 1차세계대전의 결과인 베르사유 조약에 대한 반대를 제시하고, 범게르만주의와 반유대주의라는 이데올로기로 대중으로부터의 숭배를 끌어냈습니다. 그리고 스탈린은 자본주의에 대한 반대와 세계혁명이라는 이데올로기로 자신에 대한 숭배를 만들어냈으며, 김일성은 미제국주의에 대한 반대와 주체사상이라는 이데올로기로 세습군주제를 완성했습니다. 그리고 박정희, 전두환, 윤석열은 (존재하지도 않는) 종북세력에 대한 반대와 반공주의로 자신에 대한 굳건한 숭배를 조직했으며, 미국의 역대 대통령 역시 러시아, 중국에 대한 반대와 아메리카 우선주의로 대중을 지배했습니다.

독재의 시간은 영원하지 않았지만, 민중들의 고통은 처절했으며 고통의 시간은 짧지 않았습니다. 이제 숱한 독재자를 패배시켰던 경험을 가진 우리에게는 더 이상 '독재자를 어떻게 몰락시킬 것인가?'가 아니라 '독재를 어떻게 막을 것인가?'가 더욱 중요합니다. 그렇다면 어떻게 해야 독재를 막을 수 있을까요? 첫 번째로 '1인 행정부 체제'를 폐지하고 '합의 행정부'를 구축해야 합니다. 통치구조가 독재체제로 변질되는 것을 구조적으로 봉쇄해야 합니다. 그러나 대중들이 영웅을 숭배하게 되면, 설령 '합의 행정부'라고 하더라도 '1인 행정부

체제'로 변질되고, 다시 '1인 행정부 체제'는 대중의 투표에 의해 총통 체제로 타락했습니다. 의원내각제 국가였던 독일과 이탈리아에서 히틀러와 무솔리니라는 희대의 독재자들이 출현했던 것이 가까운 역사입니다.

그렇다면 대중은 왜 영웅을 숭배할까요? 영웅에 의지하여 자신의 정치적 무력함을 해결하려고 했던 것이 영웅 숭배의 이유였습니다. 따라서 '제도로서의 민주주의', 즉 시민발의와 입법무효 국민투표 제도를 도입하여 시민들을 정치의 주체로 세우고, 이로써 통치엘리트와 권력을 공유하도록 해야 합니다. 그렇게 되면 시민들은 통치엘리트를 숭배하는 것이 아니라, '정치라는 시장市場의 상품'으로 통치엘리트를 소비하게 될 것입니다. 위 조건들을 충족한다면, 우리 미래의 정부가 독재로 타락하는 사태를 막을 수 있을 것입니다.

진화의 규칙
The Rule of Evolution

　이탈리아 피렌체에 있는 조각상 다비드~David~는 르네상스의 거장 미켈란젤로~Michelangelo di Lodovico Buonarroti~가 1501년부터 1504년에 걸쳐 완성한 작품입니다. 다비드상像의 아름다움으로 꼽히는 것은 오른발을 딛고 상체를 약간 왼쪽으로 돌려 두 개의 방향 축을 표현함으로써, 불안정한 듯하면서도 균형을 이루는 것입니다. 이를 르네상스 시대의 콘트라포스토 포즈라고 부르는데, 콘트라포스토~Contrapposto~는 균형, 안정 또는 평형추영어 counterpoise라는 뜻의 이탈리아어입니다. 그런데 '미켈란젤로의 다비드'는 단지 아름다운 남성상으로 그치지 않습니다. '피렌체의 다비드'는 '교황과 신성로마제국 황제'라는 '두 명의 거대한 골리앗~Goliath~'에 맞섰던 독립 도시국가 피렌체 시민의 자유를 상징한 조각이었습니다. 그리고 이 조각상은 미켈란젤로가 창조한 것이 아니라, 피렌체 정부가 미켈란젤로에게 의뢰했던 것이었습니다.

　그런데 12세기에서 16세기까지의 피렌체 공화국은 18세기 이후의 공화주의와는 달랐습니다. 당시 피렌체 정치의 주도권은 '아르테'~Arte~라고 불리는 상공업 길드가 가지고 있었고, 금융업, 직물업, 상업,

의약업, 법률업자들로 구성된 '대大 아르테'와 정육, 주점, 목공, 석공 등 '소小 아르테'의 14개 길드로 구성되어 있었습니다. 의회에 해당하는 인민평의회와 행정기관인 총무회는 '대 아르테' 조합원들이 장악했고, 국가원수인 '정의의 곤팔로니에레'도 '대 아르테' 조합원 중에서 선출되었습니다. 전체 인구 50만 명의 영토에서 정치에 참여할 수 있는 사람은 3천 명 정도의 아르테 조합원들이었습니다. 즉 피렌체 공화국의 실질적인 형태는 과두제적 공화정이었으며, 다만 중간중간에 메디치 가문에 의한 참주제僭主制가 시행되었습니다. 그 뒤 16세기 초 메디치 가문의 실정失政으로 피렌체 시민들은 메디치 가문을 추방하고 다시 공화국 정부를 재건했습니다. 그러나 1532년 신성로마제국 황제 카를5세의 공격에 패배하고, 카를5세가 알렉산드로 메디치를 피렌체 공작으로 임명하여 피렌체 공국을 세움으로써 군주제로 회귀했습니다.

 엄밀히 말한다면 피렌체 공화국은 상업 부르주아의 과두정寡頭政으로, 프랑스대혁명 이후의 공화주의 체제와 구별됩니다. 그 핵심적인 차이는 보통선거권의 확립에 있습니다. 어쩌면 피렌체 시민들의 시각에서 '아르테의 과두정'과 '메디치 가문의 참주제'는 단지 지배계급의 교체일 수도 있었습니다. 그럼에도 피렌체 공화국의 역사에서 통치구조 진화의 첫 번째 규칙을 엿볼 수 있습니다. 그것은 '소수자 권력에서 다수자 권력으로 이행하는 경향성'입니다. 즉 독재정(참주정)에서 과두정으로, 아르테와 같은 소수의 과두정에서 보통선거에 의한 다수의 과두정으로, 그다음 과두정에서 직접민주제에 의한 민주정으로 끊임없는 투쟁을 거치며 이행하는 경향성입니다.

한편 통치구조 진화의 두 번째 규칙은 '역진逆進, regression 불가능성'입니다. 조지 루카스George Walton Lucas의 헐리우드 최고 걸작 스타워즈Star Wars 세계관은 제국empire과 공화주의 반군의 대결로 이루어져 있습니다. 루카스의 은하계 행성들의 정치체제에는 군주정, 과두정, 공화정, 총통제, 의원내각제의 통치구조가 혼재해 있습니다. 한 은하계에 있는 여러 지적 생명체들이 이룬 문명의 정도가 다를 것이기 때문에, 충분히 가능한 설정입니다. 문제는 그 은하계에서 가장 우월한 문명을 가진 지적 생명체의 정치체제가 '제국'이라는 가정에 있습니다. 아마도 이러한 세계관은 대영제국에 대한 미국인들의 독립전쟁 서사를 모티프motif로 하면서 유래한 것 같습니다. 그런데 앞서 칼 세이건이 『코스모스』에서 상상한 것처럼, 어떤 지적 생명체가 자기 행성과 태양계를 넘어설 정도의 문명을 이루면 이미 공격적 성향을 유지하기 어렵다는 가설이 더 호소력이 있습니다. 당장 우리 지구인들의 역사를 보아도 그렇습니다. 분명 로마 시대에 독재정에서 과두적 공화정으로 갔다가 다시 황제의 지배帝政로 되돌아갔던 시기가 있었습니다. 그러나 일정한 과도기적 기간을 기준으로 주류적 체제가 다음 체제로 이행한 뒤에 다시 그 이전으로 거꾸로 돌아가지는 않았습니다. 즉 18세기에 군주정과 공화정이 혼돈의 상태에 있었지만, 21세기에 또다시 군주정과 공화정이 혼재하지 않을 것입니다. 설령 아직 자기 태양계를 벗어나지도 못하고 있더라도, 21세기 지구인들의 지성Intelligence이 군주정이나 독재정을 더 이상 용납하지 않을 수준에 이르렀기 때문입니다.

  자연환경의 변화와 그에 적응하려는 과정이 생물의 진화에 절대적 영향을 미치듯이 통치구조의 진화에는 '피지배자의 저항과 수용'이 그러한 역할을 하게 됩니다. 따라서 통치구조의 진화는 결코 자연적 과정이 아니며, 피지배자들의 의지가 개입될 수밖에 없습니다. 결국 통치구조가 역진$_{regression}$하지 않을 것이라는 가정은 지적인 피지배자들의 의지이자 희망이며, '하나의 선언$_{宣言}$'입니다.

통치구조의 진화進化

'제도로서의 민주주의', 즉 이른바 직접민주주의로 불리는 시민발의(국민제안)와 입법무효 국민투표 제도를 도입하는 것만으로 '이상적 체제로서의 민주주의'를 실현하기 어렵습니다. 이러한 제도는 대의제를 보완하는 기능만을 가지기 때문입니다. 한 국가의 주된 영역에 대한 권력 행사가 통치구조, 즉 대의 체제에 의해 이루어지고, 제도로서의 민주주의는 이를 견제하고 수정하는 보조적 역할을 할 뿐입니다. 여기에 '대의제의 민주적 개혁'의 필요성이 존재합니다.

시민에 의해 선출된 대의 권력이 민의民意에 따르지 않고 거꾸로 시민의 자유를 억압하는 역전된 현상을 사람들은 '민주주의의 위기'라고 부릅니다. 그러나 그것은 민주주의의 위기가 아니라 '대의제의 위기'이며, 좀 더 정확하게 표현하면 '공화주의의 실패'입니다. 요컨대 견제되지 않는 통치 엘리트는 민의보다 자신의 의지를 강조하고, 시민의 자유를 억압하려는 경향을 당연히 가질 수밖에 없습니다. 오히려 엘리트 체제인 대의제가 자신의 본질을 그대로 드러낸 현상으로, 대의제가 이념적으로 민주주의의 반대편에 서 있기에 그러합니다.

따라서 대의 권력을 끊임없이 축소하는 방향으로 통치구조를 설계해야 하며, 그것이 바로 '대의제의 민주적 개혁'이고, 그 길의 끝에 '이상적 체제로서의 민주주의'가 있을 것입니다. 알랭 바디우Alain Badiou가 그의 팜플렛 『민주주의라는 상징』에서 말했던 민주주의를 여기서 드디어 만날 수 있습니다.

민주주의란 인민들이 스스로에 대해 권력을 갖는 것으로 간주된 실존이다. 민주주의란 국가를 고사시키는 열린 과정, 인민에 내재적 정치이다(41).

대의 권력이 축소됨으로써 시민들의 직접민주주의가 상대적으로 결정력을 갖게 되고, 이로써 "인민들이 스스로 권력을 갖는 것으로 간주"될 수 있을 것입니다. 위에서 "국가를 고사시킨다"는 바디우의 표현은 아마도 칼 마르크스Karl Marx가 구상했던 '국가소멸론'으로부터 연유하는 것 같습니다. 그러나 국가 자체가 그냥 소멸할 수는 없습니다. 즉 '공공적 기능을 가지는 국가'는 존속되어야 하며, '권력적 작용으로서의 국가'가 소멸해야 할 것입니다. 다시 말해 복지와 시민의 안전 등에 관한 국가행정은 결코 소멸할 수 없고 오히려 더 확대되어야 하며, 시민의 자유를 구속하는 '억압적 장치로서의 국가'가 소멸할 것입니다. 우리는 남용될 여지가 있는 권력을 축소하는 방향으로 제도를 기획해야 하고, 여기서 대표적인 억압적 국가 장치는 경찰, 검찰, 법원, 군대가 될 것입니다.

아런트 레이파르트Arend Lijphart는 그의 『민주주의의 유형』에서 정부 수반을 중심으로 통치구조를 5단계로 나누었습니다(140~141). 수상의 권한을 중심으로 내각제를 3단계로 나눈 사르토리의 분류에, 앞뒤로 한 가지씩을 더했습니다.

〈정부 수반을 중심으로 한 통치구조의 분류〉 (Arend Lijphart의 5단 분류법)
1단계 : 으뜸가는 유일한 국가원수(primus solus)
2단계 : 불균등한 권력 위에 제일의 권력(first above unequals)
3단계 : 불균등한 권력 중에서 제일의 권력(first among unequals)
4단계 : 균등한 권력 중에서 제일의 권력(first among equals)
5단계 : 균등한 권력 중에서 균등한 권력(equal among equals)

다섯 번째는 스위스의 정부 수장인 연방각의(연방평의회) 의장을 가리키는 것인데, 스위스의 내각에 해당하는 7인의 연방평의회 의장은 해마다 번갈아 맡습니다. 위에서 1단계의 '으뜸가는 유일한 국가원수$_{primus\ solus}$'가 대통령임은 물론입니다. 그런데 레이파트의 위 분류는 위 다섯 가지 형태의 통치구조가 결코 동질적이지 않다는 사실을 전제로 하고 있습니다. 강원택 교수는 통치구조의 우열을 나눌 수 없으며 나누는 것이 바람직하지 않다고 주장했는데, 지금 시대에 다섯 가지 형태의 통치구조가 동시에 존재한다고 해서 질적으로 같은 것이 아닙니다. 마치 18~19세기에 군주국과 공화국이 병존했던 것처럼, 그리고 20세기에 이르러 대다수 군주국이 소멸하고 공화국이 주를 이루었던 것처럼, 통치구조의 역사는 대의 권력이 점차 축소되는 방향으로 진전될 것입니다. 마치 고대의 생물이 환경의 변화에 적응하여 진화해 왔던 것처럼, 통치구조는 '피지배자의 저항과 수용'이라는 환경에 적응하면서 권력이 축소되고 변형되는 방향으로 진화해 왔고 앞으로도 그러할 것입니다.

18세기 유럽의 입헌군주가 15~16세기 절대군주보다 제한된 형태의 군주였던 것처럼 20세기의 대통령제는 18세기의 입헌군주제보다 '좀 더 약한 군주제'로, 단지 '세습되지 않는 군주'monarque sans l'heredite로서 평가될 것입니다. 당장 우리의 대통령제에서 나타난 대통령 측근의 국정농단과 부정부패, 대통령의 독단적 권력 행사 등은 모두 '1인 행정부'라는 군주적 특징으로부터 기인한 것입니다. 게다가 대통령은 군주처럼 정치를 개인화하여 정당정치를 퇴보시키고 영웅주의를 유발하며, 대통령제에 의해 강화된 양당 체제는 국민을 진영으로 나누어 서로 싸우게 하고, 부패하고 무능력한 정당을 계속 온존케 하고 있습니다.

윤석열 탄핵사태로 절명의 위기에 빠진 극우 정당은 아무런 쇄신을 하지 않고서도 2028년 중간선거에서 다시 살아나고, 10년 후인 2035년에는 대통령을 당선시킴으로써 화려하게 부활할 것입니다. 양당체제-대통령제에서의 집권은 '자당自黨의 혁신'이 아니라 집권당인 '상대당의 실패'로 가능하기 때문입니다. 때에 따라서는 특별한 정치적 실패가 없더라도 집권당의 교체가 발생하기도 합니다. 예를 들어 제44대 미연방 대통령이었던 버락 오바마Barack Obama 민주당 정부는 특별한 정치적 실패도 없었고, 대선 직전인 2016년 5월에 55%를 넘는 높은 지지율을 얻었지만, 그해 11월 8일에 치러진 대선에서 힐러리 클린턴Hillary Clinton 후보의 낙선으로 공화당에 정권을 인계해야 했습니다. 집권 기간이 8년에 이를 즈음에 집권당으로부터 느끼는 정치적 피로감이 스윙 보팅을 강제한 결과입니다.

    2035년에 당선될 극우 대통령은 '잃어버린 10년'을 운운하면서, 다시 정치와 경제를 퇴행시킬 것입니다. 그리고 권력의 획득을 통한 이익 추구를 당연시하는 극우 정당의 특성상 체질적으로 부패한 극우 대통령은 심각한 비리 게이트에 휩싸일 테고, 이로써 탄핵사태가 불가피하게 재현될 것입니다.

    이때는 시민들이 부패한 통치자를 추방하는 것을 넘어서 반드시 대통령제를 폐지하는 것으로 헌법을 개정해야 합니다. 그래서 새로운 헌법에는 의회권력과 행정권력을 일치시켜 행정의 효율을 높이되, 행정부 수반의 권한은 약화한 '세 번째 형태의 의원내각제'first among equals를 도입해야 합니다. 그리고 '제도로서의 민주주의'를 헌법에 명시하고, 시민의 자유와 복지가 약자를 기준으로 정해져야 함을 헌법의 원칙으로 천명해야 할 것입니다.

    여기에 스위스연방 헌법 전문의 마지막 부분을 인용하고서 이 글을 마칩니다.

자신의 자유를 행사하는 자만이 자유로우며, (하나의 공동체로서의) 국민a people의 힘은 국민 중 가장 약한 자its weakest members의 복지를 척도로 평가됨을 인식하고서, 다음의 헌법을 채택한다.

··· in the knowledge that only those who use their freedom remain free, and that the strength of a people is measured by the well-being of its weakest members, adopt the following Constitution:

참고문헌

[외국문헌]

Arend Lijphart, 『Patterns of Democracy』(1999)(민주주의의 유형, 성균관대학교 출판부, 2016)

Arthur Meier Schlesinger Jr., 『The Imperial Presidency』(1972)

Alain Badiou, 『민주주의라는 상징』(민주주의는 죽었는가? 난장, 2010)

Bruno Kaufman, Rolf Büchi, Nadja Braun, 『The Iri Guidebook to Direct Democracy』('직접민주주의로의 초대', 리북, 2008)

Carl Edward Sagan, 『Cosmos』(1980)(코스모스, 사이언스북스, 2006)

Carl Schmitt, 『현대 의회주의의 정신사적 상황』(도서출판 길, 2012)

Edmund Burke, 『프랑스혁명에 관한 성찰』(1790)(한길사, 2008)

Jacques Rancière, 『민주주의는 왜 증오의 대상인가』(인간사랑, 2011) 『정치적인 것의 가장자리에서』(도서출판 길, 2013)

Jean Luc Nancy, 『유한하고 무한한 민주주의』(민주주의는 죽었는가? 난장, 2010)

John Stuart Mill, 『자유론』(1859)(웅진씽크빅, 2015)

Hannah Arendt, 『전체주의의 기원 1,2』(1951)(한길사, 2006)

Marcel Dirsus, 『독재자는 어떻게 몰락하는가』(How Tyrants Fall : And How Nations Survive)(출판사 아르테, 2025)

Marcel Morarabito, 『Histoire constitutionnelle de la France(1789~1958)』 Montchrestien : Paris』(2004)

Matoba Akihiro(的場昭弘), 『맑스사전』(도서출판 비, 2011)

Petra Costa, 『The Edge of Democracy』(다큐멘터리 '위기의 민주주의 : 룰라에서 탄핵까지'로 번역, 2019)

Richard Butler, 『Fatal Choice : Nuclear Weapons and the Illusion of Missile Defense』(Basic Books, ISBN 0813339804)(2001)

Sigmund Freud, 『집단심리학과 자아분석』(1921)(도서출판 이책, 2015)

Stepan and Skatch, 『The Failure of Presidential Democracy』(1994)

Steven Levitsky, 『어떻게 민주주의는 무너지는가』(어크로스, 2018)
Thomas Frank, 『실패한 우파가 어떻게 승자가 되었나?』(갈라파고스, 2013)
V.I. Lenin, 『국가와 혁명』(1917)(돌베게, 2015)
Vilfredo Pareto, 『Un applicazione di teorie sociologiche』('파레토의 엘리트 순환론', 2018, 간디서원)
Wendy Brown, 『오늘날 우리는 모두 민주주의자이다』(민주주의는 죽었는가? 2010, 난장)

[국내문헌]
강원택, 『대통령제, 내각제와 이원정부제-통치형태의 특성과 운영의 원리』(2006, 인간사랑)
강주훈, 『의원내각제의 비교헌법적 연구』(2010, 홍익출판사)
김웅진 외 6, 『현대정치학강의』(2007, 명지사)
김현철, 『지배당한 민주주의』(르네상스, 2018) 『민주주의에 관한 공화주의적 왜곡』(솔과학, 2021)
최장집, 『민주화 이후의 민주주의』(2010, 후마니타스), 『어떤 민주주의인가』(2013, 후마니타스)
나필열, 『의원내각제 채택의 필요성』(한국학술정보, 2009)
한강, 『소년이 온다』(창비, 2014)

민주주의는 어떻게 이루어지는가

피지배자의 정치학 : 대의제의 민주적 개혁

1판 1쇄 인쇄 | 2025년 9월 12일
1판 1쇄 발행 | 2025년 9월 30일

지은이 | 김현철
발행인 | 정윤희
표지디자인 | 올디자인그룹
본문디자인 | 김미영

발 행 처 | PARK&JEONG
        (PARK&JEONG은 책문화네트워크(주)의 단행본 브랜드입니다.)
출판신고 | 2009년 5월 4일
출판사 신고확인증 | 제2024-000009호
주소 | 경기도 용인시 기흥구 홍덕2로87번길 18, 이시티빌딩 B동 4층
       엠피스광교센터 422호
전화 | 02-313-3063
이메일 | prnkorea1@naver.com

ISBN 979-11-92663-23-4 03300

값 22,000원

● 이 도서는 저작권법에 보호받는 저작물이므로 무단 전재와 복제를 금합니다.
● 잘못된 책은 바꾸어 드립니다.